诉的基础理论与案例研习

ACTIO

Basic Theory
and Case Study

刘哲玮 著

法律出版社 LAW PRESS·CHINA

序

民诉基础理论有什么用？

一

我正式进入民事诉讼法学专业学习研究大门，应该从2003年到北京大学跟随潘剑锋教授攻读硕士研究生算起。但严格来说，彼时却并非我学习理解民诉基础理论的起点。当时选择民诉方向，其实很大程度上是受90年代司法改革热潮的影响。2006~2010年我继续跟随潘老师攻读民诉方向博士学位。当时司法改革的热度已经褪去，但北大法学院的学术风气依然是以社会科学来观察法律现象，加上诉讼法学方向导师组兼容并包的胸怀，让我颇为自由地读了几年社会学、政治学的“大书”，其间也承蒙傅郁林教授和沈明、刘忠二位师兄的推荐，翻译了一些司法制度和替代性纠纷解决方法（Alternative Dispute Resolution，ADR）的经典著作。回过头看，除了特定时空环境下的学术氛围外，当时对民诉基础理论没有产生兴趣的另一个重要原因是，中国并无民诉法学基础理论的作用空间。虽然也曾经仔细拜读过江伟、张卫平、刘荣军等前辈学者们关于诉权、诉讼标的、诉讼目的等基础理论的介绍和林剑锋、许可等老师翻译的日本民诉教科书，脑袋里记住了很多学说和概念，但一方面无法与中国司法实践相结合，另一方面也并不能辨析出大陆法系国家基础理论不同学说之间的分歧焦点。而且，这似乎并非我一个人的问题，而是我们那一代博士生的共同困惑。我至今依然清晰地记得，当时北大和清华的民诉法学博士生有一个联合读书会，一次在读完诉讼目的的文献后，一位师姐感慨，为什么要区分不同的诉讼目的，为什么民事诉讼不能既维护私权，又解决纠纷，从而维护私权秩序呢？

2010年北大博士毕业后，我到清华大学法学院跟随张卫平教授从事博士后研究。张老师聪慧睿智，一面推动司法改革，一面深耕规范研究；一边翻译介绍大陆法系民诉基础理论，一边运用政治学经济学哲学分析工具剖析司法体制，真是大家风范，学人楷模。张老师在鼓励我继续阅读社会科学文献的同时，也反复强调民诉学科自身知识建构的重要性。也是在这段时间，卢佩、志勋、任重、冯珂、金印等北大清华的师弟师妹先后赴德国留学，使我在面临诉的基础理论生发的问题时有了可以直接求助的对象。

尽管如此，我依然无法感受到民诉基础理论的实际功用，所以博士后研究报告依然选择了实务导向的电子司法研究。而真正激发我对民诉基础理论研究热情的，是2012年我回北大法学院任教后的两个变化。

一是案例研习课程。2012年，葛云松老师和许德峰老师在北大开设了《民法案例研习》课程，探索教学改革。我作为新教师，也去旁听了几次，顿时感觉奇妙无穷，完全激活了我求学时代记住的那些民诉基础理论。这种案例研习不同于过去民法或民事诉讼法课程上的案例讨论。二者最大的区别在于，传统的案例分析是针对具体的焦点问题展开，有天赋的学生往往因为对问题的敏感，能够迅速抓住焦点而得到表彰，但在案例研习课程上，这种行为却可能遭到“逻辑跳跃”的批评。盖因每一个案例都必须遵循请求权方法的框架，按部就班地对所有请求权和要件予以拆分。这种周延而又精细的要件分析对学生民法思维训练的优势暂且不表，于我而言，最大的好处是不再因实体问题的繁复而失去对略显边缘的程序性问题的聚焦，从而能够将诉的基础理论与鲜活的民事案例直接对接。很多隐藏在实体争议焦点背后的问题，可以从民诉法的视角得窥一二。其实，民法老师在设计案例时可能也并未预设到其中的民诉问题，但无心插柳柳成荫，过去死记硬背的民诉基础理论，在一个具体案件中经过请求权方法抽丝剥茧的分析之后，具备了十分充分的运用空间。经过葛老师和许老师许可，我很快就加入了《民法案例研习》的授课教师小组，在向两位老师（以及后来也加入该课程的张双根老师、贺剑老师）和当时还在担任助教的茅少伟、孙新宽、吴奕锋等才俊重新学习民法的同时，也得以有机会将民诉基础理论在个案中的运用与民法老师和助教们一起研讨分析，深化理解，校准偏差。

在民法案例研习课程中深入学习三年后，在法学院和葛老师、许老师的鼓励支持下，我和许老师在 2016 年第一次开设了《民诉案例研习》课程，此后曹志勋博士留德归来回校任教，我们遂每年开设《民诉案例研习》课程，除了继续传授请求权方法外，还尝试将民诉基础理论问题代入案例之中，与同学们共同研讨。从此之后，诉的基础理论不再是僵死的知识，而是具有了高度解释力的分析工具。近年来，越来越多的民诉学者也开始运用这种方法进行研究和教学，更使我感到吾道不孤。

除了民法学方法和理论的冲击之外，另一个让我对民诉基础理论的功效产生信心的因素是其与中国司法实践的贴近。过去的司法实践中，民诉问题甚少，以至于一个“彭宇案”就足以让民诉学界讨论十年之久。一方面，实务中的法官和律师对程序问题的关注明显低于实体问题；另一方面，作为法律问题载体的裁判文书也很难被学术界获取。2015 年，中国裁判文书网改版，大量刊登各级法院的司法裁判，批量裁判文书“素颜出镜”，进入法学研究的视野。虽然裁判文书对程序性问题依然语焉不详，但却避免了过去案例评析式的裁判文书往往聚焦实体争议，而遮蔽诉讼法问题的尴尬。有心的学者只要稍微收集裁判文书，就可以发现中国民事司法在程序问题上广泛存在的同案不同判情形。2016 年，我又申请到最高人民法院研修学者项目，在为期两年的研修中，与最高人民法院司改办的诸多同人结下了深厚的感情，他们一方面毫无保留地向我披露了司法实践中的一手数据和真实问题；另一方面也给我提供了很多接触地方法院一线法官的平台，让我有更多的机会向实务工作者学习请教。从法官们的提问和吐槽中，我进一步感受到民诉基础理论绝非屠龙之术，对解决中国司法实践中法官的纠结与疑惑大有帮助。

举一个具体的例子吧。我国民诉法学的教科书和论文在讨论诉讼标的识别学说时，一般都是按照德国法学的发展顺序，介绍旧实体法说、诉讼法说、新实体法说的不同理论。或许是习惯了后发国家的“弯道超车”，我们往往都会认为理论是越新越好，因而主张摒弃旧实体法说，尤其是旧实体法说在请求权竞合上的不足，理论界也会照搬“电车事件”来予以证成。然而，在没有掌握请求权方法之前，至少我个人对于旧实体法说、诉讼法说与新实体法说之间的区别并未真正辨析清楚，尤其对诉讼法说和新实体法说这些新诉讼标的理论运行的前提条件也并不清楚，而所谓的经典案例“电车事件”在中国的司法实践中也并不真正存在。而通过案例研习课程掌握了请求权方法后，这套德国式的民法分析方法与德国法上诉讼标的识别理论的不同学说能够完美契合。再观察中国实践，就会发现，目前中国法官并未完全掌握请求权方法，并无可能在实体审理时对与诉讼请求有关的所有的请求权进行全面检索，巨大的结案压力也让即便具备检索能力的法官没有动力去主动检索，在此情况下，如果采取新说理论，反而会阻断当事人的实体权利获取司法救济的机会。因此，我十分坚定地得出了目前中国诉讼标的理论应当坚持旧实体法说，否则对当事人和法院都会带来灾难的结论。相反，德国学者担心的旧实体法说的重要缺陷（主要是请求权竞合）在中国司法实践中本身不构成显著问题，且也可以通过其他补丁予以完善，无须过多的担心。

二

正是基于上述两方面的原因，我的研究兴趣发生了较大程度的转向。如果用时下流行但我个人未必完全赞同的学术术语来说，就是从“社科法学”转向了“民诉法教义学”，研究工具从自己曾经非常喜欢但也未必娴熟的社会科学理论逐渐转化为“重剑无锋，大巧不工”的法解释学方法，研究对象也从中国特有的法律现象——例如我曾经十分关注并撰写过论文的调解制度、人民陪审制度、审判公开制度等——转向民事诉讼法和司法解释中规定的诉讼制度及其在司法实践中的运行结果（裁判文书）。本书就是这一转向后研究成果的汇集。

具体来说，第一部分主要收录的是两篇对民诉基础理论的研究。民诉基础理论的内容其实相当丰富，包括诉讼标的、诉的类型、诉讼要件、诉讼行为、诉权、既判力、当事人适格、证明责任等等。然而,介绍梳理容易,真正要对基础理论问题加以研究却十分困难。因为中国民诉法学的绝大多数基础理论问题其实都是承袭外国法研究的成果,需要澄清乃至发展的空间并不太多。因此,大多数民诉基础理论适合由教科书加以介绍,很难作为中国学者自己的研究成果。本书第一部分中的两篇文献,其实是对确认之诉和形成之诉两种特殊的诉的类型的研究,并希望借此澄清中国法上一些未必准确的认识。诉可以分为确认之诉、给付之诉和形成之诉三种类型已经是中国民诉法学的常识,但由于这一理论分类完全承袭大陆法系,因此,对于为何要进行这种划分,理论界并未给出清晰的回答,进而也产生了确认之诉和形成之诉在实务中被误用的情形,并引发一些实务难题。本书的研究旨在强调:(1)确认之诉的提起必须具有必要性,在欠缺此种必要性的情况下确认之诉不能得到受理;(2)大陆法系限缩确认之诉的方法是确认利益,但中国法上无论理论界还是实务界,对于确认利益并无深切直观的认识,因而应当首先从诉讼标的上予以严格限制,只有司法实践中认为确有必要并进行充分说理后,方能突破限制,提起确认之诉;(3)形成之诉的诉讼标的是形成诉权,而不能是普通形成权;(4)针对普通形成权法律效果提起的诉讼,只能属于确认之诉,而确认之诉本应受到限缩,因而普通形成权原则上应当直接行使,无须通过诉讼方式确认其效力。其实,上述成果大都是大陆法系民诉基础理论中细节内容的重述,之所以要对其进行研究,是因为中国法并未系统的承继相关理论内容,因而需要特别的说明澄清。其实针对给付之诉,我也一直在酝酿就其诉讼标的做一基础研究,基本观点是在中国现实情境下,应当坚持旧实体法说,不宜盲目跟风适用外国法上可能占据通说地位的各种新说(诉讼法说、事件说)。但因为给付之诉是整个诉讼标的和诉的基础理论研究的焦点,需要回应的文献太多,而自己又勤奋不足,所以一直未能成篇。

第二部分是民诉基础理论在具体司法实务中的应用。与基础理论研究本身的困难相比,用民诉基础理论去分析中国司法中的具体问题,并得出相应的解释方案,其门槛要低了许多。但从实际功效上,基础理论研究容易晦涩空洞,而通过基础理论分析却能够直刺要害,解决具体问题,与实务界和理论界的法律同人对话沟通，彰显民诉基础理论的力量。本书第三章对确认他人恶意串通合同无效之诉的研究，就是运用诉讼要件理论对这种确认之诉能否提起以及可能面临的现实问题进行的分析，并结合民法上债权撤销权的知识，得出了应当限制此类确认之诉的结论。第四章对诉讼抵销实现路径的研究，也是沿袭诉的类型，对形成权和请求权的具体诉讼形态予以分析，进而在对比大陆法系民事诉讼法典关于诉讼抵销的特别规则后发现，当抵销主动债权存在争议时，中国法上应通过反诉的方式对其予以确定，而不能固守诉讼抵销是一种抗辩的大陆法系通说。第五章对公司决议诉讼裁判的研究，则是运用既判力理论，对确认公司决议无效之诉和撤销公司决议之诉两种公司决议诉讼进行研究，并对《公司法解释四》相关规则予以评析，强调应当将决议效力作为最小审判单位，从而确保商法追求的商事交易的安全稳定。第六章对离婚损害赔偿之诉的研究，也是运用诉讼要件和诉的合并理论，对当时有效的三个婚姻法司法解释中相关条文的分析，尝试厘清离婚之诉与离婚损害赔偿之诉之间的区别与联系。第七章对管辖协议的研究，其实是希望对诉讼契约这种特殊诉讼行为的理论内容进行探索，由于诉讼行为基础理论的薄弱，因此主张首先借鉴民法上法律行为理论来对管辖协议的性质和生效要件予以体系化构造。第八章是对追加当事人这一民诉法上基本制度的要件梳理，第九章和第十章都是对财产保全制度法律效果的具体研究，前者在分析方法上主要通过比较法资源，进而提出一种立法论对策，而后者则是从法教义学角度对查封在公法和私法上不同法律效果的具体构建。这三章其实都是对法院在民事诉讼中特殊审判行为的观察。与普通法系和大陆法系国家不同，中国法院在诉讼程序中拥有独特的主导权，因而有必要针对其在裁判之外的其他审判行为予以理论建构。

第三部分则是我个人编撰的教学案例，以体现民诉基础理论在教学实践中的应用。民诉基础理论如果不通过合适的教学方法传递给学生，那么这些基础理论就会变成空洞的概念名词，被任性随意的使用。作为一名北大教师，我一直认为教学是我首要的工作。这不仅仅是北大法学院很多老师身体力行的教导，也是因为我的确能够从教学中增进对民诉基础理论的理解和研究。

北大法学院近年来的教学改革，在教学和考试环节都有较大的革新。在教学方面，开设了系统性的案例研习课程，而在考试方面，无论是课程的期中期末考试，还是研究生推免和复试，题目类型都偏重应用，传统强调记忆的简答、论述逐步被侧重理解与分析的案例题替代。在这些题目中，虽然也保留了一些记忆性的知识，但更加强调对知识和理论的体系性把握。一个典型的例证是，近年来北大法学院的很多课程的考试都尝试开卷的方式，允许学生携带法条和教科书，这也与国家法律职业资格考试的改革趋势一致。因此，民诉基础理论在具体应用于司法实践之前，首先就可以应用于教学实践中，让未来的法律人提前掌握理论和运用理论分析疑难问题的能力。

本部分收录的前六个案例，都曾作为考试案例和作业案例在北大法学院教学过程中使用过，而通过批阅试卷和作业发现的一些学生的常见错误，也记录在后，供读者参考。其中，最后一个案例其实是我和曹志勋老师主持《民诉案例研习》课程的一份关于多数人诉讼中当事人地位如何确定的案例分析报告，更多的体现了北大《民诉案例研习》课程的特色和分析框架。多数当事人理论本身也是民诉基础理论中的重要组成，这份报告没有专门分析必要共同诉讼、普通共同诉讼、有独立请求权第三人和无独立请求权第三人等不同类型的基本概念，而是基本沿用中国法通说，构建了一个较为高效的确定当事人地位的分析框架。经过北大几年的教学实践，该课程取得了较为良好的反馈。承蒙李昊教授青睐，这份案例报告也在《燕大法学教室》创刊号上得以发表。

我当然不敢夸口说读完本书就能理解民诉基础理论有什么用，或者就一定可以运用民诉基础理论完成案例分析。但这确实是我自己在北大任教九年来学术工作的一个总结。民诉基础理论很多，我自己的研究远远无法覆盖，但也可以作为一个挂一漏万的例子，来体现民诉基础理论在中国司法实践中面临的困境和可能的变革方向。当然，由于本书是一个较长时期的工作成果汇总，其中大多数研究内容是逐次形成，也曾以论文或报告的形式发表过。而2020 年《民法典》的实施和 2021 年最高人民法院对民事司法解释的大范围修订，都使得一些研究已经过时。当然，用一种“高情商”的说法，也可以说我的部分研究得到了立法机关和最高人民法院的回应，对法律和司法解释中存在的问题予以完善。作为一项阶段性总结，我无意也无力对这些问题全部删改。但为了确保读者阅读时的流畅和准确，对于法典和司法解释发生修订之处，都通过脚注方式，说明了变化内容，并简单分析法律和司法解释修订对研究的影响，一些存在重要修订之处，也在正文中予以了相应的增删。

三

年少求学功力不足，阅读学术书籍力有不逮时，往往喜欢转进到前言后记，看着作者对一连串熠熠生辉的名字致敬或致谢，仿若读到《水浒传》中好汉排行榜的快感，尤其是当看到原来作者与某某教授也有联系，更是有一种发现草蛇灰线的快感，仿佛自己也置身于作者构建的虚拟的共同体之中。但年纪越大，对这种姓名崇拜越是无感，甚至于恐慌。一方面，中国传统文化似乎总是鼓励含蓄而非公开表达，个人化的感谢在序跋中的展现，虽然作者本身诚意满满，但却难免有沾光之嫌；另一方面，也很担心由于无心的疏忽，或是遗漏了对自己有重要帮助的人士，或是在排序先后上未必合理，增加了无法挽回的遗憾。因此我心底虽然有万语千言，但在这里却未敢将引领、提携我走上学术道路，从知识、方法到人品上给予诸多指导的老师前辈、和我畅所欲言即便观点不同方法有异但却能肝胆相照心有灵犀的学友同侪、默默无闻甘做嫁衣给我不成熟的作品提出各种扎实恳切的修改意见却又包容鼓励力促发表的刊物、出版社乃至自媒体的编辑们……的大名一一列出。就请允许我把最真诚的感激都埋藏在心底，在未来的学术生涯和日常交流中以具体的行动回馈报答您们吧。

最后，我特别想在这里感谢的，是两个平时很难有机会表达敬意和谢意的群体。某种意义上，这本书其实是为他们而写：

一是中国民事司法的实践者，即人民法院、仲裁机构和律师事务所争议解决组中从事民商事争议解决的法律人。是你们讲述的故事，提出的问题，和做出的判断，让我坚信尽管我国与西方国家在司法制度和诉讼传统上都有诸多不同，但民诉基础理论的解释力可以也应当具有普适性。而这本书中提出的理论和见解是否能够解决中国司法中的真实问题，也有待你们的检验。

二是我在北京大学法学院和国际法学院指导和授课的学生。包括本书在内的我的很多研究心得，你们都是第一读者甚至是唯一读者。而我的一些研究助手还在这一过程中承担了资料检索、文献审校、作业批阅等工作。北大学生的优秀、勤奋和思辨精神自然是无须赘述的，但即便聪慧如你们，在学习民诉时面对繁杂的程序和制度知识时也往往会流露出因为欠缺体系感而产生的困惑无助。因此，帮助你们理解民诉基础理论后去勾连具体制度和关联学科，运用民诉基础理论去分析解决具体案例从而提高分析效率和获得准确结论，是我选择本书研究路径和研究对象的重要力量。至于是否能够达到理想的教学效果，也有待你们的评判。

目·录

第一部分 诉的基础理论研究

第二部分 诉的基础理论之实务应用

第三部分
诉的基础理论之案例研习

第一部分

诉的基础理论研究

第一章
确认之诉的限缩及其路径

一、问题的提出

在我国民事诉讼法的权威教科书中，确认之诉与给付之诉、形成之诉并称为诉的三大类型。具体而言，确认之诉是指原告要求法院确认其主张的法律关系存在或不存在的诉讼。[1]以权威教科书为代表的学界通说往往还会强调以下内容：第一，确认之诉的对象（诉讼标的）仅限于法律关系，而不能对一般的事实进行确认。第二，确认之诉分为积极的确认之诉（确认法律关系存在）和消极的确认之诉（确认法律关系不存在）。第三，确认之诉的判决不具有给付内容，胜诉判决不产生执行力。[2]

但上述理论通说无法解决司法实务中的部分困惑，甚至可能遭遇质疑。首先，是否所有的法律关系都可以作为确认之诉的对象？实务中发生过确认鉴定结论无效、[3]确认债权已过诉讼时效[4]等诉

〔1〕 参见张卫平：《民事诉讼法》（第5版），法律出版社2019年版，第189页。

〔2〕 参见张卫平：《民事诉讼法》（第5版），法律出版社2019年版，第190页；李浩：《民事诉讼法学》（第3版），法律出版社2016年版，第113页；王福华：《民事诉讼法学》，清华大学出版社2015年版，第176页以下。

〔3〕 自贡市自流井区国有资产经营投资有限责任公司诉四川廉正工程咨询有限公司服务合同纠纷案，载《最高人民法院公报》2013年第2期。

〔4〕 李某诉宁阳县农村信用合作联社等确认之诉纠纷案，山东省宁阳县人民法院（2013）宁民初字第2482号民事判决书。

请，如何从理论上剖析此种诉讼的合法性？其次，确认之诉是否一定不能发生强制执行效力？不少法官认为，物权确认的判决天然需要执行，如果在确认物权归属后还要再作出给付判决，那必然会造成司法资源的浪费，也会增加当事人的诉累。[1]最后，确认之诉与其他诉讼的关系是什么？例如，在债务人与第三人恶意串通订立合同转移财产、损害债权人利益时，债权人是否既可以根据《合同法》第74条[2]提起撤销权之诉，又可以根据《合同法》第52条第2项[3]提起确认合同无效之诉？[4]

要解决这些问题，既需要利用比较法的经验，从宏观层面探讨确认之诉应有的特征、功能，也需要结合我国立法司法现状，从微观层面分析确认之诉实际的诉讼标的。本文将对此作出考察，并尝试论证我国司法实务中确认之诉较之理论学说存在膨胀，并已经产生了诸多风险，应予以严加限缩的命题，进而根据目前我国实务和研究现状，认为限缩确认之诉的具体路径应当是原则上只允许对特定的诉讼标的提起确认之诉。

二、确认之诉的历史演进与具体特征

（一）确认之诉的历史演进

任何民事诉讼都可以视为法院代表公权力机构对当事人主张的法律关系或民事权利的加持背书。因而，确认之诉原本可以作为统摄一切诉讼的上位

---

〔1〕 蒋先华、邵萌：《具有给付内容的确认判决符合执行案件受理条件》，载《人民司法（案例）》2012年第24期。

〔2〕《合同法》第74条规定了债权人的撤销权，现已变为《民法典》第539条，但具体内容没有本质变化。

〔3〕《合同法》第52条规定了违法无效的情形，其中第2项规定“恶意串通，损害国家、集体或者第三人利益”的合同无效。现在的《民法典》合同编虽然没有保留该条，但《民法典》第154条规定：“行为人与相对人恶意串通，损害他人合法权益的民事法律行为无效。”因此相关主体依然可以以此作为基础请求确认合同无效。

〔4〕 指导案例33号“瑞士嘉吉国际公司诉福建金石制油有限公司等确认合同无效纠纷案”的原告先提起了撤销合同的形成之诉，后来又改为确认合同无效的确认之诉。类似的案例还可参见陈某、皮某勇诉重庆碧波房地产开发有限公司、夏某均、重庆奥康置业有限公司合同纠纷案，载《最高人民法院公报》2010年第10期。

概念。〔1〕然而，确认之诉却与给付之诉、形成之诉形成“三分天下”的局面。这一现象，并非逻辑推理的先验结果，而是历史的自发演进。

欧陆法史中，现代意义上的确认之诉是十分晚近的产物。在古代日耳曼法中，诉讼程序只有两种，或为要求损害赔偿或罚金的侵权行为之诉，或为原告诉请将被告放逐法外的刑事诉讼。〔2〕在后来的发展中，无论罗马法中诉讼程序经过何种技术上的变迁，作为其核心要义的“一诉讼一规范”模式在洪流中却从未改变。〔3〕罗马法中的法定诉讼和程式诉讼，都要求原告严格地按照法定的诉权或大法官制定的程式进行诉讼，而法定诉权和制定程式都是现代意义上的给付之诉的形式。抽象地确认各种法律关系的确认之诉明显与其具有互斥性，无法找到踪迹。

直至德国普通法时代的晚期，确认之诉才逐渐登上历史舞台。普鲁士法中存在的“起诉催告程序”可以被视为确认之诉的雏形。〔4〕1864 年《普鲁士民事争议诉讼程序草案》(Entwurf einer Prozessordnung in bürgerlichen Rechtsstreitigkeiten für den Preussischen Staat)第 224 条中规定的不以权利侵害为前提的诉讼，确定了以即刻确认的利益为要件的确认方式。1870 年《北德意志联邦民事诉讼法草案》(Entwurf einer Civilprozessordnung für den Norddeutschen Bund)第 179 条追随了这一点。此后《德国民事诉讼法》第一草案第 210 条、第二草案第 218 条和第三草案第 223 条均保留了这一规则，1877 年《德国民事诉讼法》第 231 条正式对确认之诉作出了明确规定。〔5〕该条对大陆法系民事诉讼法典的制定影响深远，被相关国家的民事诉讼法典广泛采用。大陆法系民事诉讼法学界的通说认为，直到 19 世纪中晚期，确认之诉

〔1〕 事实上，所有的驳回判决都应被视为一种确认判决，即便是在给付之诉和形成之诉中，驳回判决也产生一般确认判决的效力。参见[德]罗森贝克、施瓦布、戈特瓦尔德：《德国民事诉讼法》(下册)，李大雪译，中国法制出版社 2007 年版，第 656 页。

〔2〕 [美]孟罗·斯密：《欧陆法律发达史》，姚梅镇译，中国政法大学出版社 2003 年版，第 66 页。

〔3〕 马丁：《罗马法上的“诉”：构造、意义与演变》，载《中外法学》2013 年第 3 期。

〔4〕 [日]谷口安平：《程序的正义与诉讼(增补本)》，王亚新、刘荣军译，中国政法大学出版社 2002 年版，第 209 页。

〔5〕 参见夏璇：《消极确认之诉研究》，法律出版社 2014 年版，第 68 页。

才成为一种被逐渐认可的诉的类型。[1]且上述规定确认之诉的法律条文中，大多都明确要求只有存在法律上的利益时，才可以提起诉讼。因此，确认之诉从被写入大陆法系诉讼法典之时起，就与确认利益对其的限缩紧密联系在一起。

英美法中虽然没有类似大陆法系关于诉的类型的明确划分，但在20世纪上半叶也出现了与确认之诉类似的宣告判决制度（declaratory judgment）。美国宣告判决制度的奠基人，耶鲁大学法学院埃德温·波查德（Edwin Borchard）教授考证发现，虽然此种制度的雏形可以在英国法中找到，但是英国法本身以及大量受英国法影响的国家（包括法国等）并没有承认宣告判决制度的正当性。[2]他也是从对德国法的比较研究中，认为有必要建立宣告判决制度，为给付之诉无法实现的功能提供补充。宣告判决制度的确立一波三折，直到1933年，美国联邦最高法院才开始承认州法中宣告判决的合法性，[3]1934年美国国会正式通过联邦宣告判决法（Declaratory Judgment Act），这一制度方得到确立。1938年《美国联邦民事诉讼规则》也通过第57条接纳了宣告判决。统一法律委员会认为，宣告判决的目的是为当事人不确定（uncertainty and insecurity）的权利、状态和其他法律关系提供解决纠纷和救济的可能。[4]但美国法院在此后的司法实践中，常常在原告的适格性、争议的可司法性、证明责任的分配等问题上，针对宣告判决制度提出挑战。[5]

（二）确认之诉的具体特征

从两大法系确认之诉制度的发展过程看，确认之诉并非诉讼的常态。与给付之诉相比，确认之诉具有三个明显的特点：

首先，确认之诉具有补充性。确认之诉的出现主要是为了补充某些情况

---

〔1〕 参见［德］罗森贝克、施瓦布、戈特瓦尔德：《德国民事诉讼法》（下册），李大雪译，中国法制出版社2007年版，第656页；［日］高桥宏志：《民事诉讼法：制度与理论的深层分析》，林剑锋译，法律出版社2003年版，第60页。

〔2〕 E. Borchard, The Declaratory Judgments, 28 Yale Law Journal, p.106-108(1918).

〔3〕 Nashville, C.&St.L.Ry.v.Wallace, 288 U.S.249(1933).

〔4〕 Uniform Declaratory Judgments Act 12, 12 U.L.A.595.

〔5〕 See P. Low&J. Jeffries, Federal Courts and the Law of Federal State Relations, 6th ed., Foundation Press, 2007, p.18-19.

下给付之诉难以实现的功能。大陆法系方面，德国学者奥特马·尧厄尼希认为，确认之诉针对给付之诉的补充功能，主要体现在三个方面：第一，对绝对权的确认，由于给付之诉以请求权为标的，所以对于特殊的绝对权需要用确认之诉来确定保障。第二，对请求权的确认，此种情形主要解决赔偿数额暂时无法确定，但有必要先行确定损害赔偿请求权的存在。第三，消极的确认之诉，指向一定权利不存在的诉讼，以便潜在的债务人消除可能存在的危险。〔1〕除此之外，家庭法、公司法方面的一些特殊的法律关系（如亲子关系、股东会决议）等也有通过确认之诉来获得法律效力，避免争议发生的可能。美国法上的宣告判决也被普遍视为一种替代的（alternative）救济方式，为无法提起给付之诉的人提供救济。〔2〕

其次，确认之诉具有预防性。通过确认之诉可以固定法律关系，预防冲突发生。无论是德国法中对损害不够明确的赔偿请求权的确认，还是美国法中的宣告判决所强化的目标，都体现了预防功能。日本学者甚至认为，确认之诉是对权利之现状尚还满意之人为了防止纠纷的激化而预先提起的诉讼。〔3〕强调确认之诉的预防性，是为了明确确认之诉的提起条件，避免确认之诉的滥用。由于所有的权利人都有获得司法背书的冲动，强调确认之诉的预防性功能，是为其启动披上了合法化外衣，通过考察其是否具有防止未来诉讼发生的功能，来实现确认之诉的价值。

最后，确认之诉具有反转性。与给付之诉的原告必然是请求权的主张者、形成之诉的原告必然是形成权的主张者不同，确认之诉的原被告身份完全可能发生反转：确认合同有效之诉的原被告在确认合同无效或者债务不存在的诉讼中可能完全颠倒。消极确认之诉的存在，使可以提起确认之诉的主体并

---

〔1〕 参见［德］奥特马·尧厄尼希：《民事诉讼法》，周翠译，中国政法大学出版社2003年版，第186页以下。

〔2〕 Charles Alan Wright, Arthur R.Miller et al., Federal Practice and Procedure, 4th ed., West, 2011, § 2758.

〔3〕 参见［日］高桥宏志：《民事诉讼法：制度与理论的深层分析》，林剑锋译，法律出版社2003年版，第60页。

不以权利人为前提，甚至不以权利或法律关系的发生为前提，因而极大地扩大了确认之诉的启动可能。为此，必须有更为严格的限制条件来确保确认之诉不致增加法院和对方当事人的诉累，同时也更加有必要探究消极确认之诉中诉讼标的的识别方法。

总之，无论是在大陆法系还是普通法系，确认之诉都是在诉讼法发展到相当成熟的阶段以后，为了迎合实务的需求，针对给付之诉不能直接解决的某些专门问题应运而生的特定诉讼类型。[1]由于其定位的补充性和预防性，以及主体资格上的反转性，虽然确认之诉的诉讼标的可以是各种法律关系和权利，但大陆法系和普通法系都会对其启动设置一定的门槛，将其适用空间限定在专门的范围之内，以避免泛化滥用的风险。

三、我国确认之诉的实证考察

在作为法律继受国的我国，确认之诉和形成之诉与给付之诉一起，作为三大诉讼类型一并进入中国民事诉讼法学理论和实务的视野，其中并没有从给付之诉的空白地带中发现确认之诉的过程。加之诉的基础理论在教学科研和司法实践中并未得到最根本的重视，我国的确认之诉并没有体现出明显的预防性和补充性的特征，也并未太多考虑反转性对起诉的影响。通过对我国确认之诉诉讼标的进行实证考察，可以清晰地看到，确认之诉在我国的使用已经发生了膨胀。

（一）民事案件案由规定中的确认之诉

最高人民法院以我国民事实体法和民事诉讼法为主要依据，结合长期司法实践经验，于 2000 年 10 月 30 日发布了《民事案件案由规定（试行）》（法发〔2000〕26 号），2008 年 2 月 4 日正式公布了《民事案件案由规定》（法发

---

〔1〕 当然，大陆法系的确认之诉与英美法系的宣告判决也有一些区别。例如，宣告判决在英美法上可以作为一种预防性救济使用，从而在确认对象的范围上较之大陆法系有所扩大。参见肖建国：《香港民事司法救济法论——以比较法为视角的研究》，载《北京科技大学学报》2000 年第 2 期。但两大法系在具体功能上的差异并不影响确认之诉在整体上较之于给付之诉的补充地位。

〔2008〕11号),2011年2月18日,又发布了《关于修改〈民事案件案由规定〉的决定》(法〔2011〕41号)〔1〕。虽然关于案由能否体现诉讼标的和诉的类型,理论界有诸多争议,〔2〕但是最高人民法院领衔的我国司法实务部门依然认为,民事案由是民事诉讼案件的名称,反映案件所涉及的民事法律关系的性质,是人民法院对诉讼争议所包含的法律关系进行的概括。〔3〕通过观察我国民事案由体系中的确认案由,可以大体了解确认之诉在我国的适用类型。

在《民事案件案由规定》中,有12种三级案由明确使用了"确认"一词,分别是第37项物权确认纠纷,第76项确认合同效力纠纷,第169项确认不侵害知识产权纠纷,第248项企业出资人权益确认纠纷,第262项股东资格确认纠纷,第290项请求确认债务人行为无效纠纷,第295项破产债权确认纠纷,第302项证券权利确认纠纷,第348项确认票据无效纠纷,第409项申请司法确认调解协议,第410项申请撤销确认调解协议裁定,第444项申请确认仲裁协议效力。四级案由也存在一些确认纠纷,例如第21项亲子关系纠纷中的第(1)项为确认亲子关系纠纷,第25项收养关系纠纷中的第(1)项为确认收养关系纠纷,第54项共有纠纷中的第(1)项为共有权确认纠纷,第61项土地承包经营权纠纷中的第(1)项为土地承包经营权确认纠纷,第186项劳动合同纠纷中的第(1)项为确认劳动关系纠纷,第270项公司决议纠纷中的第(1)项为公司决议效力确认纠纷。需要强调的是,某些案由虽然没有明确使用"确认"一词,但其实依然应当视为确认之诉,典型如第17项婚姻无效纠纷,其完整的表述应当为"确认婚姻效力纠纷"。仔细考察上述案由,可以发现确认之诉的对象和范围非常广泛:由于有第76项确认合同效力纠纷的存在,包括劳动合同、调解协议在内的所有合同效力问题都可以通过确认之诉的方式提起;而在婚

---

〔1〕《民事案件案由规定》在2020年又经历了一次较大规模的修订,自2021年1月1日起施行。

〔2〕参见郭翔:《论民事案件案由的几个理论问题》,载《司法改革论评》2002年第1期;宋旺兴:《论民事案由确定制度的完善》,载《法律适用》2012年第2期;马登科、廖浩:《民事案由制度的检讨与重构》,载《厦门大学学报(哲学社会科学版)》2012年第2期。

〔3〕曹建明主编、最高人民法院民事案件案由规定课题小组编著:《最高人民法院民事案件案由规定理解与适用》,人民法院出版社2008年版,第1页。

姻关系、亲子关系、继承关系等家事纠纷中，案由制度也完全允许对各类亲属关系予以确认；在可以确认的权利类型上，包括物权、股权、证券权利等各类绝对权也均可以作为确认的对象。〔1〕唯一的限制表现在侵权领域，2008年《民事案件案由规定》将“确认不侵权纠纷”作为一类独立的案由，但2011年最高人民法院将其修改为“确认不侵害知识产权纠纷”〔2〕，并认为确认不侵权纠纷只发生在知识产权领域，让这一表述更为严谨。〔3〕从历史解释看，这其实代表了最高人民法院的政策选择，即除了侵害知识产权以外的侵权纠纷，不宜提起确认之诉。

值得注意的是，如果严格按照民事诉讼的学理分析，上述案由中有部分案件其实并不属于确认之诉的范畴。例如，根据我国法律和司法解释，对人民调解协议的确认〔4〕和对婚姻效力的确认，应属非讼程序〔5〕。前者已经在2012年《民事诉讼法》修订时被纳入到特别程序，而后者根据最高人民法院《关于适用〈中华人民共和国婚姻法〉若干问题的解释（一）》（法释〔2001〕30号，以

---

〔1〕 具有相对性的债权由于可以通过确认合同效力的诉讼来间接解决，因而一般不会存在直接确认债权的诉讼。但在特殊情况下，最高人民法院也认为有直接就债权提起确认之诉的必要：最高人民法院在《关于税务机关就破产企业欠缴税款产生的滞纳金提起的债权确认之诉应否受理问题的批复》（法释〔2012〕9号）中指出，税务机关就破产企业欠缴税款产生的滞纳金提起的债权确认之诉，人民法院应依法受理。

〔2〕 2020年修订的《民事案件案由规定》延续了这一表述，但在2011年的基础上新增四级案由如下：……（4）确认不侵害植物新品种权纠纷，（5）确认不侵害集成电路布图设计专用权纠纷，（6）确认不侵害计算机软件著作权纠纷。

〔3〕 参见最高人民法院民事案件案由规定课题组编著：《最高人民法院民事案件案由规定理解与适用》（2011年修订版），人民法院出版社2011年版，第269页。

〔4〕 2020年修订的《民事案件案由规定》中删去了“127. 请求确认人民调解协议效力”，新增二级案由“三十七、确认调解协议案件”，其下包括“409. 申请司法确认调解协议”和“410. 申请撤销确认调解协议裁定”。

〔5〕 关于确认婚姻关系效力的案件是否属于非讼程序，我国民诉法学界较少讨论，而是将其归入家事案件，在承认其中既有诉讼程序又有非讼程序的前提下，作为一类特别程序探讨其审理特征。参见赵秀举：《家事审判方式改革的方向与路径》，载《当代法学》2017年第4期。但也有学者明确主张，宣告婚姻无效案件具有非讼性质。参见王亚新、陈杭平、刘君博：《中国民事诉讼法重点讲义》，高等教育出版社2017年版，第306页；赵蕾：《问题、案例与程序：家事非讼事件的类型化研究》，载《云南大学学报（法学版）》2014年第4期。

下简称《婚姻法解释一》)第9条〔1〕的规则,也具有明显的非讼特性。〔2〕但是,这种区分在民事诉讼理论界之外似乎并未得到太多的重视。无论是民事实体法学者还是司法实务部门,几乎都未意识到上述案由的非讼性,而是将其理解为确认之诉。〔3〕除了民事诉讼法学理论的影响力等原因之外,另一个可能的原因在于无论是实体法学者还是我国司法实务界,都没有意识到确认之诉原本应当具有严格的限制,以至于民事诉讼法需要设立专门的非讼程序来对某些特殊法律问题的确认宣告予以回应。〔4〕总之,从最能够体系性地反映最高人民法院关于确认之诉范围态度的《民事案件案由规定》看,我国确认之诉具有广泛的适用性,其诉讼标的可以是各类法律关系和绝对权。除了在侵权纠纷中对消极确认之诉的范围予以了较为明显的限缩外,并未限制其他确认之诉的提起。

(二)司法实务中的确认之诉

在我国的司法实务中,确认之诉更是广泛存在。除前述案由规定中允许确认的对象外,〔5〕实务中还存在对其他事项的确认。

第一,对法律行为效力的确认。除了导致法律关系产生的法律行为外,其他法律行为并不能直接等同于法律关系或权利,原本不应成为确认之诉的对象,但我国立法和司法中都存在直接确认法律行为效力的情形。立法方面,

---

〔1〕《婚姻法解释一》现已失效,与《婚姻法解释一》第9条对应的为最高人民法院《关于适用〈中华人民共和国民法典〉婚姻家庭编的解释(一)》(法释〔2020〕22号)第11条,内容上略有增删,但基本不影响本文观点。

〔2〕参见最高人民法院民事审判第一庭编著:《婚姻法司法解释的理解与适用》,中国法制出版社2002年版,第38页。

〔3〕我国主流婚姻法教科书均认为确认婚姻无效属于确认之诉,例如陈苇主编:《婚姻家庭继承法学》,中国政法大学出版社2011年版,第9页;余延满:《亲属法原论》,法律出版社2007年版,第196页以下。而在2012年民事诉讼法修订前,最高人民法院颁布的《关于建立健全诉讼与非诉讼相衔接的矛盾纠纷解决机制的若干意见》(法发〔2009〕45号)第23条就明确将确认调解协议案件当作确认之诉处理。

〔4〕参见江伟、肖建国主编:《民事诉讼法》,中国人民大学出版社2015年版,第380页。

〔5〕截至2021年4月19日,根据在中国裁判文书网的检索,确认合同效力纠纷的裁判文书共达282,259份,物权确认纠纷191,708份,股东资格确认纠纷31,828份。

《公司法》第22条规定股东等利害关系人可以对股东会、董事会的决议提起确认无效之诉。此种确认之诉也得到了民事案件案由规定的认可。《民法总则》第134条第2款[1]明确将决议作为一种法律行为，民法理论认为这属于数人行为中的特殊类型，即共同行为。[2]因此，对该类行为的确认应属于对法律行为的确认。而司法实务中，确认对象也超越了特殊的法律规则，扩展到其他法律行为。例如，我国法院并不排斥当事人直接起诉解除合同，也会在判决中直接确认合同解除。如果单纯从确认的对象上看，此类确认之诉确认的并非是合同法律关系本身，而是解除行为的效力及其法律后果。[3]

第二，对法律行为构造要素效力的确认。法律行为的构成要件通常由若干构造要素组成，当这些要素完全具备时，特定的法律效果才会产生。[4]如果说法律行为相较于权利和关系已经显得过于细微而不应成为确认之诉的对象的话，那么具体的构成要素自然就更加琐屑。除非法律有特别规定——例如《民事诉讼法》第187条规定的对当事人行为能力的确认——否则不应成为法院直接确认的对象。但是，在我国司法实务中，当事人也会就专门的构造要素（主要是意思表示）的效力争议提请确认，并得到法院的认同。例如周某民诉上海联合产权交易所、华融国际信托有限责任公司股权转让纠纷案，[5]原告认为华融国际信托有限责任公司在上海联合产权交易所发布了股权转让信息公告，后来又变更了公告内容，对股权转让的交易方式作出更改，导致原告最终未能购得相关股份。原告遂诉至法院，要求“确认两被告于2009年9月22日变更银联数据公司2.43%股权挂牌转让信息公告的行为无效，以联交所2009

---

〔1〕现已变更为《民法典》第134条第2款，具体内容没有变化。

〔2〕关于共同行为的介绍，参见王泽鉴：《民法总则》，北京大学出版社2009年版，第209页；朱庆育：《民法总论》，北京大学出版社2013年版，第133页以下。也有少数学者认为，公司决议并不构成法律行为，而只是法律行为最终效果的意思形成。参见徐银波：《决议行为效力规则之构造》，载《法学研究》2015年第4期。

〔3〕解除权虽然是形成权，但并不构成形成之诉，而应当属于确认之诉的审理范围。参见刘哲玮：《普通形成权诉讼类型考辨——以合同解除权为例》，载《中外法学》2014年第5期。

〔4〕参见常鹏翱：《法律事实的意义辨析》，载《法学研究》2013年第5期。

〔5〕周某民诉上海联合产权交易所、华融国际信托有限责任公司股权转让纠纷案，载《最高人民法院公报》2011年第6期。

年8月28日发布的挂牌信息为依据”。根据最高人民法院针对本案的裁判要旨，该案中的股权转让信息公告是一项要约邀请，只能作为一项意思表示，[1]原告要求确认变更要约邀请的行为无效，这既非对法律关系或权利的直接确认，也不构成对法律行为的确认，而只是对法律行为中构造要素的确认。但上海两级法院均对此予以了审查，并经过详细说理，认定该变更行为有效。由此可见，包括最高人民法院在内的法院系统并不排斥对以意思表示为代表的法律行为构造要素效力的确认。相反，法院往往对该行为进行了充分的审理，并直接在裁判主文中回应了当事人的确认请求。

第三，对特殊权利的确认。除了民事案件案由规定中规定的对物权、知识产权、股权等权利的确认外，司法实践也允许对一些特殊的民事权利予以确认。最为典型的是对诉讼时效等抗辩权的确认。实务中对此做法不尽一致，有的法院认为诉讼时效是否届满属于事实问题，因而对此类确认抗辩权法律效果的诉讼裁定驳回起诉，[2]但也有法院对此进行了实质审查，认为“通过确认判决消除这种法律上的不安定性，亦不存在违背常理及对诉权滥用的问题”，并最终作出确认已过保证期间和诉讼时效的债权为自然之债、原告无须再承担责任的判决。[3]

第四，对知识产权以外的其他权利不侵权的确认。《民事案件案由规定》将不侵权诉讼限定在知识产权领域中，绝大多数不侵权诉讼的实务操作的确遵守了该立法精神。但是，也有个别案件侵犯的并非知识产权，依然得到了法院的审理。最典型的是确认不侵犯商业秘密的案件。商业秘密并不属于传统

〔1〕 根据《合同法》第15条，要约邀请是一种意思表示。但也有研究者认为，要约邀请不是意思表示，而是事实行为，参见王利明：《合同法研究》（第1卷），中国人民大学出版社2002年版，第212页。支持意思表示说的论证可参见隋彭生：《论要约邀请的效力及容纳规则》，载《政法论坛》2004年第1期。

〔2〕 参见“李某诉宁阳县农村信用合作联社等确认之诉纠纷案”，山东省宁阳县人民法院（2013）宁民初字第2482号民事判决书。

〔3〕 参见中国信达资产管理公司沈阳办事处与中国中钢集团公司保证合同纠纷案，辽宁省高级人民法院（2007）辽民三初字第103号民事判决书。

知识产权的范围，在普通法系国家甚至直接被认定为一种财产权。〔1〕《民事案件案由规定》也未将侵害商业秘密纠纷放置在二级案由知识产权合同纠纷或知识产权侵权纠纷下，而是放置在不正当竞争纠纷中。实务中也存在确认不侵害商业秘密的案件。例如，上海华明电力设备制造有限公司等诉贵州长征电气股份有限公司确认不侵害商业秘密纠纷案，〔2〕该案最初在上海二中院立案后迅速被驳回起诉，后经上诉，上海高院指令二中院继续审理。又如2015年，最高人民法院在一份裁定中明确否定了辽宁高院的驳回起诉裁定，认为确认不侵害商业秘密案件可以立案受理。〔3〕尤其值得注意的是，最高人民法院在该裁定的裁判理由中指出："确认不侵权之诉，通过确定权利人与被指控侵权人之间侵权法律关系的存在与否，防止权利人滥发侵权警告函等滥用权利的行为给被指控侵权人合法权益造成损害，平衡权利人与被指控侵权人的程序利益。"这一论断其实完全可以适用到所有确认不侵权诉讼之中，为实务中确认不侵犯其他权利的诉讼扫除了可能的法律障碍。

第五，对事实的确认。我国民事诉讼理论界通说均认为，事实并不构成确认之诉的审理对象。〔4〕然而，在我国的司法实践中，直接以事实作为确认对象的案件也依然存在。例如，在某些案件中，法院在判决主文中直接确认原告为实际出资人，此即确认了原告的出资事实，且在裁判中明确写明原告具体的

---

〔1〕 参见王铁梅、吴立建：《商业秘密权及其法律属性》，载《山西大学学报（哲学社会科学版）》2005年第1期。

〔2〕 上海华某电力设备制造有限公司等诉贵州长征电气股份有限公司确认不侵害商业秘密纠纷案，上海市第二中级人民法院（2008）沪二中民五（知）初字第108号民事裁定书。根据办案律师考证，这是全国第一起确认不侵害商业秘密案件，该案最后通过调解后，以原告撤诉告终。参见朱妙春：《摸石过河——全国首例确认商业秘密不侵权纠纷案纪实（上）》，载《中国发明与专利》2011年第9期。

〔3〕 丹东克隆集团有限责任公司与江西华电电力有限责任公司侵害商业秘密纠纷申请再审案，最高人民法院（2015）民申字第628号民事裁定书。

〔4〕 但也有学者分析发现，特定的事实可以作为确认之诉的标的，包括涉及身份关系、确定事物的法律特征、确定不法行为的发生和确定文书真实性的事实。参见江伟、邵明、陈刚：《民事诉权研究》，法律出版社2002年版，第239页以下。

股权份额须另案解决。[1]由于权利必须具有明确的客体，作为本案争议对象的股权，其份额和价值如果得不到确定，甚至需要另案解决，那么该权利就只是一种虚幻抽象的存在。如此一来，这场诉讼确认的对象就很难说是具体的民事权利，而是变成了原告是否参与出资的事实行为，完全可以视为法院审理并确认了某种特殊事实状态。[2]又如，在一起公报案例中，当事人的诉讼请求包括确认被告“私自存款行为无效”，这一请求本质上是希望法院确认被告存在非法占有原告钱财的事实，而非对被告与银行之间存款法律关系的判断。法院在裁判理由中认定被告的存款行为系保管行为，否认了存在非法占有的事实，最终判决驳回了原告的诉讼请求[3]。除了法院的态度外，当事人对于确认之诉的认识也值得关注，毕竟确认对象取决于原告提出的诉讼请求。部分案件的当事人提起确认之诉后，尽管被法院认为不具有可诉性，裁定驳回起诉，但也可以反映出社会公众对确认之诉范围的理解。最典型的是对证据效力的确认之诉。在一起公报案例中，[4]原告请求法院确认被告作出的鉴定结论无效，法院认为，证据是否采信应当由法院在诉讼过程中作出认定，直接起诉鉴定机构要求确认鉴定结论无效的，不属于人民法院民事诉讼受案范围，进而根据《民事诉讼法》第 119 条第 4 项，以“不属于人民法院主管范围”为由，驳回了起诉。

（三）我国确认之诉的膨胀

综上所述，我国确认之诉的对象已经超越了民诉理论限定的“争议的民事法律关系”的范围。这既可以归因于部分法律和司法解释创制的特别法规则，也可以归咎于部分法官适用法律不当，但无论如何，司法实务者并不完全

〔1〕 参见陈某等诉沈阳捷通消防车有限公司股东资格确认纠纷案，沈阳市中级人民法院（2014）沈中民三终字第 903 号民事判决书。

〔2〕 当然，此种对事实的确认也并非都能得到法院的支持。在一起同类的股权确认案件中，沈阳市的一家基层法院就认为，关于原告是否出资的争议是事实问题，并不构成法院主管的对象，因而最终裁定驳回起诉。参见陈某诉沈阳现代工业炉制造有限公司股东资格确认案，沈阳市和平区人民法院（2015）沈和民三初字第 02052 号民事裁定书。

〔3〕 蒋某丽诉陈某烈《家庭教育导报》社返还公益捐赠纠纷案，载《最高人民法院公报》2003 年第 4 期。

〔4〕 自贡市自流井区国有资产经营投资有限责任公司诉四川廉正工程咨询有限公司服务合同纠纷案，载《最高人民法院公报》2013 年第 2 期。

理解和认同民诉理论框定的确认对象却是一个不争的事实。无论是最高人民法院的规范性文件还是司法实践中的裁判文书，都将关注度更多地放在了“效力”问题上，因而导致确认之诉的范围发生了膨胀。法院潜在的逻辑是，由于效力问题涉及法律适用的判断，因而只要当事人之间就某一效力发生了实质争议，且该争议的判断需要借助民事实体法律，则无论该争议的对象是法律行为还是法律关系、实体权利乃至部分事实，其都有可能成为确认的对象。具体而言，在我国，可以作为确认对象的争议须具有下列特征：

首先，该项争议必须与法律效力有关。这也可以解释为何确认之诉的范围是如此广泛，以婚姻、亲子、监护为代表的身份争议，以合同、物权、股权为代表的财产争议均可以构成确认的对象。盖因这些法律关系或法律行为都可能存在法律效力上的争议。至于这一争议的性质究竟是什么，法院在所不问——如果有法律或司法解释的明确规范固然更好，但即便没有，也不会对法院的审判构成障碍——以至于可能出现多个确认对象指向同一利益的情形。例如，在公司股东会通过增资决议后，股权遭到稀释的股东既可能请求确认自己有效的股权份额，也可能请求确认股东会通过的增资决议无效，由于满足在法律效力上具有争议的要件，法院均予以受理。〔1〕而在对某些事实确认的特许上，更体现出法官们在确认之诉中关注的重心是法律效力。

其次，该项法律效力争议的判断需要适用民事实体法。普通公众可能未必能准确地区分公法与私法、实体法与程序法的界限，因而会将更广泛的法律效力争议引入民事确认之诉中。我国法院将其排除的主要依据是《民事诉讼法》第119条第4项，因此如果该效力争议不涉及民事实体法的适用，即会遭到排除。前述涉及鉴定报告效力的确认案件中，原被告之间争议的焦点问题并不是纯粹的事实认定或者自由心证，而是一个不具有资质的鉴定人独立完成的鉴定报告在加盖了具有资质的鉴定机构的公章后，是否能够产生法律效力。这当然涉及法律效力的争议，但由于并不涉及实体法，因而被法院排除出确认之诉的范畴。这也可以解释为何确认之诉与某些实现宣告或确认目的的

〔1〕参见黄某忠诉陈某庆等股东资格确认案，载《最高人民法院公报》2015年第5期。

非讼程序的区分在实务界和实体法学者眼中并不明显。因为婚姻效力、调解协议效力等案件最终的确定依然需要适用婚姻法、合同法等民法规则，因此与解决实体争议的诉讼没有显著区别。相反，纯粹由程序法规制的民事诉讼行为（如司法实务中经常引发争议的送达行为的效力）则往往直接由法院审查判断，不会构成确认之诉的标的。

正因为法院在确认之诉中关注的是发生争议的效力问题，因而除了侵权案件外，积极确认之诉与消极确认之诉在立法上并无太大差异。大量的案由均直接以确认效力纠纷为名的现状，证明法院认为重要的是"争议"，只要存在效力争议，则既可以积极确认，也可以消极确认。如此一来，确认之诉也摆脱了补充性、预防性的从属地位，膨胀成为可以解决一切民事实体法律效力争议的诉讼形态。

四、限缩确认之诉的必要性

我国司法实务中的确认之诉的确认对象——也即确认之诉的诉讼标的——与大陆法系和普通法系存在着较大的区别。域外国家由于诉讼发达史的原因，将确认之诉定位为给付之诉的补充，只允许纠纷在无法通过给付之诉解决的情形下方才可以提起确认之诉，确认对象范围小；我国确认之诉的对象则明显呈现强大的兼容性：由于法律效力争议是一个极具吞噬性的概念，因而足以将除请求权之外的各种纠纷全部囊括其中。必须承认，以美国法和德国法的经验来否定中国的实践，在逻辑上并不可取。但是，哪怕站在中国法的本土立场上，将确认之诉的对象扩张到如此庞大的范围也将带来各种难以调和的问题，确有限缩的必要。

（一）诉讼标的功能的失灵

传统诉讼标的理论认为，诉讼标的的功能主要在于：确认审判的对象，禁止重复起诉，厘清既判力范围，识别诉的合并变更，等等。[1]确认之诉的诉讼

---

〔1〕参见［德］罗森贝克、施瓦布、戈特瓦尔德：《德国民事诉讼法》（下册），李大雪译，中国法制出版社2007年版，第670页以下。

标的过于广泛，除了在审判对象的确定上并无大碍外，在其他功能上都将产生理论上或实务中的冲突，从而导致上述功能的失灵。如前所述，作为确认之诉诉讼标的的确认对象在我国存在理论界与实务界不尽一致的局面，理论界通说认为确认对象应当是发生争议的法律关系或权利，以下称“理论说”；实务界则扩张至各种可能导致法律效力发生争议的事项，以下称“实务说”。由于“理论说”没有准确说明积极确认和消极确认同一对象是否有所区别，也并未阐述被确认的法律关系与该法律关系项下具体权利之间的关联，而“实务说”又太过细微具体，任何法律问题都可以作为确认对象，因而无论采取哪一种标准，都会导致诉讼标的功能的失灵。

1. 禁止重复起诉与既判力范围

诉讼标的是诉的核心要素，因而在识别此诉与彼诉，进而确定诉讼系属和既判力范围上有标志性的作用。最高人民法院《关于适用〈中华人民共和国民事诉讼法〉的解释》（以下简称《民诉法解释》）第 247 条第 1 款第 2 项明确肯定了诉讼标的的诉讼识别功能，因而在诉讼系属和既判力的确定上，都需要考察诉讼标的的同一性。确认之诉的诉讼标的将在下列两种情况中对这一功能造成影响：

第一，确认之诉与确认之诉之间的识别。按照“理论说”的观点，争议的法律关系构成确认之诉的诉讼标的。但积极确认和消极确认是否构成同一诉，“理论说”并未给出答案，实务中的操作也不尽一致。例如，原告请求确认合同法律关系有效，被告反诉请求确认合同法律关系无效，我国法院的处理就明显不一：有法院认为构成同一个诉，因而不予受理被告的反诉，将其主张仅仅视为抗辩；[1]有法院却认为反诉成立，直接受理并予以审理[2]。法院之所以会产生分歧，除了诉讼费用等绩效上的考虑，最主要的原因恐怕还是未能准确理解确认之诉诉讼标的的识别方法和识别意义。而如果根据实务说的观点，

---

〔1〕 例如，欧某华与欧某东确认合同有效纠纷案，广西壮族自治区高级人民法院（2015）桂民申字第 1485 号民事判决书。

〔2〕 例如，周某芬、杨某义与庆元县财政局确认合同无效纠纷案，浙江省丽水市庆元县人民法院（2013）丽庆商初字第 272 号民事判决书。

所有法律效力争议都可以作为确认之诉的对象，则更可能造成在同一法律关系中，当事人可以针对不同的法律行为提起不同的确认之诉。例如，甲向法院起诉，请求确认合同有效或无效，而乙向法院提起反诉，请求确认合同早已解除。两个确认之诉的对象指向同一合同法律关系，但根据“实务说”，本诉的确认对象是合同效力，而反诉的确认对象是合同解除的效力，因而此类反诉在实务中往往会得到受理。〔1〕然而，可以想象，如果是在甲请求确认合同效力的前诉已经胜诉后，乙再另行起诉请求确认合同已经解除，其能否得到受理就会存在疑问。根据“实务说”受理反诉的逻辑，由于此时确认之诉的诉讼标的是解除行为，而非合同法律关系的效力，前诉的既判力无法遮断，自然应当受理，但如果真的受理，则既有违《民诉法解释》第 247 条第 1 款第 3 项“后诉的诉讼请求实质上否定前诉裁判结果”之规定，也可能作出相互矛盾的裁判。

第二，确认之诉与给付之诉之间的识别。确认之诉与给付之诉的关系一直是我国实务操作的难题。由于“理论说”笼统地将法律关系或权利作为确认对象，不免出现被确认的法律关系与该法律关系中具体的请求权是否属于同一诉讼标的的争议，例如甲起诉乙要求确认合同无效后，乙又向法院起诉甲要求依合同履行义务。实践中有的法院认为二者诉讼标的同一，不再受理后诉，也有法院认为前诉的诉讼请求不能涵盖后诉的诉讼请求，因而裁定合并审理。〔2〕同样的例子还表现在由同一生活事实构成的不同法律关系。例如，甲乙等人共同出资设立某公司，后因工商登记显示乙已将在该公司的股权转让，且得到股东会同意并作了股东变更登记。甲主张对这些情况自己均不知情，遂以乙等作为被告提起诉讼，请求赔偿因侵权行为导致的股权价值损失。乙抗辩称甲并未真实出资，其原有的股权系自己出资。法院经审理认定乙等侵权成立，作出支持甲之诉请的

---

〔1〕 例如，内蒙古镶黄旗金丰矿业开发有限公司与北京美中德科房地产开发有限公司、内蒙古镶黄旗美中德科矿业开发有限公司油气资源合作勘探开发合同纠纷案，最高人民法院（2013）民一终字第 35 号民事裁定书；靳某琪与北京京顺房地产有限责任公司等确认合同无效纠纷案，北京市顺义区人民法院（2015）顺民初字第 08232 号民事判决书。

〔2〕 例如，威海鲲鹏投资有限公司与威海西港房地产开发有限公司、山东省重点建设实业有限公司土地使用权纠纷管辖权异议案，《最高人民法院公报》2006 年第 5 期。该案中山东高院认为构成重复起诉，而最高人民法院认为不构成。

生效判决。乙又以甲为被告提起后诉，请求确认甲只是名义股东，从未实际出资。〔1〕前后诉分别属于侵权纠纷和股权纠纷，构成不同的法律关系，显然并非同一诉讼标的，但法院依然简单地以违反“一事不再理”为由裁定驳回起诉，被理论界认为在说理上还需加强补充论证。〔2〕这些争议都说明“理论说”容易引发诉的识别上的争议，不能周延地解决诉讼系属和既判力范围的问题。〔3〕但如果采取实务说，问题将更加突出。它实质上允许对法律关系的一个确认之诉再拆解为针对多个构成要件的确认之诉，其与给付之诉的关系只会更加扑朔迷离。

2. 诉的合并与诉的变更

诉讼标的是诉的合并和变更的依据。我国民事诉讼法中对于此类行为并无太多的直接规定，因而需要借助部分关联制度来理解诉讼标的的具体意义。在诉的合并方面，最直接的体现是关于诉讼费用的计算与收取。《诉讼费用交纳办法》(国务院令第 481 号)并未直接规定确认之诉的缴费标准，实践中的处理状况也十分混乱，既有按件收取，也有按照标的金额收取，且以财产案件按标的金额收取为主。〔4〕若采取“理论说”，确认请求与给付请求同时提出时，法院如果将其作为诉的合并分别计费，很难令当事人满意；〔5〕而如果根据“实务说”推演，原告就同一法律关系基于不同的构成要件提起了多个确认请求后，法院将其视同为诉的合并，进而多次收取诉讼费用，同样令当事人难以接受。

---

〔1〕 孙某元与李某生股东资格确认纠纷上诉案，河北省邯郸市中级人民法院(2014)邯市立民终字第229号民事裁定书。

〔2〕 参见王亚新、陈晓彤：《前诉裁判对后诉的影响——〈民诉法解释〉第 93 条和第 247 条解析》，载《华东政法大学学报》2015 年第 6 期。该文也赞同应当驳回后诉，但认为二者的诉讼标的在性质和客观范围上显然相异，因而驳回的理由并非诉讼标的不同，而是诉讼请求的不同。

〔3〕 应当承认，《民诉法解释》第 247 条第 1 款第 3 项给予了法官在处理既判力问题上更充分的“弹药”，也降低了诉讼标的的识别问题在实务操作中的重要意义。但是，功能武器的填充并不意味着逻辑漏洞的弥补，确认之诉在诉讼标的识别上的矛盾和混乱的问题依旧存在。

〔4〕 参见魏乐陶：《确认之诉案件受理费收取的实践审视及合理化重构》，载贺荣主编：《公正司法与行政法实施问题研究》(上册)，人民法院出版社 2014 年版，第 424 页。

〔5〕 有当事人直接以此作为上诉理由，认为确认之诉不能按照给付之诉收取诉讼费用。参见王某健与焦作市仁和清算有限公司破产债权确认纠纷案，河南省焦作市中级人民法院(2016)豫 08 民终187 号民事判决书。

在诉的变更方面，则需要结合限制性条件探讨，即诉的变更必须发生在特定程序和特定阶段。由于“理论说”并不区分积极确认和消极确认在诉讼标的识别上的差异，因而在下列情形下将引起混乱：甲与乙订立借款合同，甲在一审时请求为：(1)确认借款合同有效；(2)乙返还借款1万元。一审法院认定借款合同无效，驳回了甲的诉讼请求。甲在二审中改变请求为：(1)确认合同无效；(2)基于不当得利请求权要求乙退还无因给付款1万元。一种观点认为，从诉讼请求的角度看，甲确认的对象都是合同关系，而给付要求并未改变，二审法院完全可以继续审理。另一种观点则认为，由于对合同效力的确认请求已经截然相反，应当理解为诉的变更。而根据《民事诉讼法》第140条和《民诉法解释》第251条的规定，二审程序并不允许诉的变更，二审法院只能撤销原判发回重审。同理，如果采取“实务说”，甲在提起确认合同无效的诉讼中，一审主张的事由是无行为能力，败诉后二审改以内容违法为由继续坚持合同无效，也会引起能否允许诉的变更、是否必须撤销原判的分歧。

可见，无论是采取“理论说”还是“实务说”，我国确认之诉的对象都不会稳定，既无法发挥诉讼标的理论在诉讼系属、既判力、诉的合并变更等理论和制度中的基石作用，也易与其他诉讼(包括其他确认之诉)发生混淆和重叠。诚然，我们可以采取创造例外规则、允许预备合并等方式处理上述障碍，但一方面，我国的现有立法未必全面地建立了直接解决障碍的具体规则，因而只能由理论界和一线法官通过法律续造来解决问题，必然导致司法实践中的不统一；另一方面，即便立法者制定了统一的例外规则，研究者也依然有必要审视这一并不周延的理论现实。

(二)对关联制度的不利影响

确认之诉的膨胀，还将导致与关联制度的衔接上出现阻碍，妨碍关联制度发挥应有的功能：

1. 对其他诉讼的影响

确认之诉与形成之诉原本都是为了补充给付之诉的不足而产生的制度，但一旦确认之诉变得包治百病，对所有法律效力争议问题皆可确认，将立即挤占给付之诉的空间，使得给付之诉无法发挥应有的作用，进而对诉讼乃至执行的正常运行产生冲击。

首先，确认诉讼的胜诉判决是否可以产生执行力？传统通说普遍认为，确认判决仅仅是对法律关系或权利的确认，并不能够作为执行根据。然而，由于确认之诉诉讼标的的扩张，我国司法实务中不少纠纷解决直接以确认之诉的形式进行，法院在判决确认了合同效力或者权利归属后，当事人持该确认判决向法院申请执行时，如果法院要遵循法理告知其必须另行提起给付之诉，不仅会令当事人感到陷入法理形式主义的怪圈，法官自己也会产生平添诉累的疑问。不少法官撰文论证确认判决在特定情形下也可产生执行效力。〔1〕

其次，确认之诉能否产生中断诉讼时效的效力？《民法通则》(1986 年发布，已失效)第 135 条仅仅规定诉讼时效是向人民法院请求保护民事权利的期间，并未明确中断事由是否只限于给付之诉。最高人民法院《关于审理民事案件适用诉讼时效制度若干问题的规定》第 1 条则明确将诉讼时效作为针对请求权的抗辩权，第 14 条(2021 年后条文号变更为第 12 条)也强调中断诉讼时效需要提出“保护相应民事权利的请求”。从逻辑上说，只有向法院提出特定请求权的给付之诉或者明确将确认对象限定为请求权的诉讼，才会产生中断诉讼时效的效果，如果当事人提出的是笼统的对合同法律关系的效力进行确认的诉讼，并未明确具体的请求权，似不应认为产生中断诉讼时效的效果。〔2〕然而，我国实务中，针对合同效力的确认之诉中断诉讼时效的案例并不

---

〔1〕 参见王磊:《确认之诉具备执行条件的几种情形》，载中国法院网 2013 年 10 月 16 日，http://www.chinacourt.org/article/detail/2013/10/id/1108100.shtml；张祖明:《混合诉讼中确权之诉的可执行性探析》，载北大法律信息网，http://article.chinalawinfo.com/ArticleFullText.aspx?ArticleId=85551&listType;=0，最后访问日期：2021 年 4 月 18 日；曹茂幸:《确认之诉是否可以申请强制执行》，载法律资讯网 2014 年 8 月 7 日，http://www.dyzxw.org/html/article/201408/07/179022.shtml；赵彬:《隐名股东确认案件可否执行？》，载中国法院网 2013 年 11 月 18 日，http://www.chinacourt.org/article/detail/2013/11/id/1146166.shtml。虽然上述作者大多错误地将确认调解协议的非讼程序与确认合同效力的诉讼程序等量齐观，但并不妨碍他们以此为论据来反驳确认判决没有给付内容就没有执行力的命题。

〔2〕 有民法学者认为债权人只要在诉讼中主张权利，就产生中断时效的效果，但也强调应当明确主张的权利，如债务人提起不存在债务的消极确认之诉后，债权人应诉并坚持债权的行为可构成诉讼时效的中断。参见郑玉波:《民法总则》，中国政法大学出版社 2003 年版，第 510 页。

鲜见。[1]最高人民法院在一份裁定中也认为，原告提起确认股权转让合同无效虽然败诉，但可以引起侵权损害赔偿请求权诉讼时效的中断。[2]如此一来，在是否能够产生诉讼时效中断效力的问题上，确认之诉与给付之诉的边界区分已经变得十分模糊。

最后，确认之诉的胜诉判决是否可以变更既有的法律关系？这一问题涉及确认之诉与形成之诉的关系。最为典型的例证是关于确认判决能否发生物权变动的效力。根据《物权法》第28条[3]的规定，人民法院的法律文书可以产生物权设立、变更、转让或者消灭的效力。理论界有人主张，确认判决可以产生物权变动的效力。[4]司法实务中，也有很多法院作出确认判决后，认为权利人自此成为物权人，因而发生物权变动的效力。此种观点在借名买房、借用宅基地建房的案件中尤为突出。理论界虽然对此已有反驳，认为只有形成之诉的胜诉判决方能发生物权变动效力，[5]且得到了最高人民法院《关于适用〈中华人民共和国物权法〉若干问题的解释（一）》（法释〔2016〕5号，以下简称《物权法解释》）第7条[6]的认可，但能否改变司法实务中已经形成的观点，恐难乐观。在指导案例33号中，最高人民法院明确表达肯定了债权人可以通过确认债务人与第三人之间恶意串通损害债权人利益的合同无效的方式来保护自己的权益，且没有时效限制。[7]这一观点实质上混同了确认之诉和形成之

---

〔1〕 例如，陈某尔诉毛某民股权转让纠纷案，宁波市海曙区人民法院（2016）浙0203民初327号民事判决书。该案中，原告先提起合同确认之诉，败诉后又提起给付之诉，被告在后诉中抗辩主张诉讼时效已过，法院最终认为确认之诉构成诉讼时效的中断。

〔2〕 参见王某跃等与石某强等股东滥用股东权利赔偿纠纷案，最高人民法院（2013）民申字第519、546号民事裁定书。

〔3〕 现变更为《民法典》第229条，具体内容没有实质变化。

〔4〕 参见胡康生主编：《中华人民共和国物权法释义》，法律出版社2007年版，第79页。

〔5〕 例如，房绍坤：《导致物权变动之法院判决类型》，载《法学研究》2015年第1期；任重：《形成判决的效力——兼论我国物权法第28条》，载《政法论坛》2014年第1期；程啸：《因法律文书导致的物权变动》，载《法学》2013年第1期。

〔6〕 现变更为最高人民法院《关于适用〈中华人民共和国民法典〉物权编的解释（一）》（法释〔2020〕24号）第7条，具体内容没有实质变化。

〔7〕 参见吴光侠、高晓力：《〈瑞士嘉吉国际公司诉福建金石制油有限公司等确认合同无效纠纷案〉的理解与参照——恶意串通逃债的行为无效》，载《人民司法》2015年第18期。民法学者对此的批评，参见茅少伟：《论恶意串通》，载《中外法学》2017年第1期。

诉，而且用确认之诉架空了《合同法》第74条[1]关于撤销权管辖法院和除斥期间的规则。由此可见，由于确认之诉的膨胀，形成之诉的意义被严重削弱，以至于有学者发出了形成之诉是否真的独立存在的质问，认为形成之诉的实质其实是对形成权的确认而已。[2]

2. 对行政登记制度的影响

行政登记作为一种特殊的行政许可制度，是对申请人申请的特定事项在审查批准的基础上，记载于簿册并发放相应证书，确认特定权利义务关系的一种法律制度和行为。[3]由于登记簿具有公示效力，可以通过将对社会秩序有重要影响的民商事活动纳入登记体系，提高行政监管的效率、维持社会秩序的稳定。

判决是司法机关行使国家审判权的结果，因而也具有拘束力。在普通的给付之诉中，法院判决并不直接发生法律效果，还需要等待当事人履行判决或法院强制执行判决，因此法院的裁判并不会与行政登记产生直接冲突，相反，很多给付判决的内容恰恰需要行政机关变更登记方能实现。然而，确认判决却有可能与行政登记发生抵牾。例如，民政部门登记为有效婚姻，后法院经审判确认为无效婚姻。二者皆是公权力机关作出的有拘束力的认定，如何解决二者之间的冲突，就成为立法者必须面对的问题。婚姻关系、收养关系等固定的身份关系由于涉及的主体较为单一，因而尚可根据时间顺序，坚持后者优先的原则；但是，对于可以反复流转的财产权益的冲突，由于涉及第三人利益保护和社会交易安全，就需要更加细致的处理。《物权法》第6条[4]确认了不动产登记的公示公信效力，《公司法》第32条第3款也明确了公司登记的效力，就它们与确认判决之间的关系，《公司法》和《物权法》的司法实践提供了两种

〔1〕《民法典》将原《合同法》第74条拆解为第538、539、540条，其中第538、539条中有关于撤销权管辖法院的规则；而关于撤销权除斥期间的规则规定在原《合同法》第75条，现变更为《民法典》第541条。

〔2〕参见陈桂明、李仕春：《形成之诉独立存在吗？——对诉讼类型传统理论的质疑》，载《法学家》2007年第4期。

〔3〕参见司坡森：《试论我国行政登记制度及其立法完善》，载《政法论坛》2003年第5期。

〔4〕现变更为《民法典》第208条，具体内容无实质变化。

不同的处理方案。这两种不同的方案会产生不同的效果。

隐名股东在我国公司法实践中一直存在，但立法上直到2005年《公司法》修改，尤其是2014年最高人民法院《关于适用〈中华人民共和国公司法〉若干问题的规定（三）》（以下简称《公司法解释三》）修正后，才明确了隐名股东的存在，并对其权利予以承认。但是，围绕着隐名股东的资格，一直存在“实质说”和“形式说”的论争。[1]由于商法的外观主义特性，如果严格采取实质说，对隐名股东的各种权利均直接承认，就会否定工商登记的意义，对市场秩序形成冲击。[2]《公司法解释三》十分审慎地平衡了二者的关系。一方面，认可隐名股东的权利，允许隐名股东向名义股东主张合同法、公司法和侵权责任法上的权利；另一方面，强调工商登记的公示原则，认为非经变更登记，隐名股东的权利不能对抗包括其他股东在内的第三人，即第24条第3款实质上确定即便隐名股东获得针对名义股东的确认判决，但是未经公司其他股东半数以上同意依然不能变更股东登记，第25条第1款则参照《物权法》第106条[3]的善意取得规则，认为名义股东处分登记于其名下的股权时，隐名股东即便获得确认判决，也不能对抗善意第三人。这种安排实际上将确认之诉的既判力主观范围限制在隐名股东和名义股东之间，在对外关系上依然尊重公司登记。从诉讼策略上看，此种安排大大限制了确认之诉的意义，必然更多地鼓励隐名股东积极地提起变更公司登记的给付之诉，从而在判决内容实现后取得对世的效力。

与之相对的是《物权法》上不动产登记与司法确认判决的关系。根据《物权法》第33条[4]的规定，因物权的归属、内容发生争议的，利害关系人可以请求确认权利。虽然最高人民法院明确表明，不动产物权的设立、变更、转让和

---

〔1〕 参见蒋大兴：《公司法的展开与评判——方法·判例·制度》，法律出版社2001年版，第462页以下。

〔2〕 公司法学者猛烈地批评“实质说”是不顾公司法的特质，用物权模式处理股权。参见邓峰：《物权式的股东间纠纷解决方案——〈公司法〉司法解释（三）评析》，载《法律科学》2015年第1期。

〔3〕 现变更为《民法典》第311条。

〔4〕 现变更为《民法典》第234条。

消灭应当依法由国家权力机关确认，因而该条的适用范围应当限缩于动产，〔1〕但或许是因为不动产统一登记制度的建立过程步履维艰，或许是因为人民法院解决纠纷的使命要求，现实中人民法院经常通过确认判决来确认不动产的归属。如此一来，当确认判决与不动产登记之间发生冲突时，是维护司法权威还是维护登记公信，成为横亘在裁判法官和执行法官面前的一个难题。在执行过程中，金钱债权人通过胜诉判决查封了债务人名下的不动产，自以为经过拍卖就可以大功告成时，案外人突然手持一份确认判决，主张该房产并非被执行人所有，提出执行标的异议。执行法官必须在登记机关和确认判决的两难之间作出抉择。2016 年最高人民法院《关于人民法院办理执行异议和复议案件若干问题的规定》(法释〔2015〕10 号)第 26 条第 1 款第 1 项认为执行法院应当认可确认判决中对物权的确认，实际上赋予了确认判决可以对抗第三人的效力。〔2〕

此种与前述公司登记大相径庭的解决方案，会存在以下两方面的问题：第一，可能对国家的不动产政策形成冲击。随着我国房地产市场的火爆，房地产主管部门针对部分城市的交易出台了一系列的直接限购政策，此外在税收、贷款等政策方面也有针对性的抑制政策。现实生活中，当事人采取借名买房、假

〔1〕 最高人民法院物权法研究小组编著:《〈中华人民共和国物权法〉条文理解与适用》，人民法院出版社 2007 年版，第 135 页。此外，最高人民法院也曾在一份判决书的裁判理由中再次重申，对于权利人提出的登记于他人名下的不动产物权归其所有的确权请求，人民法院不宜直接判决确认其权属，而应当判决他人向权利人办理登记过户。该裁判理由后被上升为公报案例的裁判摘要。参见大连羽田钢管有限公司与大连保税区弘丰钢铁工贸有限公司、株式会社羽田钢管制造所、大连高新技术产业园区龙王塘街道办事处物权确认纠纷案，载《最高人民法院公报》2012 年第 6 期。

〔2〕 虽然司法解释对此作出了诸多限制，例如该确认判决只对金钱债权人发生阻断执行效力，确认判决的生效时间必须在执行根据生效之前，但从其文义看，只要“该法律文书系就案外人与被执行人之间的权属纠纷……判决、裁决执行标的归属于案外人”，法院就应当支持案外人提出的执行异议，从而阻碍债权人实现债权，并无须顾及债权人在债权发生或提起追诉时财产登记的状态。司法解释的起草者也明确肯定了这一解释方案，认为如果“另案生效法律文书确认执行标的的归属于案外人或者向其交付、返还执行标的的，不能执行已经生效判决确认属于案外人的财产”。参见刘贵祥、范向阳:《〈关于人民法院办理执行异议和复议案件若干问题的规定〉的理解与适用》，载《人民司法·应用》2015 年第 11 期。

离婚、假赠与等多种方式来规避此类政策，这样的方式必然会导致房地产登记人和实际出资人甚至实际占有人的分离。如果允许实际出资人通过确认之诉的方式来获得具有对世性的物权确权判决，则有影响国家的不动产限购政策发挥作用的风险。第二，可能诱发虚假诉讼。虚假诉讼在我国的概念尚不够明晰，但实务界的通说均强调虚假诉讼是指民事诉讼当事人采取虚构法律关系、捏造案件事实的方式提起民事诉讼，使法院进行错误裁判或执行，以获取非法利益，妨害司法秩序的行为。〔1〕由于能够直接获得对抗不动产登记的确认判决，当事人就有用此类判决实现套利的动机，双方在毫无争议的情形下向法院提起对不动产物权的确认之诉，自然见怪不怪。

五、限缩确认之诉的路径选择

无论是从实现诉讼标的内部功能的角度，还是从与其他关联制度的外部衔接来看，都应当检讨目前我国司法实务中放任确认之诉膨胀的做法，并考虑如何对其限定。事实上，我国学者在介绍确认之诉时，也并未放任确认之诉的膨胀，往往都会强调原告在提起确认之诉时，必须具有确认利益。〔2〕值得反思的是，为什么理论界一直倡导的用确认利益来限缩确认之诉的方法在我国实务中并没有发挥出应有的效果。

（一）确认利益的路径

用确认利益来限制确认之诉是大陆法系的传统路径。〔3〕《德国民事诉讼法》第 256 条第 1 款在奠定确认之诉的正统性地位时，就同时提出只有在确

〔1〕 这种观点对虚假诉讼采取了较为宽泛的界定，认为凡是存在恶意虚构事实的起诉行为均构成虚假诉讼。参见李浩：《虚假诉讼与对调解书的检察监督》，载《法学家》2014 年第 6 期；张艳：《虚假诉讼类型化研究与现行法规定之检讨——以法院裁判的案件为中心》，载《政治与法律》2016 年第 7 期。

〔2〕 参见张卫平：《民事诉讼法》（第 5 版），法律出版社 2019 年版，第 196 页；李浩：《民事诉讼法学》（第 3 版），法律出版社 2016 年版，第 115 页以下；王福华：《民事诉讼法学》，清华大学出版社 2015 年版，第 164 页。

〔3〕 美国法上的宣告判决其实也有确认利益的要求，但没有直接使用这一概念。墨菲大法官就曾经在一份裁决中强调，只有在当事人双方之间的实质争议有足够的紧急性（immediacy）和现实性（reality）时，才能启动宣告判决诉讼。See Maryland Cas.Co.v.Pacific Coal&Oil Co.，312 U.S.270（1941）.

认之诉“对于原告有法律上的利益时，原告才可以提起”。这一路径被其他大陆法系国家（地区）的民事诉讼制度所继受。例如，我国台湾地区“民事诉讼法”第247条就明确规定，“非原告有即受确认判决之法律上利益者，不得提起之”。《奥地利民事诉讼法典》第228条也有类似规定。〔1〕日本虽未在法典上直接规定确认利益，但通过学理和判例也完全建立了确认利益的概念内涵。例如，新堂幸司在其教科书中，详细地从确认手段的妥当性、确认对象的妥当性、应解决纠纷的成熟性和被告选择的妥当性四个角度，结合《日本最高裁判所民事判例集》20余个判例，分析了确认利益的判断方法。〔2〕总的来说，大陆法系国家（地区）允许对各种法律关系和权利进行全面的确认，〔3〕但是在受理诉讼后又通过抽象的“确认利益”概念，对不满足确认利益的诉请予以排除。确认利益作为诉讼利益，属于诉讼要件审查的范畴，如果不满足该要件，诉将因不具备合法性被直接驳回。

以确认利益为限制路径也是我国民事诉讼法学理论界较为推崇的一种方法，但是这条路径在我国却存在水土不服现象，并未真正发挥限制确认之诉的功能，其原因主要有以下几点：

首先，我国没有关于确认利益的法律规则。与德国法不同，我国《民事诉讼法》从来没有明确规定诉的利益。最高人民法院也从未在任何司法解释、指导性案例及类司法解释的规范性文件中使用这一概念。截至本文写作时，最高人民法院的公报案例中，没有一个提及“确认利益”，“诉的利益”也只有1个民事案件涉及，〔4〕且仅仅是在论及当事人适格时作为修辞工具使用。缺乏

〔1〕 参见[日]中村英郎：《新民事诉讼法讲义》，陈刚等译，法律出版社2001年版，第105页。

〔2〕 参见[日]新堂幸司：《新民事诉讼法》，林剑锋译，法律出版社2008年版，第194页以下。

〔3〕 参见[德]罗森贝克、施瓦布、戈特瓦尔德：《德国民事诉讼法》（下册），李大雪译，中国法制出版社2007年版，第656页。

〔4〕 参见江西省南昌百货总公司、湖南赛福尔房地产开发公司与南昌新洪房地产综合开发有限公司合资、合作开发房地产合同纠纷案，载《最高人民法院公报》2013年第1期。在最高人民法院作出的裁判中，明确提到确认利益的只有一个案件，即中国信达资产管理公司深圳办事处与大鹏创业投资有限责任公司、湖南湘能电力股份有限公司等借款合同纠纷上诉案，最高人民法院（2009）民二终字第55号民事判决书。而在该案中，最高人民法院是用具有确认利益来保证了原告的诉权。

成文规则导致大多数审判法官在实务中并没有真正意识到在确认之诉的诉讼要件中，还须审查确认利益。而即便意识到这一要件的法官，也陷入无法可依的境地。他们并不倾向直接援用理论界创造移植的概念来作为裁判依据，而多以不属于法院主管范围或违背诚实信用原则为由驳回起诉。〔1〕

其次，我国没有关于确认利益的成熟理论。同样没有法条的明文规定，日本却依托成熟的理论在司法实务中扎实地建立了确认利益阻碍确认之诉的路径。但在我国，并没有成熟的关于确认利益的理论阐述。不仅民诉法学教科书对确认利益语焉不详，专业研究文献也屈指可数。迄今为止，直接以确认利益为篇名的期刊论文仅有1篇，〔2〕而以其为关键词的期刊论文也只有寥寥十余篇。且这些文献大多是以前述新堂幸司的分析框架为纲，结合中国的案例进行本土化技术分析。〔3〕这种研究方法并无不妥，但是无论从质量还是数量上，都不足以说服更多的法官接受这一命题。一个颇为致命的问题或许在于，由于缺乏法律的明确规则，理论研究往往只是提出了识别确认利益的抽象原则，例如“对象和方法的妥当性”，但是究竟何为妥当，以及是否存在例外规则，〔4〕却缺乏详细的展开，这自然会使得办案法官在面对具体案件时无法高效统一地借助确认利益作为分析工具来剖析案件。〔5〕而更具中国特色的问题在于，由于我国实务中立案高阶化造成的起诉难的现状，理论界往往更倾向于强

---

〔1〕 例如，黄某萍诉赵某森健康权纠纷案，天津市东丽区人民法院（2014）丽民初字第6235号民事判决书。具体的理论分析可参见邬砚：《确认之诉中诉的利益的内涵》，载《人民司法·案例》2014年第12期。

〔2〕 参见黄文官、谷佳杰：《“恶人”先告状，法院应受理——论民事法律关系义务人的确认利益》，载《福建警察学院学报》2011年第3期。

〔3〕 类似的例子还可以在分类型研究诉的利益的文献中找到，参见刘敏：《论诉的利益之判断》，载《国家检察官学院学报》2012年第4期。

〔4〕 事实上，大陆法系学者都普遍认为，在妥当性的判断上只存在“一个大致性的标准，而并不具有绝对性的意义”。参见［日］高桥宏志：《民事诉讼法：制度与理论的深层分析》，林剑锋译，法律出版社2003年版，第308页。

〔5〕 在最近的一篇论文中，张卫平教授尝试归纳了关于识别确认对象妥当性的五个基础命题，可以视为我国确认利益研究的一个进步。饶是如此，论文在承认这些基础命题往往存在例外的情况下，对例外也仅仅作了举例，尚未形成更具普适性的规则。参见张卫平：《诉的利益：内涵、功用与制度设计》，载《法学评论》2017年第4期。

调诉的利益的积极作用，即在现代社会更应当体现为保障当事人接受裁判的权利，促进新的民事权利的生成。[1]沿着这种扩张保护的诉的利益观，对诉的利益之于限制起诉的消极功能往往强调不够，也就很难推导出要用确认利益来限制确认之诉了。

最后，我国没有判断确认利益的程序环节。不同于大陆法系国家（地区）的诉讼要件与本案要件相分离的复式平行审理模式，我国保持了罗马法的传统，采取单层阶段诉讼的结构，[2]主要由立案庭来处理诉讼要件。由于确认利益的判断往往需要结合实体事项，在单层阶段审查结构中，立案庭没有掌握充足的信息，也不具备充裕的时间，更没有机会接触对方当事人，根本无力完成确认利益的审查。而等到案件进入审判庭，审判法官的关注重心已经转为实体法律问题，在程序法上既无明确规则又无成熟通说的确认利益，更难以成为审查的对象。“立案登记制”虽然为我国实行平行审理提供了契机，但现有规则并未放弃立案条件，审判环节也无针对诉讼要件的程序改革，因而短期内由审判庭法官用专门机制审理包括确认利益在内的诉讼要件，尚不现实。

（二）诉讼标的的路径

笔者并不反对从确认利益的路径来限缩确认之诉。但必须承认，由于以上原因，短期内这条路径并不具备成功移植的可能。在此种情形下，如何应对确认之诉过于膨胀的现实困境，促使我们必须思考次优路径的选择。既然我国确认之诉的膨胀主要表现在确认之诉的诉讼标的过于广泛，直接限缩确认之诉的诉讼标的，能够成为有效抑制现状的方法。具体而言，首先回归到给付之诉“一统天下”的局面，原则上禁止确认之诉的提起，可以解决前述确认之诉膨胀后引发的各种问题；再例外地允许提起确认之诉，可以促使当事人和法院在确认之诉的诉讼要件上要么严格适用既定法的规则，要么经过详细的说理来论证受理确认之诉的必要性，从而为确认利益的中国化分析提供有益的素材。

---

〔1〕 参见常怡、黄娟：《司法裁判供给中的利益衡量：一种诉的利益观》，载《中国法学》2003年第4期；廖永安：《论诉的利益》，载《法学家》2005年第6期。

〔2〕 参见［日］高桥宏志：《重点讲义民事诉讼法》，张卫平、许可译，法律出版社2007年版，第3页。

限缩诉讼标的的路径，首先需要改变确认对象“实务说”过分细化的做法，回归到“理论说”将确认对象界定为法律关系或实体权利的立场上来。同时，鉴于“理论说”过于宽泛，没有回应法律关系与实体权利之间的关系，还需要根据不同的实体争议，审慎仔细地确定其诉讼标的：

首先，亲属法中的确认之诉应当将法律允许确认的亲属法律关系作为诉讼标的，而不宜扩张适用。现行法中明确允许确认的亲属关系主要包括最高人民法院《关于适用〈中华人民共和国婚姻法〉若干问题的解释（三）》（法释〔2011〕18号）第2条[1]规定的亲子关系，以及《收养法》第25条[2]规定的收养关系。但是，在判断法律是否允许确认时，应当持谨慎态度，不宜将所有带有“确认”或“无效”文字的法条都理解为可以据此提起确认之诉。例如，《婚姻法》第10条关于婚姻无效的规则就不属于确认之诉，而是宣告婚姻无效的非讼案件。又如，在监护权案件中，根据《民法总则》第31条第1款[3]，对监护人的确定有争议的，有关主体可以向法院申请指定监护人。这似乎是对监护权的确认之诉。但该条第3款建立了“政府兜底”规则，即在监护权争议确定之前，“由被监护人住所地的居民委员会、村民委员会、法律规定的有关组织或者民政部门担任临时监护人”。因此，监护权发生争议时，当事人提起的并不是确认之诉，而是变更监护法律关系的形成之诉。

其次，物权法中物权确认诉讼的诉讼标的应当限缩为无法登记物的物权。由于《物权法》第33条[4]明确规定可以对物权的归属和内容争议请求确认，[5]在尊重现行法和实践需要的前提下，可以允许当事人对部分物的物权权属进行确认。但为了避免与登记制度发生冲突，确认对象应当限缩解释为

---

〔1〕现变更为最高人民法院《关于适用〈中华人民共和国民法典〉婚姻家庭编的解释（一）》（法释〔2020〕22号）第39条，具体内容没有实质变化。

〔2〕现变更为《民法典》第1113条，具体内容没有实质变化。

〔3〕现变更为《民法典》第31条，具体内容没有实质变化。

〔4〕现变更为《民法典》第234条。

〔5〕民法学界多倾向于认为该条并非实体意义上的物上请求权，而是一种程序权利。但只有少数学者从诉讼法意义上指出该程序权利需要限制，参见王洪亮：《实体请求权与诉讼请求权之辨——从物权确认请求权谈起》，载《法律科学》2009年第2期。

无法登记的不动产（如在建工程、油气管道等）和无须登记的动产。凡是可以登记的财产，都应向原告释明，变更诉讼请求为要求变更登记，落实最高人民法院《关于审理买卖合同纠纷案件适用法律问题的解释》第10条第1项〔1〕和《物权法解释》第6条〔2〕的相关规则，不允许其对可以登记的不动产直接提起确认之诉。担保物权、共有等领域也应类推适用。同时，应当类推公司诉讼的规则，将这类确权判决的主观范围也严格限定在参加诉讼的当事人之间，不能拓展确权判决的对世效力。

再次，债权法中的确认之诉应当统一限定诉讼标的和起诉条件。我国目前对债权法中确认对象的规范相对混乱。最高人民法院将确认不侵权的案由限定在知识产权领域，而对合同纠纷的确认之诉却完全敞开大门。事实上，由于债权纠纷在本质上都是对请求权及其基础法律关系的认定，因而宜打破实体法的樊篱，在诉讼上作出统一的限定。

一是原则上不允许独立地提起关于债权的积极确认之诉。原告如果认为自己的债权成立，就应当通过提起给付之诉直接实现自己的债权。无论是允许其确认债权抑或确认基础的合同法律关系或侵权法律关系，均无必要。〔3〕

二是应当统一消极确认之诉的诉讼标的。消极确认之诉的重要功能就是给予债务人通过司法方式来明确债务的机会，此种机会不仅应当存在于知识产权案件中，也应扩展到所有的债务人。但消极确认之诉体现了确认之诉的反转性，使债务人也可以利用诉讼作为武器侵扰债权人，因而务必要提高起诉门槛：一方面，将债权法下的消极确认之诉统合为“债务不存在”之诉，将其

〔1〕 现变更为第7条第1项。

〔2〕 现变更为最高人民法院《关于适用〈中华人民共和国民法典〉物权编的解释（一）》（法释〔2020〕24号）第6条，具体内容没有实质变化。

〔3〕 但在给付之诉中，可以允许当事人就基础关系的效力提起中间确认之诉，以提高审判效率。我国虽然并无这方面的具体规则，但最高人民法院其实已经在规范性文件中肯定了这一做法。在《第一次全国民事再审审查工作会议纪要》（法〔2011〕159号）中，最高人民法院提出：“当事人同时提出确认之诉和给付之诉，且确认之诉是给付之诉前提条件的，原判决在主文里仅对给付之诉作出判定，但在判决理由中对确认之诉进行了分析认定的，不属于遗漏诉讼请求的情形。”相关理论分析，可参见傅郁林：《先决问题与中间裁判》，载《中国法学》2008年第6期。

诉讼标的界定为被告在诉前交涉中主张过的债权。我国司法实务中对消极确认之诉普遍是以原告提起的具体主张来作为审查对象，只不过“实务说”完全遵从于原告的主张，而“理论说”则认为应当从其主张中抽象出具体的权利主张或法律关系主张。然而，考虑到消极确认之诉的反转性特征，其确认对象应当考虑到债权人的利益，即不以原告的主张而以被告在诉前交涉过程中提及并可能存在的债权为对象，从而将可能影响债权效力的要素在一次诉讼中全部解决，避免将其再细分为合同成立争议、合同效力争议、合同解除争议、合同履行争议等多个诉讼，防止债务人利用消极确认之诉干扰债权人的权利实现，提高纠纷解决的效率。〔1〕另一方面，参照目前已经有司法解释规范的确认不侵权诉讼，设立消极确认之诉的起诉门槛，规定债务人只有在确有必要的情形下，才可以提起确认无债务关系的诉讼。根据最高人民法院《关于审理侵犯专利权纠纷案件应用法律若干问题的解释》(法释〔2009〕21号)第18条的规定，专利不侵权诉讼的原告为了证明享有确认利益，需在起诉时证明两个要件：一是权利人发出了侵权警告；二是权利人经合理期限未撤回警告也未提起诉讼。这一做法既可以避免合法守约的民事主体免遭自以为是的债权人反复纠缠，又可以防止债务人对债权人的突然袭击，完全可以扩展到所有的债权纠纷中，即只有当原告在起诉时证明被告已经发出了索债要求，但又没有在合理期限内放弃索债主张或提起诉讼后，方可以提起确认债务不存在之诉。〔2〕这一做法虽然看似将确认不侵权之诉的纠纷类型从知识产权案件扩展到了所有侵权甚至债权纠纷，但实质上却通过确认对象和确认利益的结合，压缩了我国案件数量最多的合同纠纷中确认之诉的使用可能。

最后，关于公司法、证券法、票据法等部门法的确认之诉，由于上述部门

---

〔1〕 此种做法也符合日本法的观点，参见[日]谷口安平：《程序的正义与诉讼(增补本)》，王亚新、刘荣军译，中国政法大学出版社2002年版，第210页。

〔2〕 要求原告在起诉时提供初步证据证明某些要件，并不违反立案登记制的原理。例如，在第三人撤销之诉中，《民诉法解释》第292条就明确规定，起诉时应当提交证据材料证明：(1)因不能归责于本人的事由未参加诉讼；(2)发生法律效力的判决、裁定、调解书的全部或者部分内容错误；(3)发生法律效力的判决、裁定、调解书内容错误损害其民事权益。

法的特殊性，对法律或司法解释中明确规定允许确认的事项，可以准许其提起确认之诉，诉讼标的可以是法律行为的效力（如《公司法》第 22 条规定的确认公司决议之诉），也可以是具体的法定权利（如《公司法解释三》第 24 条第 2 款确定的投资权益）。但法律或司法解释规定之外的事项，不宜再单独允许确认其效力。例如，票据法和相关司法解释虽然规定了很多票据无效的事项，但并未专门规定当事人可以直接提起确认票据效力的诉讼，因而不宜再提起票据效力确认之诉，以免与主张实现票据权利的给付之诉或公示催告程序发生矛盾和冲突。

在既有的法律规则之外，原告如果再对其他事项单独提出确认请求，法官原则上应当全部驳回起诉，只有当原告提出了充分的理由，且法院也认为确有必要时，才可以在裁判文书中详细论证对该诉讼受理的必要后，进行实体裁判。高层级的法院也应当关注此类必要性理由的论证，并通过指导性案例等方式提炼出其中具有可行性的裁判规则，向其他法院告知推广。此种必要性论证和裁判规则的提炼，既是突破法律规定创建例外规则的必然要求，也是建构我国本土的确认利益判断规则的必经之路。

第二章
普通形成权诉讼类型考辨
——以合同解除权为例

一、问题的提出

在我国民事诉讼理论界看来，形成之诉，是与确认之诉、给付之诉并列的三大诉讼类型之一。权威教科书认为，形成之诉是指原告要求法院变动或消灭一定法律状态（权利义务关系）的请求。人们关于形成权的纠纷，形成了形成之诉，其逻辑联系是形成权——形成之诉——形成判决——形成力。〔1〕此学说堪称中国民诉法学界的通说。在此基础上，民诉法学界关于形成之诉也形成了一些共通的看法，例如形成之诉的双方当事人对特定民事关系的存在无争议，只是对是否应当变动该法律关系存在争执，因此形成之诉的诉的利益是该法律关系实际存在且依法允许变动；形成之诉根据形成权是由实体法规定还是程序法规定，可以分为实体法上的形成之诉和程序法上的形成之诉；等等。〔2〕

然而，在形成之诉的基础框架确定后，关于其具体规则的讨论则十分稀少，且很少引起共鸣。盖因形成之诉在民诉理论界并不是

---

〔1〕 参见张卫平：《民事诉讼法》（第5版），法律出版社2019年版，第192页。

〔2〕 参见张卫平：《民事诉讼法》（第5版），法律出版社2019年版，第196页；李浩：《民事诉讼法学》（第3版），法律出版社2016年版，第116页；江伟主编：《民事诉讼法学》（第3版），北京大学出版社2015年版，第22页。

重要问题，其实际的制度价值无法与给付之诉相提并论，多数学者对其并不关心。而如果不与具体的民事实体问题结合，民诉理论的讨论对实务界也没有实际的指导意义，终究成为学界的自说自话。[1]因此，本文关于形成之诉诉讼标的的考辨，也将采取此种与实体法结合的路径，以最典型的形成权——《合同法》中规定的合同解除权为例展开。形成之诉的诉讼标的应为形成权，对于这一通说，笔者并不持异议。本文希望讨论的核心问题是，形成之诉的诉讼标的是否可以包括普通形成权？对于这一问题，德国学者早已给出了明确的否定回答，但在中国，相关的回答却并不确定，甚至充满了矛盾之处。因此，本文将着重论证，在中国法的背景下，为什么不能将普通形成权纳入形成之诉的诉讼标的。

二、形成之诉的诉讼标的：形成权抑或形成诉权

如前所述，中国学界关于形成之诉的诉讼标的，一般均认为是民事实体法上的形成权。[2]形成权是指依照权利人单方意思表示即可生效从而改变相应法律关系的权利。根据权利行使方式的不同，有普通形成权（einfaches Gestaltungsrecht）与形成诉权（Gestaltungsklagerecht）之别。普通形成权依照一方意思表示即可行使，而形成诉权则须通过诉讼方能行使。[3]之所以会存在形成诉权与普通形成权的区分，强调形成诉权必须通过诉讼方能实现，是因为“其影响相对人利益甚巨，或为创设明确的法律状态，有由法院审究认定形

---

〔1〕 在这方面的一个反例是任重关于形成判决效力的分析，他以《物权法》第28条为例，将调解书排除在具有形成力的文书范围之列，这种观点对于法院选择裁判方式具有十分重要的价值。参见任重:《形成判决的效力——兼论我国物权法第28条》，载《政法论坛》2014年第1期。

〔2〕 尽管在我国，诉讼标的的识别理论尚存一些争议，但主要是存在于给付之诉中。而对形成之诉，学界通说是采取实体法说，即以形成权作为判断的标准。参见张卫平:《论诉讼标的及识别标准》，载《法学研究》1997年第4期。

〔3〕 参见朱庆育:《民法总论》，北京大学出版社2013年版，第505页。马丁博士认为，“形成诉权”的名称容易让人误将这一民事权利视为诉讼法意义上的权利，笔者同意这一判断。但由于民法学界对此概念已经基本达成共识，且目前尚未有更精确的译法，因而权从此名。但的确有必要强调，“形成诉权”是“形成权”——而非“诉权”——的下位概念，因而其本质上是一种私权。

成权的要件是否具备的必要”[1]。中国的民事实体法中规定有“请求人民法院”或“向人民法院提出”的形成权，大多属于此类，例如《合同法》第74条[2]规定的撤销权（因债务人放弃其到期债权或者无偿转让财产，对债权人造成损害的，债权人可以请求人民法院撤销债务人的行为）[3]。但是，并非所有包含这种语句的法律条款均是形成诉权，例如《合同法》第96条[4]规定的合同解除权，虽然也包含了“可以请求人民法院或者仲裁机构确认解除合同的效力”的内容，但这只是一种关于提起诉讼的注意规定条款，而非独立的形成诉权的法律条款。[5]

那么，是所有民法上的形成权都可以成为形成之诉的诉讼标的，还是只有形成诉权方能成为形成之诉的标的呢？

大陆法系民诉理论对此已有回答。德国法一致认为，只有形成诉权方能构成形成之诉的诉讼标的。民法方面，梅迪库斯在阐述形成权的分类时，就强调“通过行使形成诉权获得的判决方为形成判决”[6]。民诉法方面，罗森贝克等也在其民事诉讼法教科书中指出，并不是所有的形成权都可以适用形成之诉和形成判决，只有那些不能通过单方意思表示行使，而必须以起诉和支持性判决为前提的形成诉权才能适用。[7]日本学者也继受了这一观点，新堂幸司就在其教科书中明确的以合同解除权为例，认为对于解除效果产生争议时，原告

---

〔1〕 王泽鉴：《民法总则》，北京大学出版社2009年版，第79页。

〔2〕 现在债权人撤销权由《民法典》第538条、第539条规定。

〔3〕 相比于《合同法》第74条，《民法典》第538条、第539条对债权人行使撤销权的情形在表述上更为详细：在第538条中为“债务人以放弃其债权、放弃债权担保、无偿转让财产等方式无偿处分财产权益，或者恶意延长其到期债权的履行期限，影响债权人的债权实现的”；在第539条中为“债务人以明显不合理的低价转让财产、以明显不合理的高价受让他人财产或者为他人的债务提供担保，影响债权人的债权实现，债务人的相对人知道或者应当知道该情形的”。

〔4〕 现变更为《民法典》第565条，内容有所变更，但仍包含“可以请求人民法院或者仲裁机构确认解除行为的效力”的内容。

〔5〕 注意规定作为一种立法技术，在我国目前主要还是刑法学者在讨论，参见张明楷：《刑法分则的解释原理（下册）》（第2版），中国人民大学出版社2011年版，第622~682页。

〔6〕 参见［德］迪特尔·梅迪库斯：《德国民法总论》，邵建东译，法律出版社2013年版，第76页。

〔7〕 参见［德］罗森贝克、施瓦布、戈特瓦尔德：《德国民事诉讼法》（下册），李大雪译，中国法制出版社2007年版，第666页。

只要对作为解除效果之前提的标的物之所有权提起确认之诉，或者直接提起返还标的物之给付之诉即可，而并不具备提起形成之诉的诉的利益，因而不能构成形成之诉。〔1〕我国台湾学者黄立也在分析解除权时提出“当事人间于解除之意思表示有效与否有争执时，虽须诉请法院裁判，但法院认为此项意思表示有效者，解除之效力，仍于此项意思表示达到他方时即已发生，非自判决确定时始行发生”〔2〕。我国一些学者也持此种观点。〔3〕

但是在我国，更普遍的观点是，只要是以实体法上的形成权为对象提起的诉讼，均为形成之诉。有的教科书明确以合同解除权为例，说明只要是通过判决变更法律关系的诉讼，均为形成之诉。〔4〕有的教科书则略为含蓄，但认为形成判决“是确认原告具有实体法上的形成权”〔5〕，从中可以推测，类似确认解除权和解除效果的判决也属于形成判决，构成形成之诉。通说的影响不仅仅体现在民事诉讼法学界中，一些民法学者也受此影响，认为普通形成权虽然不是形成诉权，但并不排除权利人可以通过向法院提起形成之诉的方式行使其权利，就如同解除权的行使除“通知对方”的方式以外，也可以采取提起形成之诉的方式一样。〔6〕而最高人民法院在其公报案例的裁判要旨中明确提出“解除权在实体方面属于形成权，在程序方面则表现为形成之诉”〔7〕，更是为“普通形成权可以作为形成之诉诉讼标的”成为中国通说添上了最后一根稻草。在这两种观点中，笔者赞同以形成诉权作为形成之诉的诉讼标的。但是，笔者坚决反对“因为德国如此，我国也应这般”的观点和论证。前述大陆法系的通

〔1〕 参见［日］新堂幸司：《新民事诉讼法》，林剑锋译，法律出版社2008年版，第149页。

〔2〕 黄立：《民法债编总论》，中国政法大学出版社2002年版，第526页。

〔3〕 参见王福华：《民事诉讼法学》，清华大学出版社2012年版，第165页；胡振铃：《关于形成之诉的若干问题探讨》，载《武汉科技学院学报》2006年第10期；王明华：《论〈物权法〉第28条中“法律文书”的涵义与类型》，载《法学论坛》2012年第5期；任重：《形成判决的效力——兼论我国物权法第28条》，载《政法论坛》2014年第1期。

〔4〕 参见王娣等：《民事诉讼法》，高等教育出版社2014年版，第57页。

〔5〕 李浩：《民事诉讼法学》（第3版），法律出版社2016年版，第249页。

〔6〕 韩世远：《合同法总论》（第4版），法律出版社2018年版，第850页。

〔7〕 崂山国土局与南太置业公司国有土地使用权出让合同纠纷案，载《最高人民法院公报》2007年第3期。

说与我国的通说的不一致，并不构成我国通说错误或需要调整的理由。如果根据我国通说，司法实践能够正常运行，法律适用能够圆满自洽，就并无调整的必要。只有通过我国的司法实践中的真实案例来发现以所有形成权作为形成之诉的通说存在的弊病，方能对我国的通说构成冲击。由于在实务中，形成之诉的诉讼标的的功能主要表现在两个方面：第一，明确判决的效力范围；第二，判别诉的合并分立追加变更的依据。[1]因此，有必要从这两个角度来考察普通形成权作为形成之诉的诉讼标的，是否会产生相应的弊病。下文将以解除权为例，结合我国司法实践中的真实案例，来阐明为什么在我国，以解除权等普通形成权作为诉讼标的的民事诉讼不能构成形成之诉。需要特别强调的是，在绝大多数常态案件中，本文讨论的命题并无实践价值，唯有在少数疑难案件中，对这一问题的不同回答方能体现出理论的差异性，从而彰显正确理论的解释力。诚然，这样的案件很少，因而显得有些特别，但它们却十分重要，正是依靠这些偏难怪险的疑难案件，问题的价值和答案的分野方才由模糊渐渐走向清晰。

三、形成判决的效力范围

判决的效力范围，主要包括判决效力的客观范围，主观范围和时间范围三方面的内容。

(一) 判决效力的客观范围

判决效力的客观范围，是指判决对哪些法律关系具有拘束力，这虽然是判决效力中最重要的问题，也存在较大的争议，但就本文讨论的合同解除而言，却并无太大的讨论空间。因为无论将这种诉讼视为形成之诉抑或确认之诉，其诉讼标的都是十分明确的，即合同解除权。因而，对于仅就解除权争议提起的诉讼而言，法院判决效力的客观方面并无太大争议。如果法院支持合同解除的诉求，则发生合同解除，合同法律关系终结的效果；反之则不发生。从这

---

[1] 诉讼标的还有很多其他功能，具体可参见张卫平：《民事诉讼法》(第5版)，法律出版社2019年版，第198~199页，但由于形成之诉的特殊性，最重要的功能当属判决效力范围和诉的合并变更。

一层面看，解除权作为形成之诉的诉讼标的，似乎亦无不可。这也解释了为什么在绝大多数常态案件中，以普通形成权作为诉讼标的，究竟是确认之诉抑或形成之诉，并无太大区别。

(二)判决效力的主观范围

判决效力的主观范围，是指判决对哪些主体之间的法律关系发生效力。形成判决效力的主观范围具有重大特点，是其与确认之诉和给付之诉的重大区别。通说认为，给付之诉和确认之诉的判决的效力具有相对性，只对参加诉讼的当事人发生效力，唯有形成判决不同，形成力具有绝对效力，不仅及于当事人，也及于一般第三人。〔1〕

我国的这一理论认识与大陆法系理论一脉相承，德国经典教科书也认为，与既判力只针对当事人不同，形成判决的效力必须针对任何人，“单单因为它的职能和它的标的就必须针对所有的人发生效力”〔2〕。德国法上经常举的例子是，撤销股东大会决议的诉讼，一旦判决生效，其他股东不得以并非诉讼当事人为由而否认形成判决的效果。然而，如前所述，德国的例子并不能直接成为我国的证据。通过比较研究，我们很容易观察到，德国法上规定的形成诉权一般只存在于家事案件和商事案件中，家事案件中法律关系的确定并不仅仅关系到当事人私权的实现，还关系到社会基础伦理的稳定，因而需要较强的确定力；商事案件必须强化交易安全和秩序，亦需要对社员关系赋予较强的确定力。从这一角度看，与其说是形成判决的形成力本身具有的对世性，毋宁说是德国法规定的形成诉权的案件特质决定了其应当具有对世性。〔3〕相比之下，我国的形成诉权范围较大，在包括《合同法》在内的民事法律中，也保留了形成诉权的痕迹。因此，在中国法背景下，并不能直接以案件类型作为划分形成之

〔1〕 参见张卫平:《民事诉讼法》(第5版)，法律出版社2019年版，第435~436页。

〔2〕 [德]奥特马·尧厄尼希:《民事诉讼法》，周翠译，中国政法大学出版社2003年版，第342页；[德]汉斯-约阿希姆·穆泽拉克:《德国民事诉讼法基础教程》，周翠译，中国政法大学出版社2005年版，第331~332页。

〔3〕 这也是某些具有公利益的特定的法律规定的确认之诉的既判力也会具有对世性的原因，参见[德]汉斯-约阿希姆·穆泽拉克:《德国民事诉讼法基础教程》，周翠译，中国政法大学出版社2005年版，第332页。

诉和确认之诉、形成判决和确认判决的标准。就合同案件而言，合同本身的相对性决定了即便赋予其对世效力，合同案件的判决效力也很难拓展到合同当事人以外的民事主体，确认判决和形成判决之间并无太大差异。那么，是否还有必要以此为由将行使普通形成权的诉讼排除在形成之诉以外呢？让我们结合案例，以合同的解除权来展开讨论。

【案例】甲将自己的一间房屋租赁给乙，合同约定可以转租，后乙将该房屋转租给丙。由于乙长期拖欠房租，甲向法院起诉解除租赁合同。乙未进行答辩。法院最终判令甲乙之间的租赁合同解除。甲持该判决起诉要求丙腾退房屋，丙提出，根据最高人民法院《关于审理城镇房屋租赁合同纠纷案件具体应用法律若干问题的解释》（以下简称《租赁合同解释》）第 17 条第 1 款的规定“因承租人拖欠租金，出租人请求解除合同时，次承租人请求代承租人支付欠付的租金和违约金以抗辩出租人合同解除权的，人民法院应予支持”〔1〕，丙现在愿意代替乙缴纳租金，从而抗辩甲的合同解除权，避免腾房。〔2〕

本案中法院作出的解除合同的先诉判决，如果是具有对世效力的形成判决，则对丙亦有拘束力，丙原本基于两个有效的租赁合同对房屋的有权占有，亦因为甲乙合同的解除，而成为无权占有，因此法院可以在后诉中直接判决丙腾退房屋。丙如果想要行使司法解释赋予的解除抗辩权，只能以原审裁判存在错误，剥夺了其辩论机会，侵害其实体权利为由，申请再审或提起第三人撤销之诉。相反，如果解除合同的先诉判决只是具有相对性的确认判决，则该判决对丙并不产生形成力，丙依然可以在甲对其提起腾房请求的后诉中，以代替

〔1〕 此条规定现已被《民法典》第 719 条吸收，因此最高人民法院在 2021 年修订司法解释时删去了这一规则。《民法典》第 719 条规定：“承租人拖欠租金的，次承租人可以代承租人支付其欠付的租金和违约金，但是转租合同对出租人不具有法律约束力的除外。”虽然没有像《租赁合同解释》第 17 条明确使用“解除”一词，但依然可以视为确定了次承租人对出租人解除权的抗辩权，该抗辩权的要件为：第一，转租合同的有效；第二，次承租人以完全清偿作为抗辩基础；第三，出租人已经行使合同解除权。参见朱巍：《论房屋转租——以〈关于审理城镇房屋租赁合同纠纷案件具体应用法律若干问题的解释〉为视角》，载《河北法学》2010 年第 5 期。

〔2〕 案情改编自陈某图与吴某房屋租赁合同纠纷上诉案，上海市第一中级人民法院（2010）沪一中民二（民）终字第 216 号判决书。

乙支付房租作为解除抗辩，从而阻断甲的解除权，继续有权占有房屋。从《民法典》和《租赁合同解释》的立法目的看，赋予次承租人以解除抗辩权，显然是为了突破合同相对性，以便更好地保护次承租人的利益。因此，将解除合同之诉确立为确认之诉，也更符合立法目的，且通过诉讼一次性解决纠纷，避免再审等救济程序的启动，也有利于提高诉讼效率。诚然，在合同解除方面，我国《合同法》和司法解释中关于合同之外的第三人享有抗辩权的规则并不十分多见。[1]但这种案件却再次说明了形成之诉的诉讼标的只能是形成诉权。这是因为形成诉权所变更的法律关系对相关人及社会利益具有重大影响，法律需要明确规定当事人行使此种形成权的条件和程序，从而确保法院通过诉讼程序作出的形成判决，能够正确、稳定地产生变动法律关系的效力，该法律关系一经变动，即应当得到全社会的认可和尊重。而确认之诉只是当事人对既有法律关系和权利的认可，始终以当事人自己的意思表示为前提，因而其效力也不能直接及于诉讼以外的第三方。简言之，形成诉权的产物形成判决具有公权性，故而在程序严格的基础上，具有更强的效力；而确认判决则更多的是私权自治在民事诉讼中的体现，需要充分尊重当事人的处分权，同时也就通过效力范围的限制，来保护当事人之外的第三方主体的权益。解除合同等普通形成权并不需要司法的更多介入，因此应当以确认之诉的方式提出，其判决也无法产生对世的形成力。

（三）判决效力的时间范围

判决效力的时间范围，是指判决作用的时间界限，即判决确定的法律关系是在某一标准时点上的权利义务关系，从而明确前诉与后诉之间既判力作用的范围。在这一意义上，确认之诉与形成之诉存在显著的区别。确认之诉是对既有民事权利和法律关系的认定，因而判决是对过去的回应；而形成之诉则

---

〔1〕 在转租合同中，除《租赁合同解释》已经确定的租金代为清偿的解除异议权，实务部门也在呼吁增加次承租人对出租人解除权的其他限制，例如因租赁物损害而解除合同的异议权。参见王秋良、蔡东辉：《合法转租之次承租人利益保护的若干问题》，载《政治与法律》2003 年第 6 期；毛海波：《不合法转租合同效力认定及当事人的利益保护》，载《上海政法学院学报》2011 年第 1 期。

是对法律关系的变更,判决是面向未来的创造。那么,以普通形成权为诉讼标的的诉讼,其判决的标准时又当如何确定?依然以合同解除权的案件为例进行讨论。

【案例】 某房地产经纪公司与某信息科技公司于2008年4月签订合同一份,约定由信息公司在其所属网站上为房产公司制作、刊登广告,时间为2008年5月8日至2009年5月8日。广告费分四期支付。2008年8月8日第一期合同期满后,房产公司向信息公司发出告知函,认为信息公司提供的服务项目使用下来效果一直不佳,要求信息公司立即停止广告制作事宜,并将网页上属于房产公司的内容全部删除。2008年9月15日,房产公司起诉要求解除双方的合同。一审法院于2009年2月6日作出判决,内容为涉案合同于本判决生效之日起解除。房产公司对该案判决上诉,请求改判涉案合同于2008年8月8日解除。二审法院2009年4月27日判决维持了一审判决。之后,信息公司就同一合同再次提起诉讼,认为在前案判决生效前,系争合同的效力尚未解除,如其擅自终止服务可能构成违约,故一直未间断地履行合同,直至2009年5月7日收到二审判决书,而系争合同约定的服务期间是至2009年5月8日止,因此其实际上已经全部履行了合同,故请求法院判令房产公司支付剩余款项。法院审理认为,根据前案的生效判决,系争合同于判决生效之日即2009年4月27日解除,在此之前,系争合同仍为有效,当事人仍应履行。〔1〕

本案中值得关注的与时间有关的问题有二:(1)合同解除的时间应当是判决生效的时间,还是解除意思表示到达的时间?(2)如果法院认为8月8日的告知函不发生解除的意思表示,应当如何确定诉讼中解除合同的时间?首先,不难看出,一审、二审法院都将以合同解除权提起的诉讼作为形成诉讼,直接用判决赋予其形成效力,也即必须等到判决生效,方才发生解除效力。而原告的上诉请求已经明显表明其希望提起的是确认之诉,以告知函作为合同解除的时间。两相对比,对于本案这样的继续性合同,如果采取形成之诉说,将解

〔1〕 案情改编自姚蔚薇、刘丽园:《从一起不应发生的诉讼看合同解除权的行使与效力》,载上海市第一中级人民法院官网——论文精选,2010年11月17日,http://www.a-court.gov.cn/platformData/infoplat/pub/no1court_2802/docs/201011/d_911219.html。

除时间与判决生效时间捆绑在一起，必然导致已经没有履行必要的合同权利义务持续存在，为当事人之间继续产生纠纷埋下伏笔。相反，如果采取确认之诉说，在判决中明确解除的具体时间点，既有利于解除效力的确定，也有利于纠纷的一体化解决。其次，法院在一审、二审裁判中未按照原告的主张将 8 月 8 日作为解除权发生效力的节点，是因为其认为告知函并未明确地表示解除合同，法院不能从中认定存在明确的解除意思表示。与之类似，实践中也有很多案件，当事人在起诉前并未向对方发出过解除通知，而是直接向法院提起解除合同的诉讼。既然在起诉前不存在解除通知，是否可以将此类诉讼视为形成之诉呢？本文认为，此时依然以确认之诉为宜。因为事实上，原告希望确认的是在诉讼的标准时前，解除通知已经到达被告，发生解除效力，而非希望通过判决，在判决生效之时方发生解除效力。而解除通知的具体到达被告的节点，就是法院完成向被告送达起诉状副本的时间。〔1〕

（四）小结

原告以普通形成权为诉讼标的提起的诉讼，本质上应当认定为确认之诉，而非形成之诉。法院作出的生效判决也应当是确认判决，其判决的效力只及于参加诉讼的双方当事人，也是对既有权利状态的确定，而不能通过判决直接产生变更法律关系的对世效力。只有当原告主张的是法律明确规定的形成诉权时，由于立法者对其功能、条件和法律后果的重视与强调，方应通过形成之诉的方式提出，并在得到法院支持后，获得具有对世形成力的形成判决。

四、形成之诉与诉的合并

本文讨论的诉的合并，仅限于诉的客观合并，也即同一原告对同一被告提出的多个诉，法院将其合并到同一诉讼程序中的审理与裁判。诉的合并在法律程序上存在多个条件，例如管辖要件、同一程序要件等，但最为重要的是其本质的要件，即存在多个诉。因此，要确定是否发生诉的合并，需要首先识别当事人是否提出了多个诉。诉讼标的也因此发生作用。由于对于形成权的行

---

〔1〕 参见薛文成：《论合同解除及合同解除权的行使》，载《东方法学》2008 年第 1 期。

使，对方当事人可能提出一些抗辩事由，希望阻却形成效力，由此引发的诉讼中，形成权与抗辩（权）的关系就可能构成诉的合并。此外，形成权只是产生变更法律关系的效果，而并不直接产生给付的法律效果。因此在司法实践中，形成权的行使往往随着请求权，亦可能引发诉的合并。通过诉的合并制度来考察形成权的运行情况，有利于厘清普通形成权和形成诉权之间的关系，从而准确判断相关诉讼的诉讼标的。

（一）形成权与抗辩权的合并审理

法律在规定形成权的同时，为了保护相对方的利益，往往也赋予其形成抗辩权，也即"法律赋予形成权的关系人以行使自己的形成权来作出回答的可能性"。这种权利相当于针对请求权提出的抗辩权，因此被称为形成抗辩权。〔1〕

以合同解除权为例，《合同法》第96条第1款后句规定："对方有异议的，可以请求人民法院或者仲裁机构确认解除合同的效力。"〔2〕此条说明，解除相对方有异议权，并可以通过提起确认之诉来请求法院确认合同解除权是否发生效力。2009年5月施行的最高人民法院《关于适用〈中华人民共和国合同法〉若干问题的解释（二）》（以下简称《合同法解释二》）第24条〔3〕还具体规定："当事人对合同法第九十六条、第九十九条规定的合同解除或者债务抵销虽有异议，但在约定的异议期限届满后才提出异议并向人民法院起诉的，人民法院不予支持；当事人没有约定异议期间，在解除合同或者债务抵销通知到达之日起三个月以后才向人民法院起诉的，人民法院不予支持。"该条进一步明确了合同解除异议权的时间条件，必须在约定异议期内或解除合同通知到达后三个月内起诉确认合同解除的效力。《合同法解释二》确立了合同解除异议权的行使的两种可能：第一，相对方收到合同解除通知后，向法院起诉确认解

〔1〕 参见［德］迪特尔·梅迪库斯：《德国民法总论》，邵建东译，法律出版社2013年版，第77页。

〔2〕 现变更为《民法典》第565条第1款后句，在内容上变更为"对方对解除合同有异议的，任何一方当事人均可以请求人民法院或者仲裁机构确认解除行为的效力"。增加了双方提出确认之诉的可能性。

〔3〕《合同法解释二》现已失效。但这一见解本身在司法实务部门中依然具有影响力。最高人民法院依然坚持这一观点，参见最高人民法院民法典贯彻实施工作领导小组主编：《中华人民共和国民法典合同编理解与适用（一）》，人民法院出版社2020年版，第656页。

除合同无效。民法学界关于解除合同异议的权利性质存在争议，本文采程序权利说，认为该确认之诉的诉讼标的并非一种实体民事权利，而是对合同法律关系的确定。[1]第二，解除方向法院提起了合同解除之诉，诉讼中相对方向法院提出异议，要求确认合同解除无效。本文重点讨论第二种情况。由于法律和司法解释中采取了“向法院提出异议”“向人民法院起诉”的表述方式，因而实务中对于解除异议是否必须以起诉方式提出存在争议。这决定了在解除方通过诉讼向相对方发出了解除通知时，相对方的异议是否还必须以反诉的方式提出，从而形成诉的合并。对此存在两种解释方案：(1)广义解释认为，异议的方式应当包括诉讼方式和非讼方式，都可以阻断解除权的效力，因此在诉讼中提出反驳，亦应当作为提出异议的有效形式。[2](2)狭义解释则认为，既然法律已经明确规定了文义，必须以起诉的方式提出异议，在原告提出解除诉讼时，被告应当以反诉而非反驳的方式提出异议。尽管民法学界对狭义解释存在广泛的质疑，但一方面，这种观点已经存在于司法实务之中；[3]另一方面，这些质疑大多是以降低当事人维权成本，提高诉讼效率等价值角度出发，而缺乏法解释学层面的理论支持。而如果从诉的基本原理的角度观察，通过将解除合同的请求界定为确认之诉，我们或许可以找到反对狭义解释的更好理由。在原告提出的确认之诉中，其诉讼请求为确认解除权的效力或确认合同解除，而被告提出的异议，其诉讼请求是确认解除不发生法律效力。虽然在诉讼请

---

〔1〕《合同法解释二》的起草者认为“异议权是一种请求权，是请求撤销合同解除行为”。参见沈德咏等主编、最高人民法院研究室编著：《最高人民法院关于合同法司法解释(二)理解与适用》，人民法院出版社 2009 年版，第 176 页；也有学者认为是一种形成权，参见汤文平：《论合同解除、债权抵销之异议——〈《合同法》解释(二)〉第 24 条评注》，载《东方法学》2011 年第 2 期；另有研究者认为这种确认之诉的发动并非基于实体权利，而仅仅是一种程序上的异议权，因此向法院请求确认的也不是任何一种实体权利，而只是原合同的法律状态，参见贺剑：《合同解除异议制度研究》，载《中外法学》2013 年第 3 期。

〔2〕参见杜晨妍、孙伟良：《论合同解除权行使的路径选择》，载《当代法学》2012 年第 3 期。

〔3〕例如，某某某诉某某某买卖合同纠纷案，浙江省绍兴市越城区人民法院(2011)绍越商初字第 1849 号判决书。该案中原告起诉解除合同，被告在答辩书中明确请求驳回诉讼请求，但法院以“原告解除合同的通知已到达被告，至今已逾三个月，且被告在此期间内未起诉确认解除通知的效力，故原、被告之间的合同关系已经解除”为由，判决支持原告的请求。

求上的表述不尽一致，但二者本质上均是对合同法律关系是否解除的确认，只不过一为积极确认，一为消解确认，是一枚硬币的两面。故而，原被告双方的请求属于同一诉，根本不能构成诉的合并。狭义解释要求被告的异议必须以起诉方式提起的荒谬也显而易见。同时，由于解除合同的诉讼与异议主张属于同一诉讼标的，法院一旦判决确认解除合同，被告便不能根据《合同法》第96条第1款后句〔1〕再次提出异议确认之诉。相反，若认为原告向法院提起的解除合同的诉讼是一项形成之诉，而被告提出的解除异议是一项确认之诉，则二者的诉讼标的虽然存在牵连，但由于性质上的不同，加之时间上的先后关系，并不能直接被认定为同一个诉，就可能发生诉的合并，从而给法律适用和解释造成障碍：如果法院坚持狭义解释，强制当事人以反诉方式提出异议，在诉的原理上并无不妥；既然可以发生诉的合并，则也可以发生诉的分离，在原告起诉解除合同后，相对方还可以再另行提起解除合同的异议之诉。

（二）形成权与请求权的合并审理

形成权行使后，往往会随着恢复原状、赔偿损失等请求权的行使。以解除合同为例，当合同解除后，根据《合同法》第97条〔2〕的规定，当事人可以要求恢复原状、采取其他补救措施，并有权要求赔偿损失。原告可将形成权和请求权一并向法院提起诉讼，构成诉的合并，如果法院支持了形成权主张，则继续审理请求权；反之则无须继续审理请求权，可以直接判决驳回原告的所有诉讼请求。对于常态性案件，区别形成之诉抑或确认之诉对于法院的审理并无太大意义，但对于疑难案件，我们又能体会到以普通形成权为诉讼标的的案件只应是确认之诉的价值所在。

【案例】甲与乙订立了房屋买卖合同，后甲向法院起诉，认为乙已经向中介表示了不打算出卖房屋，因此请求乙返还预付款。诉讼中房屋被乙的妻子申请异议登记，无法办理过户手续。甲在起诉前，并未向乙发出解除合同的通

---

〔1〕 现变更为《民法典》第565条第1款后句，在内容上变更为“对方对解除合同有异议的，任何一方当事人均可以请求人民法院或者仲裁机构确认解除行为的效力”。

〔2〕 现变更为《民法典》第566条，本文引用内容变更为“当事人可以请求恢复原状或者采取其他补救措施，并有权请求赔偿损失”。

知，在诉讼过程中，也一直主张是乙解除合同，经法院释明后仍然不愿意增加解除合同的诉讼请求。最终，法院认为，根据甲的主张，足以认定他主张解除合同，因此判令：(1)合同解除；(2)乙返还预付款和利息。[1]

在该案中，法院超出诉讼请求的范围，将原告没有主张的解除合同列为判决主文的内容，显然违背了处分原则。但法院缘何要“冒天下之大不韪”，一定要在判决主文中增加解除合同的内容呢？该案判决的关键错误依然是将诉讼中解除合同的主张当作了形成之诉而非确认之诉。法官在综合案件事实，认为合同已经无法继续履行，且乙对此有过错，因此甲主张返还预付款的主张更符合实体公正，应予支持。但依据《合同法》第97条[2]的规定，甲的返还原物请求权的前提要件是合同已经解除，因此必须对该要件予以认定。又由于甲并未向乙发出解除通知，因而只能将其向法院起诉返还原物的行为解释为其在诉讼中也提出了解除合同的主张。那么，对于该主张，应当如何处理呢？若采确认之诉论，则可以将其作为给付之诉请求权的一个先决要件，因而被给付之诉吸收，故而只需在判决理由中说明即可。若采形成之诉论，则必须将其载入裁判主文，因为根据我国通说，给付之诉可以吸收确认之诉，在给付之诉中不存在裂变出的独立的确认之诉。[3]而给付之诉却并不能吸收形成之诉，形成判决的形成力必须通过判决主文方能彰显。该案法院坚持将诉讼中提出的形成权作为形成之诉，从而导致处分原则的违反。由是观之，如果将诉讼中提起的普通形成权主张视为形成之诉，则但凡以请求权为基础的给付之诉中涉及以该形成权作为构成要件或抗辩主张时，都须将其作为一个独立的形成之诉，与给付之诉合并审理。这不仅对当事人的诉讼能力提出了较高的要求，增加了其诉讼的成本(如诉讼费用的增加)，同时也提高了法官的释明义务，并且

---

〔1〕案例改编自龚某某与张某某房屋买卖纠纷上诉案，广东省深圳市中级人民法院(2010)深中法民五终字第1521号判决书，该案中深圳两级法院都持同一看法。

〔2〕现变更为《民法典》第566条第1款，内容无变化。

〔3〕参见江伟主编：《民事诉讼法》，高等教育出版社2002年版，第29页。我国也有学者反对这一观点，认为确认问题应当通过中间裁判解决，以诉的合并的方式，而非吸收的方式来处理确认与给付之间的关系。参见傅郁林：《先决问题与中间裁判》，载《中国法学》2008年第6期。

犹如本案一样，将陷法官于审判的两难境地。相反，如果将普通形成权的主张视为确认之诉，则应分类处理：如果当事人明确地在诉状中记载了该项诉求，构成独立的确认之诉，法院在判决主文与给付之诉的请求权一并回应；否则就将该权利的行使与否视为要件事实的主张，被给付之诉所吸收，不构成诉的合并。

（三）小结

由于确认之诉本身的优势，原告以普通形成权为诉讼标的提起的诉讼，本质上应当认定为确认之诉，而非形成之诉，从而较好地解决与相关纠纷合并审理时的问题，尽量避免在一起事件中引入复杂的诉的合并，导致纠纷解决困难的无谓增加。

五、结论

综上所述，大陆法系民诉理论关于"形成之诉的诉讼标的应当仅限于形成诉权，而不包括普通形成权"的判断，在我国也依然适用。如果将所有以实体法上的形成权为客体的诉讼都作为形成之诉，将可能在确定裁判效力、决定合并审理等事项上引发不必要的争议。本文通过以上颇显冗长烦琐的论证，来验证一个大陆法系理论已经较为成熟的命题，实践价值或许要高于理论价值。毕竟，对我国司法实务而言，如果能够明确普通形成权提起的诉讼属于确认之诉而非形成之诉，那么在诸如起诉状和裁判文书的写作、诉讼费用的收缴、判决效力的识别等具体技术操作上，恐都还存在改进完善的空间，因而应当确立更加规范的技术标准，提高诉讼行为和审判行为的准确性。而就理论层面而言，虽然以上论点尝试挑战我国现有的通说，但由于大陆法系理论已经存在正确观点，故而并不是一个有新意的发现。但是，强调普通形成权和形成诉权在民事诉讼上的显著差异，其理论意义或许并不在于对形成之诉诉讼标的本身的厘定，而是凸显由于将形成诉权和普通形成权混为一谈，导致形成诉讼并未生成自身特点的局面。形成诉讼在诉讼要件、审理方式、裁判效力等方面都亟待中国民诉法学界的研究和挖掘。

第二部分

诉的基础理论之实务应用

第三章
确认他人恶意串通合同无效之诉的合法性检讨
——最高人民法院指导案例33号的程序法评释

一、引言

2014年12月18日，瑞士嘉吉国际公司诉福建金石制油有限公司等确认合同无效纠纷案[1]被最高人民法院发布确认为指导案例33号（以下简称33号案例），最高人民法院选择该案例入选指导案例的原因之一，是它“明确债务人与其关联公司恶意串通逃债的，债权人可以请求法院确认债务人转让财产的合同无效”。[2]

对于此种逃债合同，我国现行民法赋予真正债权人的救济渠道并非只限于依据《合同法》第52条第2项[3]的规定申请确认其无

---

〔1〕 最高人民法院（2012）民四终字第1号民事判决书。

〔2〕 最高人民法院案例指导工作办公室、民四庭：《〈瑞士嘉吉国际公司诉福建金石制油有限公司等确认合同无效纠纷案〉的理解与参照》，载《人民司法·案例》2015年第18期。

〔3〕 《民法典》合同编删去了此条，但在总则编第154条规定“行为人与相对人恶意串通，损害他人合法权益的民事法律行为无效”，这亦可作为确认恶意串通合同无效的法律基础。下文中凡讨论《合同法》第52条第2项的内容，其现行法依据都为《民法典》第154条。

效,《合同法》第 74 条[1]还规定了撤销权诉讼。事实上,指导案例 33 号的原告在最初起诉时的诉讼请求是“确认福建金石制油有限公司(以下简称金石公司)与中纺粮油(福建)有限公司(以下简称中纺福建公司)签订的《国有土地使用权及资产买卖合同》无效,或者撤销金石公司向福建田源生物蛋白科技有限公司(以下简称田源公司)无偿或低价转让其全部固定资产的行为”,只是在后续的审理过程中,明确为确认合同无效。最高人民法院认为,这两种路径各有利弊,可以由债权人选择适用。[2]与实务部门的通行做法相反,民法学界一直有学者认为《合同法》第 52 条第 2 项的恶意串通的规定存在问题,容易引发体系解释上的混乱,最初的立法草案中恶意串通本是指“一方当事人与相对人的代理人恶意串通,实施损害相对人利益的法律行为”[3],因而不能扩大至所有的合同类型。[4]

本文赞成关于限缩确认他人合同无效适用的见解,并将尝试运用民事诉讼法学中的诉的合法性理论(也即诉讼要件理论),以 33 号案例为例,来检讨此种以恶意串通为由确认他人之间合同无效案件是否具备审理的条件,以及其在民诉法学理和诉讼实务中可能遭遇的若干问题,从而从程序法角度为前述民法学者的见解增加一个注脚。

二、诉的合法性理论概述

(一)概念辨析

诉的合法性是指判断一个诉是否满足民事诉讼法规定的受理条件,在大

---

[1] 《合同法》第 74 条在《民法典》中被拆解为第 538 条、第 539 条和第 540 条,内容没有实质性变更。逃债合同应属于第 539 条所述情形,即“债务人以明显不合理的低价转让财产、以明显不合理的高价受让他人财产或者为他人的债务提供担保,影响债权人的债权实现,债务人的相对人知道或者应当知道该情形的,债权人可以请求人民法院撤销债务人的行为”。

[2] 最高人民法院案例指导工作办公室、民四庭:《〈瑞士嘉吉国际公司诉福建金石制油有限公司等确认合同无效纠纷案〉的理解与参照》,载《人民司法·案例》2015 年第 18 期。

[3] 杨代雄:《恶意串通行为的立法取舍——以恶意串通、脱法行为与通谋虚伪表示的关系为视角》,载《比较法研究》2014 年第 4 期。

[4] 参见朱建农:《论民法上恶意串通行为之效力》,载《当代法学》2007 年第 6 期;茅少伟:《论恶意串通》,载《中外法学》2017 年第 1 期。

陆法系国家（地区）也用诉讼要件来指代。[1]我国《民事诉讼法》中并未直接规定诉讼要件，主流民事诉讼法学教科书也几乎没有采取诉之合法性或诉讼要件的概念，而更多地使用起诉受理条件[2]。

在德国，诉讼要件最早系由标罗在1868年撰写的《诉讼抗辩与诉讼要件》一文中首次提出。标罗认为，法院与当事人的民事诉讼法律关系并非因原告起诉而当然形成，而是需要满足一定的法律要件，在此他将诉讼要件认定为诉讼法律关系成立要件。虽然目前对于诉讼要件的定义存在不同的表述和理解，[3]但是其实质内容并无差别，即诉讼要件是指从诉讼法的角度判断诉是否合法、有效的标准和根据，其为法院对实体权利义务争议作出判决必须具备的前提性程序事项。

为了明确诉讼要件的概念，有必要将其与两个相关概念予以区分：

1. 诉讼要件与权利保护要件

权利保护要件又被称为本案要件，它是当事人请求法院作出有利于己的本案判决所必需之要件，如果当事人一方具备此项要件，该当事人就具有要求法院作出有利于己的本案判决的权利。诉讼要件又被称为诉之合法性，而本案要件则涉及诉之有理性，二者的主要区别在于：

第一，诉讼要件从程序法的角度审查诉之合法性问题，而本案要件则从

〔1〕［德］汉斯－约阿希姆·穆泽拉克：《德国民事诉讼法基础教程》，周翠译，中国政法大学出版社2005年版，第70页。

〔2〕参见江伟、肖建国：《民事诉讼法》，中国人民大学出版社2015年版，第277~279页；张卫平：《民事诉讼法》（第5版），法律出版社2019年版，第302~309页。

〔3〕德国学者罗森贝克主张"程序（诉讼）的合法性的前提条件是若要程序合法，一些条件必须存在，或者一些条件不允许存在。如果它们应当由法院依职权注意，则叫作诉讼前提条件或者程序前提条件"。日本学者一般直接采用"诉讼要件"这一概念，如新堂幸司认为诉讼要件，是法院在审理及判断是否认可该权利主张时必须具备的事项，但他在认可诉讼要件是本案判决要件之余也主张其为本案审理要件，因为他认为当发现欠缺诉讼要件时，法院无须进入或继续本案审理，就这个意义而言，诉讼要件则构成了本案审理要件，中村英郎也认为"由于必须具备起诉要件后，才能就本案进行审理、判决，因此也可称为本案审理判决要件"。台湾学者多数采用"诉讼要件"一词，但也存在称为"诉讼成立要件"的学者，即"合法之诉讼，所应具备之要件谓之诉讼成立要件"。

实体法的角度判断当事人的诉讼请求是否有理由。诉讼要件的内容主要由民事诉讼法专门规范，而权利保护要件的内容则是实体法规制的内容，其本质内容也即诉讼标的（请求权）的发生、妨碍、消灭的各项规则。也正因如此，在我国，诉讼要件的审查结果应当以裁定的形式作出，无论是受理，还是不予受理、驳回起诉、移送管辖；而本案要件的结果，无论是要件满足还是不满足，都应当以判决的形式作出。

第二，诉讼要件的审查方式一般由法官适用职权探知主义进行审理，而本案要件则应当遵从辩论主义的审理模式。由于诉讼要件是当事人追求纠纷的公权力解决时，法律秩序所要求的要件，因而其“合法性”体现的是公益性。对诉讼要件的审查原则上也是法院的职责，〔1〕依职权审查也成为诉讼要件最为主要的审查方式，法院只要对诉讼要件具备与否存有疑虑便应主动进行调查，而不用拘泥于当事人的主张，当事人对诉讼要件存否抱有何种态度对法院的职权调查并没有约束力。此外，法院进行职权调查也不受当事人的自认或拟制自认的拘束，对于当事人自认的事项法院仍然可以主动调查。但在审理本案要件时，法院一般必须根据当事人的事实主张和提出的证据来审理，不能突破当事人辩论的范围。

第三，诉讼要件没有法定的审查顺序，本案要件的审查有清晰的顺序要求。任一诉讼要件的不满足，都将导致诉讼缺乏合法性，面临驳回、变更或移送的结果，因此法官在审查诉讼要件时，可以按照先易后难的顺序进行，无须对所有诉讼要件一一回应。〔2〕如果多个要件看起来可疑，则法院先审查那个

---

〔1〕［日］三月章：《日本民事诉讼法》，汪一凡译，台北，五南图书出版股份有限公司1997年版，第342页。

〔2〕理论界对于审查顺序有一些主张，如罗森贝克主张“诉讼本身首先必须合法，然后应当审查涉及当事人的诉讼前提条件。在涉及法院的诉讼前提条件中，首先应当审查审判权，其次审查国际管辖权、法律途径、事务管辖和地域管辖，随后审查既判力和诉讼系属、诉讼障碍、诉讼种类的合法性问题，最后是法律保护需要和确认利益，这些审查在某种程度上已经构成向法律争议的实体审查过渡”。［德］罗森贝克、施瓦布、戈特瓦尔德：《德国民事诉讼法》，李大雪译，中国法制出版社2007年版，第682页。当然，在初学之时，须全面检索，方能达到训练的目的。参见［德］汉斯－约阿希姆·穆泽拉克：《德国民事诉讼法基础教程》，周翠译，中国政法大学出版社2005年版，第83~85页。

看起来最容易和最快可以确定的要件，任一条件不满足，即认为诉讼要件不满足，实务中可以结束审查，裁定不予受理或驳回起诉。而本案要件的审理必须符合标准的逻辑顺序，方才能够无一例外地完成对所有要件的审查，得到最终的判决结果。

2. 诉讼要件与起诉受理条件

起诉受理条件，是指人民法院对于当事人的起诉进行审查，以判定其起诉行为是否有效时的具体审查事项。如果认为满足受理条件，则法院应当受理起诉；如果认为不符合受理条件，则应当通知当事人修正或补正相关的起诉内容，或者直接不受理当事人的起诉。由于我国采取了特殊的受理审查制度，因而受理条件是我国民事诉讼法的一项特殊规则。而《民事诉讼法》第 119 条和第 124 条的规定，一般被视为我国人民法院立案法官审查起诉时的受理条件。相比之下，域外法治发达国家的受理条件要简单很多，其要件普遍关注的是当事人向法院起诉时所提交的诉状是否符合形式要求，或者是否对被告进行了适法送达，只要满足这些形式要件，诉讼便正式成立，案件就系属于法院。

而在诉讼要件方面，我国《民事诉讼法》并没有直接出现诉讼要件的概念和规则，相比之下，大陆法系国家（地区）的民事诉讼法对诉讼要件有较为明确的法律规范，且已经将诉讼要件作为民事诉讼法学重要的基础理论。因而有学者认为，我国是将诉讼要件植入了受理条件之中，从而抬高了起诉的台阶，导致了起诉的高阶化，造成了我国民事诉讼起诉难的局面。[1]

（二）具体内容

关于诉的合法性的具体内容，根据不同的分类标准，可以划分为积极要件与消极要件，一般要件与特别要件等。而最为通行的一种分类方法，则是分为与法院有关的诉讼要件，与当事人有关的诉讼要件和与诉讼标的有关的诉讼要件。这一分类最早由标罗提出。标罗首先指出了法院的诉讼要件，体现为法院的审判权与审理资格。其次，他认为当事人也必须具备一定的诉讼能力，包括当事人的诉讼能力以及代理人权限等。同时，针对诉讼标的要件，标罗具

---

〔1〕 参见张卫平:《起诉条件与实体判决要件》，载《法学研究》2004 年第 5 期。

体指出作为民事诉讼对象的必要性（请求的适格）以及发生诉讼法律关系的行为要件（诉的提起）等内容。[1]

例如，依据德国民事诉讼法，可以按照三分类说的标准将诉讼要件明确地分为以下三类：首先是涉及法院的诉讼要件：（1）德国的裁判权；（2）普通诉讼途径的合法性，即普通法院的整体被授权处理系属的争执案件，并对之裁判；（3）国际管辖权，也就是说德国法院的整体被授权对系属的权利争议进行裁判；（4）地域管辖权、事务管辖权和职能管辖权，也就是案件系属的具体法院被授权进行裁判。其次是涉及当事人的诉讼要件：（1）双方当事人存在；（2）双方当事人的当事人能力；（3）双方当事人的诉讼能力；（4）在无诉讼能力的情况下有效的法定代理；（5）诉讼实施权。最后是涉及诉讼标的的诉讼要件：（1）争议案件为诉讼系属；（2）对该争议案件不存在已发生实质既判力的裁判；（3）权利保护利益；（4）起诉的合法性，诉具有必要内容，在被授权人代理的情况下起诉之时授权的有效性；等等。[2]

三、确认他人恶意串通合同无效之诉的合法性剖析

我国民事诉讼法学通说中没有使用诉之合法性的概念体系，我国司法实务中也并未对其充分认可，这或许与大多数案件并不需要这套逻辑严密的概念体系有关：既然现行的起诉受理条件已经可以将大部分不符合条件的案件筛出审判程序，诉之合法性理论似乎是一个可以被奥卡姆剃刀剔除的烦琐理论。

事实果真如此吗？有没有可能是因为我们沉浸在起诉条件的体系中时间过长，以至于对一些本来不应进入诉讼的案件已经习以为常见怪不怪了呢？

---

〔1〕［日］宫川聡：《訴訟要件の審理——本案との審理順を中心として》，载《民事訴訟法の史的展開》，有斐閣 2002 年版，第 145~166 页，转引自孟涛、潘水良：《论标罗诉讼要件理论的创立》，载《政治与法律》2008 年第 5 期。

〔2〕参见［德］奥特马·尧厄尼希：《民事诉讼法》，周翠译，法律出版社 2003 年版，第 176~178 页；［德］汉斯－约阿希姆·穆泽拉克：《德国民事诉讼法基础教程》，周翠译，中国政法大学出版社 2005 年版，第 71~81 页。

下文就将讨论在司法实务中并不罕见的以恶意串通为由确认他人之间合同无效诉讼的案件。以33号案例为例，我们可以看到此种案件的典型情形是，债权人（33号案例的原告瑞士嘉吉国际公司，以下简称嘉吉公司）对债务人（33号案例的第一被告金石公司）享有到期债权，债务人为了逃避债务，与第三人［33号案例中的其他被告中纺福建公司，以及漳州开发区汇丰源贸易有限公司（以下简称汇丰源公司）］订立资产转让合同，低价处分自己的财产，导致债权人的债权无法得到清偿。债权人遂提起诉讼，以债务人和第三人为被告，认为二者之间的资产转让合同系恶意串通，损害了自己的利益，因而以《合同法》第52条第2项为由，请求法院确认无效，同时往往还提出给付请求，要求法院判令将债务人转移的资产返还给本人。此类案件在实务中绝对数量不多，但也并不罕见。〔1〕假如诉之合法性的理论体系能够更加科学地将一些案件可能存在的隐患及早暴露，对于减少法院诉累，节约司法资源和引导当事人正确行使权利都不无裨益。

（一）与法院有关的诉讼要件

在33号案例中，与法院有关的诉讼要件并不存在太大的争议。本案系一起确认合同效力的案件，根据《民事诉讼法》第23条，合同纠纷应当由被告住所地或者合同履行地人民法院管辖，第一被告金石公司的住所地在福建省，因而福建省法院系统似应享有案件管辖权。〔2〕而从裁判文书披露的案情看，由于原告嘉吉公司是一家外国企业，本案属于涉外民事诉讼。根据当时确定级别管辖标准的福建省高级人民法院《关于全省法院涉外民商事案件诉讼管辖若干问题的规定》第4条的规定，本案的诉讼标的金额巨大，应当由高级人民法

---

〔1〕 因为此类案件的被告至少为两人，故以"等确认合同无效"作为标题关键词，加之"恶意串通"作为内容关键词，在北大法宝上能够检索到民事案件13,168件，检索时间：2021年4月19日。

〔2〕 2015年《民诉法解释》第28条明确将以不动产作为标的的买卖合同纠纷排除出了《民事诉讼法》第33条不动产纠纷的范畴，因而根据现行法，本案不属于不动产专属管辖的案件。但在案件发生之时，可能尚存争议，但由于作为本案买卖合同最重要的标的之一的国有土地使用权的土地位于福建省漳州市，因此即便适用专属管辖规则，福建法院系统对本案也具有管辖权。

院管辖。[1]因此，原告向福建省高级人民法院直接提交了一审的起诉状，双方也并未因为管辖问题发生争议。

但是，细究起来，此类案件的主管与管辖问题却颇有值得探讨之处。核心问题在于，作为此类案件原告的债权人，其实并不是待确认合同的主体。假如作为合同主体的债务人和第三人在合同中约定了仲裁协议或管辖协议，将包括合同效力在内的纠纷的管辖权都赋予非合同履行地和被告住所地的其他机构，则债权人是否受到该协议的约束？以33号案例为例，如果金石公司与中纺福建公司以及汇丰源公司的交易合同中约定了管辖协议或仲裁协议，将福建法院系统排除在外，则嘉吉公司是否还可以向福建省高级人民法院起诉，如果起诉，福建省高级人民法院能否像本案一样，直接根据法定的管辖规则，受理该诉讼？一方面，由于仲裁协议或管辖协议将关于合同效力纠纷的管辖权明确限定给了合同约定的纠纷解决机构，排除了包括法定管辖在内的管辖确定规则，因而债权人似乎只能到约定的解纷机构提起仲裁申请或起诉。另一方面，根据仲裁协议、管辖协议的基本原理，此类纠纷解决协议只能约束协议的签订者，不及于合同之外的其他利益相关人。而债权人并不是协议的订立者，不受该类协议的约束，相关仲裁机构和约定的法院并不能对其取得主管和管辖权限。

总之，一旦债务人和第三人在合同中订立了仲裁协议或管辖协议，就将给债权人提起确认合同效力之诉带来无解的矛盾：要么违背《仲裁法》第4条（没有仲裁协议，一方申请仲裁的，仲裁委员会不予受理）及其背后的原理，要么违背《仲裁法》第5条及其背后的原理（当事人达成仲裁协议，一方向人民法院起诉的，人民法院不予受理）。

此种矛盾并不是纯粹的理论假设。在我国司法实务中，已经出现了此类案件，并且各地法院的做法也并不统一，目前尚未检索到最高人民法院对此类案件的明确态度。有法院认为原告债权人可以不受管辖协议约束，直接向被

[1] 该规定现已被《关于调整第一审涉外、涉港澳台民商事案件级别管辖标准的规定》（闽高法〔2014〕285号）取代，根据新的规定，本案已应由中级人民法院管辖。

告住所地法院起诉，理由是“确认合同无效之诉也并非合同当事人之间的合同纠纷，因此，本案不应受四份合同中关于合同纠纷诉讼管辖约定的约束”〔1〕。也有高级人民法院认为仲裁协议或管辖协议排斥债权人的司法保护请求权，以“他人之间签订合同已经依法由其他法院管辖或依法属于特定仲裁协议约定的仲裁机构主管范围，相关法院不宜对他人之间签订的合同进行实体审理”为由，裁定驳回原告的起诉。〔2〕由此可见，确认他人恶意串通合同无效之诉的主管与管辖，已经成为最高人民法院亟待统一的问题。

（二）与当事人有关的诉讼要件

33 号案例在当事人相关的诉讼要件上，主要遭遇的是当事人适格的质疑。《民事诉讼法》第 119 条第 1 项要求原告是与本案有直接利害关系的公民、法人和其他组织，在民事诉讼法理上，一般将其解释为原告必须适格，也即有作为本案当事人起诉应诉的资格。〔3〕通说认为，判断当事人适格的标准，应当是判断其是否是争议民事法律关系的主体。〔4〕如果以此标准来衡量，则确认他人合同无效之诉的原告将因为并非合同主体，显然不构成适格原告。虽然通说往往都提到了确认之诉的特殊性，但其实都是从合同主体提起合同无

---

〔1〕 参见四川省投资集团有限责任公司与天威四川硅业有限责任公司确认合同无效纠纷案，四川省高级人民法院（2015）川民管字第 15 号民事裁定书。原告向四川高院提起诉讼，请求确认被告与第三人订立的三份《最高额抵押合同》和一份《质押合同》构成恶意串通因而无效。被告提出管辖权异议，认为这些合同中均约定，出现与合同有关的纠纷，应由工行朝阳支行所在地法院管辖，因而本案应由河北高院管辖。四川省高级人民法院在该案裁决理由中认为原告不受合同中管辖协议的影响，但最终以被告已经进入破产程序为由，裁定将案件移送到破产法院，最高人民法院的二审裁定维持了一审裁定主文，但未对裁定理由中确认他人合同诉讼可以不受管辖协议约束表明观点。

〔2〕 参见中诚信托有限责任公司与杭州东田巨城置业有限公司、杭州市工程建设集团有限公司确认合同无效纠纷案，浙江省高级人民法院（2016）浙民终 248 号民事裁定书。该案中二被告订立的合同中约定了仲裁条款，但对于该条款是否拘束作为债权人的原告，一审杭州中院和二审浙江高院的做法并不一致，一审法院没有理会仲裁协议的存在，直接作出了实体判决；而二审法院却以仲裁协议排除所有司法主管权为由，最终裁定撤销一审判决，驳回起诉。

〔3〕 参见［德］罗森贝克、施瓦布、戈特瓦尔德：《德国民事诉讼法》（下册），李大雪译，中国法制出版社 2007 年版，第 286~287 页。

〔4〕 张卫平：《民事诉讼法》（第 5 版），法律出版社 2019 年版，第 137 页；李浩：《民事诉讼法》（第 3 版），法律出版社 2016 年版，第 77 页。

效之诉的角度，来论证即便合同法律关系不存在也不影响其起诉，并不能够解释确认他人合同无效的当事人适格问题。

大陆法系民事诉讼理论认为，给付之诉无须独立地进行当事人适格的判断，而在确认之诉中，当事人适格的判断标准原则上被确认利益的判断所吸收。〔1〕确认利益被大多数大陆法系国家（地区）民事诉讼制度直接确认，例如《德国民事诉讼法》第 256 条规定："确定法律关系成立或不成立的诉讼，承认证书的诉讼，或确定证书真伪的诉讼，只在法律关系的成立与否、证书的真伪由法院裁判并即时确定、对于原告有法律上的利益时，原告才可以提起。"我国台湾地区"民事诉讼法"第 247 条第 1 款也规定："确认法律关系之诉，非原告有即受判决法律上利益者，不得提起之；确认证书真伪或为法律关系基础事实存否之诉，亦同。"即便是没有直接规定确认利益的国家，也认可确认之诉需要有"及时确定的法律利益"〔2〕，并通过学理和判例也完全建立了确认利益的概念内涵。以日本为例，新堂幸司教授就在其教科书中，不厌其烦地从确认手段的妥当性、确认对象的妥当性、应解决纠纷的成熟性和被告选择的妥当性四个角度，结合《最高裁判所民事判例集》20 余个判例，详细分析了确认利益的判断方法，与在讨论给付之诉和形成之诉的诉的利益时的一带而过，形成鲜明的对比。〔3〕

相比之下，无论是立法技术还是法学研究，我国对确认利益的界定都还十分有限。我国《民事诉讼法》从来没有明确规定确认利益或是其上位概念诉的利益。最高人民法院也从未在任何一个司法解释、指导性案例及类司法解释的规范性文件中提及这一概念。即便在最高人民法院的公报案例中，也没有一个提及"确认利益"，甚至连"诉的利益"也只有 1 个民事案件涉及，〔4〕且仅仅是在论及当事人适格时作为修辞工具使用。缺乏成文规则导致我国司法

---

〔1〕 ［日］新堂幸司：《新民事诉讼法》，林剑锋译，法律出版社 2008 年版，第 214 页。

〔2〕 ［韩］孙汉琦：《韩国民事诉讼法导论》，陈刚等译，中国法制出版社 2010 年版，第 155 页。

〔3〕 参见［日］新堂幸司：《新民事诉讼法》，林剑锋译，法律出版社 2008 年版，第 194~202 页。

〔4〕 江西省南昌百货总公司、湖南赛福尔房地产开发公司与南昌新洪房地产综合开发有限公司合资、合作开发房地产合同纠纷案，载《最高人民法院公报》2013 年第 1 期。

实务中，法官大多并没有真正意识到在确认之诉的诉讼要件中，还须审查确认利益。我国理论界也没有关于确认利益十分成熟的理论阐述。〔1〕

在此种背景下，要对确认他人合同无效之诉的当事人适格作出准确判断，恐没有捷径可循，只能援用大陆法系较为成熟的确认利益的分析框架〔2〕，逐一分析相关要件的满足。

确认手段的妥当性是具备确认利益的第一个要件。一般认为，在能够提起给付之诉时，不应允许提起确认之诉。高桥宏志同时指出，当纠纷当事人存在确认诉讼以外的纠纷解决形态（其他形态的诉讼）时，原则上应当否定确认利益。〔3〕因此，确认利益不仅会因为给付之诉阻断，还会遭到形成之诉的排斥。在 33 号案例中，原告嘉吉公司在一审时的诉讼请求是"确认金石公司与中纺福建公司签订的《国有土地使用权及资产买卖合同》无效，或者撤销金石公司向田源公司无偿或低价转让其全部固定资产的行为"，只是经过释明，方才放弃了后续的撤销请求，明确为确认买卖合同无效。因而，原告是否能够基于撤销权提起形成之诉，可能构成影响确认利益的关键。

确认对象选择的妥当性是第二个要件。根据高桥宏志的总结，日本学术界对该要件又衍生出三个命题，即：（1）不能要求对事实进行确认；（2）不能要求对过去的法律关系进行确认；（3）不能提起消极性确认。〔4〕33 号案例主要涉及的是第 2 个命题。这一命题的意义在于过去的法律关系有可能已经发生变化，对其确认并无意义。33 号案例中原告原本只请求确认金石公司与中纺福

---

〔1〕 迄今为止，直接以确认利益为篇名的期刊论文仅有 1 篇，参见黄文官、谷佳杰：《"恶人"先告状法院应受理——论民事法律关系义务人的确认利益》，载《福建警察学院学报》2011 年第 3 期；而以确认利益为关键词的期刊论文也只有寥寥十余篇，这些文献大多是以日本学者的分析框架为纲，结合中国的案例进行本土化技术分析，类似的例子还可以在分类型研究诉的利益的文献中找到。参见刘敏：《论诉的利益之判断》，载《国家检察官学院学报》2012 年第 4 期。

〔2〕 目前成熟的分析框架，可参见［日］高桥宏志：《民事诉讼法：制度与理论的深层分析》，林剑锋译，法律出版社 2003 年版，第 297~319 页。

〔3〕 ［日］高桥宏志：《民事诉讼法：制度与理论的深层分析》，林剑锋译，法律出版社 2003 年版，第 298 页。

〔4〕 ［日］高桥宏志：《民事诉讼法：制度与理论的深层分析》，林剑锋译，法律出版社 2003 年版，第 300~308 页。

建公司的买卖合同无效，后来因为诉讼中发生变化，原告又增加了确认汇丰源公司与田源公司的买卖合同无效的诉讼请求。这在一定程度上证明，对于已经履行完毕的负担合同，再去确认其效力的意义恐怕并不充分，不如从根本上去解决责任财产的归属。

剩下的两个要件，第33号案例基本满足。第三个要件是应解决纠纷的成熟性，主要强调原告基于被告行为具有现实的不安定性，以及通过确认判决来消除此种不安具有现实性。第四个要件是被告的妥当性，强调确认之诉的被告必须是与原告保护法益相对立的利益主张者。然而，前两个要件已经足以挑战确认利益，值得受案法院认真对待。

（三）与诉讼标的有关的诉讼要件

与诉讼标的有关的诉讼要件主要包括既判力与诉讼系属的排除，禁诉期间以及诉的利益。前述讨论与当事人有关的诉讼要件时，已经提到如果有其他诉讼形态，则可能排除确认利益，导致原告不适格。而在讨论既判力问题时，同样会涉及这一问题，即以《合同法》第52条第2项〔1〕作为理由提起的确认合同无效之诉与以《合同法》第74条〔2〕为基础提起的撤销之诉之间是何关系？确认之诉的判决一旦作出，是否会排斥撤销之诉的提起？33号案例作为一个独立的个案本身并不涉及这一争议，但是该问题却的确关系到此类案件诉讼要件满足的考察，且也已经真实地存在于司法实务中。

我国法院对此类情形存在不同的处理。在前诉败诉后，原告再次提起诉讼时，有的法院认为两个案件由于原告主张的法律事由不同，权利性质不同，不构成同一诉讼标的，互不影响，因而会再次受理甚至审理原告提出的新诉讼。〔3〕但是，也有法院认为，二者实质上是对同一合同的效力作出认定，在前

〔1〕《民法典》合同编删去了此条，但在总则编第154条规定“行为人与相对人恶意串通，损害他人合法权益的民事法律行为无效”，这亦可作为确认恶意串通合同无效的法律基础。

〔2〕《合同法》第74条在《民法典》中被拆解为第538条、第539条和第540条，内容没有实质性变更。其中，第538条、第539条均可作为当事人提起撤销之诉的法律基础。

〔3〕例如，张某勇与北京市东城区房屋土地经营管理二中心等合同纠纷案，北京市东城区人民法院(2015)东民初字第17790号民事判决书，陈某朵与赵某东、陈某玉、赵某债权人撤销权纠纷案，宜昌市西陵区人民法院(2015)鄂西陵民初字第00745号民事判决书；高某华、段某福诉何某刚确认合同无效纠纷案，楚雄彝族自治州中级人民法院(2015)楚中民二终字第98号民事裁定书。

诉法院已经肯定了合同效力后，原告的再诉行为实质上是在否定前案裁判，因而构成重复起诉。[1]在《民诉法解释》第 247 条第 1 款第 3 项已经明确将“后诉的诉讼请求实质上否定前诉裁判结果”作为识别一事不再理标准的当下，[2]这种见解也具有相当的合理性。

四、保留抑或废除：两种解决方案的权衡

从上文的分析看，确认他人恶意串通合同无效诉讼虽然在我国广为存在，但在诉之合法性的确定上却存在多重隐患，在主管与管辖、当事人适格（确认利益）和既判力等要素上，都存在解释上的难题。虽然这些难题并不一定在每一个个案中都会显现暴发，但是一旦出现，就会对司法实务构成挑战，进而引发同案不同判，破坏司法的统一。

如果要解决上述问题，有以下两种方案可供选择：

第一种方案：保留确认他人恶意串通合同无效之诉，并对其具体的诉讼要件作出细致周密的安排，增加例外规则。具体而言，在主管与管辖上，应仿照《合同法》第 74 条[3]，将此类确认之诉的主管权限明确规定为具有某一连结点的法院，排除仲裁协议和管辖协议的影响。[4]在确认利益上，也通过法律或司

---

〔1〕 例如，林某惜与曾某哲等确认合同无效纠纷案，泉州市中级人民法院（2016）闽 05 民终 971 号民事裁定书；李某坤与袁某诚等债权转让合同纠纷案，徐州市中级人民法院（2016）苏 03 民终 300 号民事裁定书。

〔2〕 理论界对该项也有批评意见，认为无须将第 247 条第 1 款第 3 项诉讼请求作为识别一事不再理的标准，参见张卫平：《重复诉讼规制研究：兼论“一事不再理”》，载《中国法学》2015 年第 2 期。

〔3〕 《合同法》第 74 条在《民法典》中被拆解为第 538 条、第 539 条和第 540 条，内容没有实质性变更。其中，第 538 条、第 539 条可作为当事人提起撤销之诉的法律基础，仍规定债权人可以请求人民法院撤销债务人的行为。《合同法》第 54 条未被《民法典》合同编所保留，但《民法典》总则编第 147~151 条对可撤销法律行为作了规定，且仍规定“有权请求人民法院或者仲裁机构”；《合同法》第 96 条现变更为《民法典》第 565 条，内容有所变化，但仍规定“可以请求人民法院或者仲裁机构”；《合同法》第 114 条现变更为《民法典》第 585 条，实质内容没有变化，在表述上变更为“人民法院或者仲裁机构可以根据当事人的请求”。

〔4〕 《合同法》第 74 条规定，债权人可以请求人民法院撤销债务人的行为；与该法第 54、96、114 条规定的“可以请求人民法院或者仲裁机构”形成鲜明对比。但也正因为《合同法》第 74 条将撤销权纠纷的主管权限定为人民法院，才可以突破债的相对性，让第三人可以撤销他人的合同。

法解释认可此种方式，强调确认之诉存在的必要性，破除在确认手段和确认对象上可能存在的质疑；在既判力上，厘清其与撤销权诉讼的关系，明确前诉对后诉是否产生遮断效力。经过此种安排之后，确认他人合同无效之诉的合法性方才能得到周密的解决，我国司法实务中也才能妥善地审理此类案件，并处理好其与周边诉讼的关系。

第二种方案：彻底废除确认他人恶意串通合同无效之诉。由于在确认利益上存在瑕疵，如果严格地遵守关于确认利益的解释，则此类诉讼原本就不满足诉的合法性，不应提起。如此一来，也就无须再处理其与撤销权诉讼的竞合关系，也无须在主管与管辖上作特殊的制度安排。

最高人民法院将33号案件选拔为指导案例，在态度上明显倾向于第一种保留论的方案。其理由是确认合同无效之诉和撤销权诉讼在实现方式上各有利弊，债权人可以在权衡利弊后作出选择。[1]但是，或许是由于一贯重实体轻程序，最高人民法院并没有意识到此种保留方案可能带来的债权人权利竞合在诉讼上可能产生的疑难之处，也完全没有作出特别的程序安排，来统合解决前述诉之合法性上可能存在的疑难问题。

本文认为，更应当采取第二种废除论观点，从诉之合法性上彻底地排斥确认他人合同无效之诉的启动。具体理由如下：

1. 废除论不会损害债权人实体利益[2]

在实体权利保护方面，废除论并不会损害债权人的利益，撤销权诉讼完全

〔1〕 参见最高人民法院案例指导工作办公室、民四庭：《〈瑞士嘉吉国际公司诉福建金石制油有限公司等确认合同无效纠纷案〉的理解与参照》，载《人民司法·案例》2015年第18期。

〔2〕 本部分详细的论述参见茅少伟：《恶意串通、债权人撤销权及合同无效的法律后果——最高人民法院指导案例33号的实体法评释》，载《当代法学》2018年第2期。需要说明的是，该文认为，恶意串通规则唯一可能有意义的适用场合是以最高人民法院《关于审理商品房买卖合同纠纷案件适用法律若干问题的解释》(法释〔2003〕7号)第10条为代表的对特定的债权人的保护，从而恢复该特定债权人获得实际履行的可能。这一民法上的例外情形其实也并不影响在民诉法上采取废除论的立场。因为此时依然没有确认利益，在此种保护特定债权人履行请求权的情形下，债权人就应当直接起诉要求债务人履行合同，在给付之诉中可以将债务人与第三人的合同是否构成恶意串通作为争议点予以审理，而无须专门提出确认他人合同无效的诉讼请求。这就类似在买卖合同的给付之诉中只需要直接请求对方依约交付货物，而无须专门提出合同有效或货物归对方所有的确认请求一样。

可以实现确认他人恶意串通合同无效诉讼的功能。尽管最高人民法院认为在适用范围、除斥期间和证明标准上，撤销权诉讼与确认无效诉讼存在差别，但如果秉承体系解释的方法，则完全可以得出两项诉讼高度趋同的结论。事实上，33号案例在适用范围和除斥期间上，都完全符合撤销权诉讼的要件，完全可以通过行使撤销权来实现其目的；在证明上，也仅仅通过证明被告的实际控制人之间存在亲属关系，构成关联交易来认定恶意串通，并未体现出对主观要件提高证明标准至排除合理怀疑的特殊性。[1]

2. 废除论在诉讼程序安排上具有体系优势

在诉讼程序安排方面，废除论具有压倒性的优势，可以减少体系解释的负担。相比之下，保留论需要在诉之合法性的一般理论框架之外建立不少的例外规则，而这些例外规则既会给体系解释带来负担，也会增加新的疑难问题。

例如，在主管与管辖问题上，最高人民法院当然可以制定规则，作出一刀切的制度安排，将这类案件指定给某一连结点的法院。但在理论上，争议将依然存在。因为在没有法律明确规定的情况下，否认确认合同无效诉讼的原告受合同中纠纷解决条款的约束，既是对既有的《仲裁法》和《民事诉讼法》中关于仲裁协议和管辖协议基石地位的重大挑战，也有可能出现债务人为了规避仲裁协议和管辖协议，专门怂恿债权人提起确认合同效力的虚假诉讼。此种"拆东墙补西墙"式的创造例外规则的做法，并不符合民事诉讼的基本原理，自然会极大地增加解释论上的负担，也会给司法实践不断创造新的麻烦。

又如，保留论在处理撤销权诉讼和确认之诉的关系上，也会陷入极大的麻烦之中。一方面，法律行为的无效与撤销的关系在民法理论上尚存极大争议，法院在审查撤销权诉讼时，是否也需要对合同效力予以回应，并产生既判力，

〔1〕 证据法学界已有学者认为在恶意串通等要件上提高民事证明标准是一种夸大其词，参见霍海红：《提高民事诉讼证明标准的理论反思》，载《中国法学》2016年第2期。

是一个尚无定论的问题，[1]这也能解释前述我国司法实务中对这一问题不尽统一的做法。而要想通在诉讼要件上周密地处理两种诉讼的关系，就必须直面这一民法难题，在解释方案的设计上会存在较大的困难。另一方面，即便最高人民法院做出了统一的安排，允许两种诉讼分别提出，也有可能在民事诉讼制度的适用上带来困难。例如，如果原告同时向不同的法院提出了确认合同无效和撤销诉讼，法院是应当中止诉讼，还是移送管辖？即便确定了路径，还会产生谁等谁，谁向谁移送的问题。如何在这些这些分叉路口上作出既符合具体案件审理需要，又符合抽象规则和理论规律的选择，是对政策制定者的极大考验。

相反，废除论通过确认利益排除了这种诉的类型，完全无须建立例外规则，极大地减轻了诉讼程序安排上的负担，也回避了可能存在的无谓争议，从民事诉讼体系上来看更为周延和科学。

3. 废除论符合民事诉讼法学理论的发展趋势

在学理选择上，废除论更契合民事诉讼法学理论的发展方向。无论是从微观的技术层面还是宏观的理念层面看，废除论都更适应我国民事诉讼法学理论的发展。

就技术而言，废除论更能体现确认利益在诉之合法性理论体系中的意义，回归确认之诉的原初目的。在诉讼法的发展史上，确认之诉原本就具有补位性的特质，在给付之诉和形成之诉无法发挥作用时方能登台发挥作用，而不能作为放之四海的广泛性的确权诉讼。[2]因此，当可以通过形成之诉给予救济

---

〔1〕 我国大陆和台湾地区的学者多数认为一个法律行为在效力上只能有一种状态，因此当法院判决其不可撤销时，已经对其法律效力做出了肯定性回答。参见王利明：《关于无效合同确认的若干问题》，载王利明主编：《民商法研究》（第6辑），法律出版社2004年版，第480~481页；史尚宽：《债法总论》，中国政法大学出版社2000年版，第484页。但也有德国学者提出同一法律行为可以有法律上的双重效果，德国联邦最高法院也有判例予以支持，参见［德］维尔纳·弗卢梅：《法律行为论》，迟颖译，法律出版社2013年版，第653~654页，675~676页；［德］迪特尔·梅迪库斯：《德国民法总论》，邵建东译，法律出版社2013年版，第556~559页。较为详细的讨论，可参见王泽鉴：《无效法律行为之撤销》，载王泽鉴：《民法学说与判例研究》（第4册），北京大学出版社2004年版，第18~26页。

〔2〕 参见本书第一章第二节“确认之诉的历史演进与具体特征”。

时，就无须提起确认之诉，这既减少了民事诉讼程序安排的体系性困难，同时也有效回应了我国民诉法学界建构确认利益的努力。虽然由于我国民诉法缺乏直接规定，理论界关于确认利益的讨论尚显薄弱，主要的分析框架也基本参照日本等大陆法系国家（地区），但这并不妨碍我国民诉法学界在建构确认利益具体类型上的努力。〔1〕因此，坚持废除论可以呼应民事诉讼法学理念在诉讼要件体系上的革新，避免将确认利益和诉讼要件的介绍仅仅停留在比较法层面，推动中国民事诉讼法律解释论体系的建设，为我国民诉理论的繁荣作出开拓性贡献，真正完善发展出中国的民事诉讼法律解释体系。

就理念而言，废除论还反映了法律和司法者在面对权利竞合时的新理念，有助于从权利本位诉讼观向社会本位诉讼观的转型。当债权人可以用确认之诉和撤销权诉讼两种诉讼策略来保全其债权时，本质上构成了一种权利竞合。而在民事诉讼中如何对待债权人的权利竞合，可以反映一个国家的诉讼观。从自由主义的权利本位意识出发，应当对权利人的所有权利给予全面的维护，因而应当充分尊重其权利，并准许其在权利竞合时自由地作出选择。而在社会法学派看来，从社群主义的社会本位意识出发，认为当社会利益与个人利益存在冲突时，要寻求以牺牲最少的利益而满足尽可能多的人的要求、愿望。〔2〕如果极端地保护个人利益将影响到社会公共利益，那么法律就可以调整具体保护的策略方法。

具体到权利竞合上，一个典型的例子是各国诉讼法在对待请求权竞合时的态度。大陆法系国家（地区）在诉讼标的理论上的衍化发展，与这一态度的转变也息息相关。诉讼标的理论的旧实体法说坚持请求权自由竞合的观念，允许原告自由地向法院起诉，但由此可能造成前诉既判力无法遮断原告以其他的请求权再次起诉，导致纠纷无法一次性解决，司法资源被反复使用。而新诉讼标的理论——无论是诉讼法说还是新实体法说——都明确主张要通过一

〔1〕 最新的成果，参见张卫平：《诉的利益：内涵、功用与制度设计》，载《法学评论》2017年第4期。
〔2〕 ［美］罗斯科·庞德：《法理学》（第3卷），廖德宇译，法律出版社2007年版，第251页。

次诉讼来解决纠纷，避免权利自由竞合以及因此而来的多次诉讼的发生。[1]英美法系虽然没有明确提出竞合这样的法律概念，但其采用的“同一交易或纠纷”（transaction or occurrence）作为识别请求排除（claim preclusion）的依据，以及强制性反诉（compulsory counterclaim）等配套制度，都是贯彻将纠纷在一场诉讼中一次性解决的诉讼目的，从而实现要么一次说完，要么永远闭嘴的社会效果。[2]我国民法学界在特定的社会背景下，向来坚持请求权自由竞合，强调对当事人的私权保障，但也有越来越多的学者开始反省权利自由竞合到底有多少实益，是否值得坚守。[3]而民诉法学界更是早已对旧诉讼标的理论一概地允许竞合所可能导致的司法资源浪费深恶痛绝。

由此可见，废除论其实是在不损害当事人实体权利的前提下，选择了避免竞合，从而更有利于一次性解决纠纷，节约司法资源，避免重复诉讼和矛盾裁判。[4]在我国司法界广泛存在案多人少矛盾的今天，这种诉讼观恐更易得到实务操作者的支持，也理应成为司法政策制定者的选择。

五、结论

债权人以恶意串通为由确认他人合同无效，虽然在现行实体法上确有法律依据支持，也得到了 33 号案例的再次肯定，但是从诉之合法性的角度看，此类诉讼由于是合同以外的第三人主动起诉要求确认合同效力，在主管与管辖、当事人适格、既判力等诉讼要件上都与民事诉讼法学的一般原理相违背。这一诉讼类型是否满足合法性要件，值得法学理论界和司法实务界认真对待。

---

〔1〕 相关文献综述可参见江伟、韩英波：《论诉讼标的》，载《法学家》1997 年第 2 期；徐晓峰：《责任竞合与诉讼标的理论》，载《法律科学》2004 年第 1 期；陈杭平：《诉讼标的理论的新范式》，载《法学研究》2016 年第 4 期。

〔2〕 [美]斯蒂文·N. 苏本等：《民事诉讼法》，傅郁林等译，中国政法大学出版社 2003 年版，第 762 页。

〔3〕 参见叶名怡：《违约与侵权竞合实益之反思》，载《法学家》2015 年第 3 期。

〔4〕 在请求权竞合时也有类似的主张，即只允许一次诉讼但不能损害当事人的实体利益，参见段文波：《请求权竞合论：以诉之选择性合并为归宿》，载《现代法学》2010 年第 5 期。

固然，我们可以通过创制例外规则，来保留此种诉讼类型，从而方便债权人维护其实体权益，但这将牺牲民事诉讼法律体系的周延性，可能导致重复起诉，给具体案件审理时的程序安排增加麻烦；也会消解中国民事诉讼法学界正在努力建构的确认利益等理论框架的解释力，不符合现代法治社会一次性纠纷解决的诉讼目的，更有违社会本位的诉讼观。

债务人与第三人恶意串通损害债权人利益，是债的保全制度需要直接回应的问题，自然属于民事实体法规制的范畴。但是，诉之合法性等民事诉讼法学理论却能为我们观察民事实体法的制度和规范提供一个独特的视角，有助于厘清各种实体法规范之间的相互关系，判别不同解释方案之间的优劣差别。这也是民事实体法和民事诉讼法共通共生的一个有力例证。

第四章
诉讼抵销在中国法上的实现路径

一、问题的提出

根据我国合同法规则，抵销分为法定抵销和合意抵销。民法通说认为，法定抵销是在满足法定条件的情况下，经过一方作出抵销的意思表示，而使双方债权债务发生消灭的抵销方式，它是一种单方行为，是典型的形成权，因此抵销时无须相对人协助，也无须经法院裁判即可发生效力。〔1〕如果作为被告的债务人，在诉讼过程中发出抵销的意思表示，或者重申在诉讼之前已经作出的抵销表示，〔2〕以此主张作为原告债权人诉讼请求权利基础的实体请求权已经消灭，从而对抗原告提出的诉讼请求，则为诉讼抵销。〔3〕

由于民法学并未给抵销设定任何场域的条件，因而如果沿着实体法的路径，则诉讼抵销的实现并无法律障碍，法院理应对之予以回应，从而决定原告诉讼请求是否成立，我国民诉法学界的通说也持此种见解。而也有少数民诉法研究者提出，诉讼抵销具有不同于一般

〔1〕 参见王利明等:《民法学》(第6版下)，法律出版社2020年版，第725~728页；韩世远:《合同法总论》(第4版)，法律出版社2018年版，第695~696页。

〔2〕 抵销是不是在诉讼中首次提起，不影响诉讼抵销的效力。因为抵销是普通形成权，因而法院审理都是对其法律效果的确认，参见刘哲玮:《普通形成权诉讼类型考辨》，载《中外法学》2014年第5期。

〔3〕 张卫平:《民事诉讼法》(第5版)，法律出版社2019年版，第323页；李浩:《民事诉讼法学》(第3版)，法律出版社2016年版，第126页。

抵销的特质，因此必须以反诉的方式提出。而中国司法实践中却摒弃了上述两种学理路径，法官们往往不予理睬被告的诉讼抵销主张，告知其另诉解决抵销的主动债权，从而导致诉讼抵销根本无法实现。

本文将对上述三种路径进行系统梳理和比较，并尝试理解中国一线法官的实质考量，进而以中国法文本为基础，并以法解释学方法填补法律漏洞，构建出一种中和了抗辩和反诉的路径，论证诉讼抵销在中国法上可能实现的路径，以及其相应的法律条文基础和学理基础。

二、诉讼抵销的既有路径概述

由于诉讼抵销在司法实务中并不鲜见，因此这一问题很早就引起了国内研究者的注意，早在《民事诉讼法》颁行的第二年（1992 年），我国就有研究者撰写专文讨论诉讼抵销。〔1〕然而，由于我国《民事诉讼法》并未对这一问题作出明确规定，因此在绝大多数民事诉讼法学和民法学教科书中，都不曾就该问题作出细致的阐述，〔2〕而其他研究者多以论文的方式对诉讼抵销展开研讨。梳理既有文献，大体上可以看出我国研究者对诉讼抵销提出了两条路径。

(一) 继受大陆法系通说的抗辩说

我国民法和民诉法学界主流观点都认为，应当将诉讼抵销作为被告的一种抗辩。〔3〕研究者都坦陈，这一理论主张来源于大陆法系国家（地区）民事诉

---

〔1〕 参见张艳丽:《试析民事诉讼中的抵销制度》，载《中国法学》1992 年第 5 期。

〔2〕 例外是张卫平教授和李浩教授的教科书，张卫平教授从 2004 年第一版教科书起，就有专节讨论诉讼抵销的性质和效力，参见张卫平:《民事诉讼法》（第 5 版），法律出版社 2019 年版，第 323~324 页；李浩教授则从 2011 年第一版教科书起，在讲述反诉时会提及诉讼抵销不构成反诉，在讲述既判力时会论及应当例外地赋予抵销抗辩既判力，参见李浩:《民事诉讼法学》（第 3 版），法律出版社 2016 年版，第 314 页。

〔3〕 参见张卫平:《民事诉讼法》（第 5 版），法律出版社 2019 年版，第 323 页；印新华《诉讼上抵销：抗辩抑或反诉》，载《山东审判》2007 年第 5 期。民法学者的观点可参见廖军、解春:《抵销与反诉——历史与价值的探讨》，载《比较法研究》2005 年第 1 期；耿林:《诉讼上抵销的性质》，载《清华大学学报（哲学社会科学版）》2004 年第 3 期。

讼法学理论。[1]而实际上该理论也非常符合民法原理，既然抵销是一种债的消灭方式，那么其就像清偿一样，自然是被告反对原告债权的一种防御方法。

但是，抗辩说也存在较为明显的问题：如果将抵销作为抗辩，那么对其的认定就属于诉讼理由，而不属于判决主文，原则上一般不具备既判力，但抵销的主动债权毕竟是一种权利。如果被告对其另行提起诉讼，就可能导致两个诉讼对同一债权作出不同认定，既可能造成矛盾判决，也会浪费司法资源。因此，坚持抗辩说的学者普遍都承接大陆法系观点，认为判决理由中关于诉讼抵销抗辩的判断应当例外地产生既判力。[2]

（二）学界少数意见的反诉说

理论界也有一些学者主张以反诉的方式来实现抵销，并认为这一做法符合英美法系的通行做法。[3]虽然英美法关于抵销（set-off）和反诉（counterclaim）的关系其实颇为微妙，未必如部分学者所述的那般笃定，[4]但其观点却也有合理之处：首先，抵销是一项形成权，而抗辩要么是专门的抗辩权，要么是提出事实抗辩，诉讼抵销作为抗辩将会与抗辩的整体体系不兼容，因而必须用反诉的方式予以处理；其次，通过反诉实现诉讼抵销符合不告不理

〔1〕［日］高桥宏志：《民事诉讼法：制度与理论的深层分析》，林剑锋译，法律出版社2003年版，第501页；［德］罗森贝克、施瓦布、戈特瓦尔德：《德国民事诉讼法》（下册），李大雪译，中国法制出版社2007年版，第750页。

〔2〕参见张卫平：《民事诉讼法》（第5版），法律出版社2019年版，第324页。

〔3〕参见陈桂明、李仕春：《论诉讼上的抵销》，载《法学研究》2005年第5期；肖建华、唐玉富：《抵销诉讼及其判决的效力》，载《政法论丛》2005年第6期。

〔4〕英国法上区分法定抵销（Legal set-off）和衡平抵销（Equitable set-off），衡平抵销的确被视为一种反诉，但法定抵销的性质却是抗辩。1938年以前的美国，各州程序法关于抵销是否一定作为反诉，也都存在不同。参见Clark C, Surbeck L, *The Pleading of Counterclaims*, The Yale Law Journal, Vol.37: 3, p.300（1928）。1938年联邦民事诉讼规则制定时采纳了摩尔（Mooer）教授的观点，将抵销作为一种容许性反诉，参见Moore J, Friedman J, *Moore's Federal Practice: A Treatise on the Federal Rules of Civil Procedure*, Chicago: American Bar Association, 1938, § 13.03, at 696。但“二战”以后，考虑到抵销主动债权与被动债权的关联性，其在管辖方面的问题越发引起关注，越来越多的联邦法院对抵销是否构成容许性反诉持怀疑甚至否定的态度，参见Fletcher W, *Common Nucleus of Operative Fact and Defensive Set-Off: Beyond the Gibbs Test*, Indiana Law Journal, Vol.74: 1, p.171, 172（1984）。

的基本原理，法院对抵销主动债权的审判具有正当性基础；最后，将诉讼抵销作为反诉，让其构成独立的诉讼标的，判决主文就必须对其回应，因而自然应当发生诉讼系属效力和既判力，从而有效避免重复起诉。

（三）司法实务惯例的另诉说

上述理论界的两种观点都支持在诉讼中法院应当审理诉讼抵销，只是对具体的审理形式和效力存在分歧。但是，考察我国司法实务，情况却未必乐观：

我国司法实务的通行做法是直接拒绝受理诉讼抵销。法官们并不愿意将诉讼抵销纳入本案审理对象，而是直接告知当事人通过另诉解决抵销的主动债权。由于这类告知导致被告的诉讼抵销无法真正发生效力，因而一般不会记载在裁判文书和庭审笔录之中，无法获得实证性证据的支持。但从个别化的访谈询问中，可以发现多数法官都坚持此种方式。〔1〕此外，在一些上诉裁判和再审申请裁定中也可以一窥端倪，例如，最高人民法院就曾明确支持此种做法，认为被告在诉讼中提出抵销，而原告对此不予认可时，“二审判决未予审理并无不当。就上述款项，湘润公司可以另行诉讼解决”〔2〕。又如，在某二审裁判中，最高人民法院明确表示原被告双方“各自的债权数额和违约金数额，不宜在诉讼中进行抵销”〔3〕。

虽然在部分案件中，法院也表示当事人须以反诉的方式来实现诉讼抵销，然而，如果仔细研判法院的裁判文书，不难发现，这些法院主张反诉说，实质上依然是在推诿审理，以此作为二审不审理诉讼抵销的理由。例如，最高人民法院在某二审判决中就以“在一审期间没有提出反诉，在二审期间提出此新的诉讼请求，本院不予审理”为由，拒绝了被告在一审中已经提出过的抵销主

〔1〕 笔者在撰写本文过程中，通过私人关系询问过北京、成都、上海、广州等地的十余名从事民事审判业务的员额法官对如下案例的处理方式：原告起诉被告要求支付买卖合同价款10万元，被告在诉讼中主张原告曾向自己借款20万元，因而主张抵销买卖合同价金。法官们无一例外地认为借款合同是新的法律关系，不构成本案审理对象，需要另诉解决，因而本案不审理诉讼抵销事项。

〔2〕 参见最高人民法院（2015）民申字第1790号民事裁定书。

〔3〕 参见最高人民法院（2004）民二终字第125号民事判决书。

张。[1]只有在个别案件中，法院才以反诉的方式，接受并审理了被告的抵销，进而在判决理由中认定抵销成立，并在判决主文中相应减少了对原告诉讼请求的支持。[2]

只有在个别案件中，法院未要求被告以诉——无论是另诉，还是反诉——的方式来实现诉讼抵销，而是将其作为一种抗辩来处理，并对相关抵销能否发生效力作出了回应。值得注意的是，这类案件中法院绝大多数处理结果都是认定抵销抗辩不成立。[3]因此，这些法院并非采纳抗辩说，对抵销抗辩做了严格的审查，而只是在裁判文书中对一些明显不成立的主张予以反驳，这样的裁判理由恐怕也难以如抗辩说所主张的那样，例外地产生既判力。

由此可见，中国司法实务界的通行做法基本没有采取理论界的通说，将诉讼抵销作为抗辩；也没有采取理论界的少数说，以反诉的方式处理诉讼抵销；而是另辟蹊径地发掘了一条告知另诉的路径，拒绝将诉讼抵销作为本案审理的对象。

三、既有路径无法实现诉讼抵销的原因分析

理论研究和司法实务的脱节，在中国法上并不鲜见，也提醒我们不能满足于诉讼抵销既有研究的成熟框架，而须将其作为一个中国法上的特别问题加以认真对待。诉讼抵销既有路径存在的此种脱节现象，也促使我们反思，理论界的路径有何缺陷从而不能得到实务界的青睐，而实务界又为何需要另辟蹊径创设出新的解决方案。只有理解了实务操作者的需求，才能探索出连结理论与实务的有效解决路径。

（一）于法无据的抗辩说与反诉说

抗辩说之所以难以得到采纳，最根本的原因是我国并未像大陆法系国家（地区）一样，在《民事诉讼法》中明确规范诉讼抵销，并赋予其正式地位。《德

〔1〕 参见最高人民法院（2008）民二终字第49号民事判决书。

〔2〕 参见天津市高级人民法院（2012）津高民二终字第0013号民事判决书。

〔3〕 参见最高人民法院（2016）民再368号民事裁定书，最高人民法院（2009）民提字第32号民事裁定书。

国民事诉讼法典》在第145、302、322条和第533条分别规定了诉讼抵销的适用范围（可以适用于无牵连关系的债权）、判决形式（专门的抵销保留判决）、既判力（明确例外地具有既判力）和二审限制（二审中提出诉讼抵销的限制条件）。罗森贝克等由此认为诉讼抵销的前提和效力由《民事诉讼法》规定，因此它是诉讼行为。〔1〕《日本民事诉讼法》关于诉讼抵销的规则虽然较少，但也在第114条明确规定了抵销抗辩具有既判力的特殊规则。相比之下，我国《民事诉讼法》和主要的司法解释并未明确规定诉讼抵销的构成要件和法律效果，〔2〕导致在这一问题上，存在较为严重的开放式法律漏洞，〔3〕司法实务面临着“无法可依”的局面。

诚然，在法律没有明确规定的情形下，理论学说可以也应当起到漏洞补充的作用。〔4〕但是，填补漏洞需要运用科学的法学方法论，借助有效的法律解释方法来对其进行填补完善。拉伦茨认为，填补开放的漏洞，通常是以类推适用，或回归法律所包含的原则之方式行之。〔5〕理论界也一般认为，应当通过类推适用、目的性限缩、目的性扩张、反对解释等方式来补充法律漏洞。〔6〕尽管上述法学方法论主要集中在私法领域，但并不排斥包括民事诉讼法在内的公法适用：一方面，法律漏洞现实存在于公法内部；另一方面，在公法上类推适

〔1〕［德］罗森贝克、施瓦布、戈特瓦尔德：《德国民事诉讼法》（下册），李大雪译，中国法制出版社2007年版，第749页。

〔2〕现行有效的诉讼抵销的司法解释仅见于最高人民法院《关于审理民事案件适用诉讼时效制度若干问题的规定》（法释〔2008〕11号）第13条（2020年修正后第11条），该条肯定了诉讼抵销可以产生中断诉讼时效这一实体法效力。不过，这条承袭自《德国民法典》第204条第1款第5项的规则却有较为重要的意义，因为其代表了民法对诉讼抵销的认可，参见［德］罗森贝克、施瓦布、戈特瓦尔德：《德国民事诉讼法》（下册），李大雪译，中国法制出版社2007年版，第749页。

〔3〕拉伦茨将法律漏洞区分为开放的法律漏洞和隐藏的法律漏洞，开放的法律漏洞是指由于无法可依，因而需要通过类推等方法来填补的法律漏洞。参见［德］卡尔·拉伦茨：《法学方法论》，陈爱娥译，商务印书馆2003年版，第254~255页。

〔4〕参见黄茂荣：《法学方法与现代民法》，法律出版社2007年版，第469~472页。

〔5〕参见［德］卡尔·拉伦茨：《法学方法论》，陈爱娥译，商务印书馆2003年版，第258页。

〔6〕参见刘士国：《法律漏洞及其补充方法》，载《人大法律评论》2010年第1期。

用并不违背立法的民主性和法律的安定性原则。[1]

但是，抗辩说并没有从中国法出发，通过类推适用等法学方法来获得较为科学系统的答案，而更多依靠大陆法系国家（地区）的法律规定和法学原理。此种将比较法作为正当性依据的做法导致抗辩说对制度本原的特征阐述不够，即便偶有说理，也还是更多偏重立法论，主张应当通过修订民事诉讼法引入大陆法系关于诉讼抵销的相关规则，其服务的对象是立法者；而并非通过解释论，从现行法律规范出发，获取体系化的解决方案，来让司法者产生信心。

例如，关于诉讼抵销的法律效果，采取抗辩说的学者都认为应当例外地赋予其既判力。在德国法和日本法的视野下，由于其民事诉讼法典已经明确地规定了这一条文，因此法学理论只需要对该条文作具体的解释限定即可。[2]但对于我国来说，首先需要明确，诉讼抵销在作为抗辩时，何以能够例外地产生既判力。部分学者提出的理由是：

假设对抵销抗辩的判断不产生既判力的话，那么被告在其反对债权（主张抵销的对待请求）不成立，抵销抗辩被排斥而遭受败诉判决时，还可以另行起诉主张其反对债权，请求原诉的原告予以给付；反之，在被告的反对债权成立，原告因抵销抗辩而败诉后，被告亦可以重复利用其反对债权另行起诉，要求原告给付在前诉中抵销的标的物。显然，要避免这种矛盾情形和不公平结果的发生，就应当规定对于抵销抗辩的判断应产生既判力。[3]

这一理由虽然具有合理性，但由于没有既定法规则作为类推依据，因此恰恰给了实务者拒绝审理诉讼抵销的借口：抵销抗辩审理后原本应当具有既判

---

〔1〕 参见刘志刚：《论行政法视野中的类推制度》，载《现代法学》2008年第6期。事实上，即便在严格坚持罪刑法定的刑法领域，禁止类推也仅仅集中在入罪标准上，在出罪和量刑等事由上，没有理由反对类推。

〔2〕 由于《德国民事诉讼法》第322条第2款的原文是：被告主张反对债权的抵销，而裁判反对债权不存在时，在主张抵销的数额内，判决有确定力。依照该条的字面意思，这一例外仅仅涉及抵销不成功的情况方才产生既判力，因此理论界对该条文的关注重点在于如何扩张解释，通过论证认为应当将其理解为：如果被告主张了以反债权抵销，则宣告“反债权在所主张的抵销数额以内不存在或者不再存在”的裁判可以发生既判力。参见［德］汉斯－约阿希姆·穆泽拉克：《德国民事诉讼法基础教程》，周翠译，中国政法大学出版社2005年版，第192~193页。

〔3〕 参见刘学在：《论诉讼中的抵销（下）》，载《法学评论》2003年第4期。

力，而由于现行法没有赋予其既判力，所以为了避免矛盾和不公，不如干脆不予审理。

类似的情形还表现在将诉讼抵销作为抗辩的论证理由上。有学者总结了如下理由：第一，抗辩不受审级的限制，可以在一审和二审中随时提出；第二，节约成本，被告无须缴纳诉讼费用；第三，抵销是单方行为，因而无须通过诉讼就可以发生效力。〔1〕这些理由乍一看确有其正当性，然而，由于没有法律的明确规定，这些理由更多只是缺乏有效支撑的价值判断，其批判的弊端也完全可以作为司法实务者反对将诉讼抵销作为抗辩从而必须审理回应的理由：首先，如果允许二审中提起诉讼抵销，那么对于抵销的主动债权可能只经过一次审理即告结案，损害了当事人的审级利益；其次，诉讼费用原本就是当事人应当缴纳的诉讼成本，如果通过抵销抗辩无须缴纳诉讼费用，导致的结果是公共产品提供者（法院）的亏损；最后，既然理论界都主张抵销是诉讼行为，那么单纯地援引民法上的规则将其作为单方行为也就不具备诉讼法上的合法性。〔2〕

相比之下，反诉说虽然不像抗辩说那样与现行法存在明显冲突，但由于在一些关键性要件上缺乏具体的法律规则，加之没有比较法的现成规范予以模仿，因而依然存在于法无据的缺陷，导致司法实务部门不敢贸然采用：

首先，抵销作为反诉构成的诉之预备合并，缺乏具体的规则指引。以抵销权作为反诉的诉讼标的，意味着本诉主债权必须成立，否则抵销无须审理。因此这一反诉并不是简单的诉的合并，而是以原告本诉胜诉为前提的预备合并。诚然，此处的预备合并与狭义上的预备合并（同一原告提起的两个诉，主位诉讼败诉后方审理备位之诉）不尽一致，但却都具有依赖主位诉讼的处理结果方能决定是否审理备位诉讼的本质，因此抵销权反诉可以视为一种广义上的预

〔1〕 参见张卫平：《民事诉讼法》（第5版），法律出版社2019年版，第323页。

〔2〕 事实上，如果结合德国法的规则，上述抵销抗辩的正当化理由也不完全成立。例如，《德国民事诉讼法》第533条明确规定了二审抵销的限定条件，必须对方同意或法院同意，而德国法上被告提出抵销，诉讼费会明确增加，并且德国法专门规定了这部分费用的分担规则。参见［德］罗森贝克、施瓦布、戈特瓦尔德：《德国民事诉讼法》（下册），李大雪译，中国法制出版社2007年版，第750页。

备合并。而在我国，虽然在个别案由中承认预备合并，[1]但在整体上并无关于预备合并的法律规定，导致在诉讼系属、裁判顺序、文书制作、诉讼费用、上诉范围等多个方面都存在理论争议，[2]让司法实务者无所适从。

其次，抵销作为反诉需要满足的牵连性要件，缺少明确的法律规则。根据我国民事诉讼法学通说，反诉必须与本诉存在牵连性，具体而言往往是指反诉与本诉基于同一法律关系或者同一事实发生，[3]《民诉法解释》第233条第2款更是明确将此种牵连性界定为反诉与本诉的诉讼请求基于相同法律关系、诉讼请求之间具有因果关系，或者反诉与本诉的诉讼请求基于相同事实。抵销的主动债权和被动债权如果不是基于同一合同关系，则其牵连性就存在疑问。从司法实践来看，地方法院和最高人民法院在多个案件中就是以此为由，认为被告通过反诉行使诉讼抵销的主张不能成立。[4]此外，由于反诉的管辖法院可能与本诉并不一致，一旦存在专属管辖、协议管辖等事项，也会导致本诉法院审理抵销反诉时面临管辖的合法性危机。

总之，无论是抗辩说还是反诉说，在我国既有法律规则不尽清晰的前提下，都并未通过类推或其他法律解释方法来填补诉讼抵销在中国法上的漏洞，而主要是从比较法的立场，探讨诉讼抵销实现方式的正当性理由。这种较为单一的论证思路，更多是立足于外国法的自说自话，而未能为中国法官的司法实践提供足够的正当性确证。

---

[1] 例如，离婚诉讼中离婚请求与分割财产、子女抚养请求之间的合并，参见刘哲玮：《独立与合并：程序法视角下的离婚损害赔偿之诉》，载《当代法学》2014年第4期。

[2] 参见李丽峰、浦欣：《预备合并之诉若干问题研究》，载《环球法律评论》2012年第3期。

[3] 参见李浩：《民事诉讼法学》（第3版），法律出版社2016年版，第127页；王亚新、陈杭平、刘君博：《中国民事诉讼法重点讲义》，高等教育出版社2017年版，第18页。

[4] 例如，在赵某林、窦某芬、樊某丽、唐山市丰润区金洋商贸有限公司与广州市万正投资有限公司、广州市太行投资有限公司股权转让纠纷案中，河北高院一审和最高人民法院二审均认为被告提起反诉以便抵销的"反诉请求不宜在本案中一并处理"，参见最高人民法院（2012）民二终字第38号民事判决书。但是，最高人民法院也在一些案件中，认可了被告以反诉方式提起抵销的主张，甚至在承认"本诉与反诉所针对的具体事实和法律关系虽然不具有同一性"的情况下，依然以主体同一、时间相近等理由认为本诉与反诉具有明显的针对性、对抗性和关联性，从而认定反诉成立，参见最高人民法院（2013）民申字第2270号民事裁定书。

(二)司法功利的另诉说

在理论界的两种学说缺乏足够的制定法依据和学理解释的情况下,司法实务中的法官也并未主动解释法律,弥补研究的不足,而是选择了告知另诉,直接架空诉讼抵销制度。究其原因,或许是另诉说的路径对于审判一线的法官而言,是最为功利的选择。此处所谓的"功利",并无道德评价上的贬义,而是边沁所指的效用最大化(maximum utility)在司法上的反映,即如何让现有并不丰裕的审判资源最高效率地发挥作用。[1]

一方面,拒绝审理、告知另诉能够直接减少审判法官的工作负担。对一般的民事诉讼来说,法官只需要审理原告提出的诉讼请求背后的法律关系,即诉讼标的是否存在。[2]但是一旦要将诉讼抵销吸纳进入审判对象,就意味着要将一个新的权利争议纳入审理,这无疑会增加审判法官的工作量。尤其是在抵销的主动债权与本案审理的被动债权并非基于同一法律行为(如同一合同)产生时,法官对抵销主动债权的审理,无异于增加了一个全新案件。对于审判法官而言,无论是以抗辩,还是以反诉的方式审理,都未必符合审判资源效用的最大化,而告知另诉却能从时间成本、知识结构和绩效考核上确保功利目标的实现。(1)从时间成本上看,审理抵销主动债权会耗费更多的审判资源和审理时间,从而拖延本诉的审理,导致结案时间的延长,不仅影响法官的结案率,也容易招致当事人的不满,相反,告知另诉可以确保本诉审理的及时完结,实现时间成本上的效用最大化。(2)从知识结构上看,抵销主动债权涉及的法律关系可能与作为本诉诉讼标的的被动债权没有直接关联性,对划分细密的上

---

〔1〕 当然,哲学意义上的功利主义强调的是最大多数群体的效用最大化,但这恰恰是功利主义备受批评之处,即究竟由谁来衡量和决定效用。显然,在本文的语境下,审判法官具有了最终的决定权,而当事人作为参与其中的社会个体,未必会认同其处理方式是真正的效用最大化。

〔2〕 关于诉讼标的理论的选择,我国理论界和实务界目前的通说依然都是旧实体法说,因而民事法律关系(权利)就构成了最小的审判对象。参见沈德咏主编,最高人民法院修改后民事诉讼法贯彻实施工作领导小组编著:《最高人民法院民事诉讼法司法解释理解与适用》(上),人民法院出版社2015年版,第635页;张卫平:《民事诉讼法》(第5版),法律出版社2019年版,第199~200页;任重:《论中国民事诉讼的理论共识》,载《当代法学》2016年第3期。

岗模式下的审判法官[1]来说，这意味着其完全可能进入一个全新的领域，既需要调动陌生的法律知识，又可能抢占了别人的奶酪，因此通过告知另诉，可以实现知识分工上的效用最大化。(3)从绩效考核上看，抵销作为诉讼抗辩无法计入审判法官的工作量，即便作为反诉，也存在降低权重合并计算的可能性，相反，告知另诉可以在不损害当事人实体权利的前提下——因为另诉导致的迟延除外——最大幅度地增加法官的工作绩效，从而实现绩效计算上的效用最大化。

另一方面，拒绝审理、告知另诉还可以确保审判结果的正确合法。如果说追求工作负担的减轻还有“偷懒”嫌疑，可以要求法官通过自律来加以整改的话，那么追求审判结果的正确合法，就为司法实务的功利化增加了正当性。在没有现行法依据的前提下，对于诉讼抵销的审理很可能面临违法审判的指责。如前所述，无论是采取抗辩说还是反诉说，在没有充分的现行法规则和有效的学理解释背书的情况下，审理诉讼抵销都会遭遇于法无据、无法可依的指责，甚至可能面临违背司法被动性以及超越处分原则的风险。毕竟，被告通过诉讼抵销将一个新的民事法律关系引入诉讼，而该法律关系是否构成合法的审理对象着实存疑。这一问题在仲裁中暴露得尤为明显，最高人民法院就曾在撤裁请示的复函中明确指出：对于仲裁庭对抵销主动债权进行的审理和裁决，由于双方当事人签订的该份协议中没有仲裁条款，当事人事后也没有达成仲裁协议，仲裁庭无权对其进行审理并裁决。[2]尽管仲裁与民事诉讼在审判对象的确定方式上未必完全相同，但最高人民法院的态度却足以说明，主动债权与被动债权构成两个独立的审判对象，既不能在一个诉中解决两个权利主张，也无法强制当事人提起反诉来实现诉讼抵销。

---

〔1〕 刘忠:《格、职、级与竞争上岗——法院内部秩序的深层结构》，载《清华法学》2014 年第 2 期。

〔2〕 参见最高人民法院《关于辉影媒体销售有限公司申请撤销[2003]大仲字第 083 号仲裁裁决一案的请示的复函》([2004]民四他字 24 号)，类似的复函还可参见最高人民法院《关于对北京市高级人民法院就中地海外集团有限公司申请撤销中国国际经济贸易仲裁委员会[2015]中国贸仲京裁字第 0377 号仲裁裁决案件的请示的复函》([2015]民四他字第 39 号)。在国际商事仲裁中，对这一问题也存在争议，有案例认为可以一并审查，也有案例认为必须分别处理，参见芮安牟:《浅谈香港仲裁法》，陈星楠译，法律出版社 2014 年版，第 60~62 页。

既然抗辩和反诉的路径都未必能满足一线法官审理诉讼抵销案件时追求减负、高效、正确、合法的功利诉求，大多数法院将抵销拒之门外也就不难理解了。法院当然也意识到此种做法将导致当事人不得不再次提起一个新的诉讼，增加全社会的诉累，但基于前述司法功利的考虑，也不得不忍痛拒绝，并深感无奈。〔1〕

四、诉讼抵销在中国法上的实现路径

尽管我们可以尝试着去理解审判法官在没有明确法律依据的情况下，出于功利主义的追求，将诉讼抵销拒之门外的做法，但并不代表我们就能够完全认同另诉说。因为另诉说从根本上否认了诉讼抵销，不仅可能导致当事人和国家司法资源的耗费，还完全架空了民法中关于抵销制度的安排。难道不全面修改中国法，就真的无法实现诉讼抵销了吗？下文将尝试以现行有效的中国法为基础，通过法律解释，来构建诉讼抵销的实现路径。

（一）诉讼抵销在中国法上的性质应是辩论（抗辩）

诉讼抵销是被告在诉讼中的行为，理应受到民事诉讼法规范的调整，但在中国法上，具体哪一条规范可以作为诉讼抵销的托身之处呢？如果找不到这一规范，就难免会得出诉讼抵销根本不是合法的诉讼行为，因而应当告知其另行起诉的结论。

由于我国不像大陆法系国家（地区），在《民事诉讼法》中明确规定了诉讼抵销，因此只能适用其上位规则。查遍《民事诉讼法》，笔者认为最为合适的规则是第 49 条第 1 款的规定：当事人有权委托代理人，提出回避申请，收集、提供证据，进行辩论，请求调解，提起上诉，申请执行。其中“进行辩论”的具体含义一直缺乏精确定义。笔者认为，对此处的“辩论”应当参照民事诉

〔1〕 最高人民法院的主审法官曾以一个判决为例，阐释了此种无奈与尴尬，坦陈本案的抵销问题经过 5 年审理，原审法院两次一审实际均对此问题进行了质证、调查，最终仅以一纸判决“不予审理”，的确让当事人有些难以接受，但最终依然也只能在二审判决书中特地赘上一笔，告知当事人如果招商银行就上述挤占挪用问题主张权利，可依法另行起诉。参见江必新主编：《民商审判指导与参考》，人民法院出版社 2003 年版，第 214 页。

讼基本原则中辩论原则的内容做广义理解。通说一般认为，辩论的范围包括对案件的实体方面、对如何适用法律和诉讼程序方面存在争议的问题。〔1〕因此，辩论既是一种形式上的辩驳反对，也包括着以抗辩为代表的实体上的否定对抗。

我国《民事诉讼法》未直接规定抗辩，理论界也存在一定的争议。〔2〕但是通说一般认为，抗辩是被告的一种防御方式，通过提出虽然与原告陈述的请求原因事实一致，但却能妨碍或消灭原告所主张权利的实体法规范的新事实，从而排斥原告的诉讼请求。〔3〕由此可见，抗辩是一种特殊的辩论形态，其并非直接否认原告的事实主张，而是在承认原告陈述的前提下，引入新的事实，以达到对抗原告的目的。〔4〕

从这一意义上看，抵销作为抗辩的一种具体类型并无争议。早在罗马法时代，抵销就被认为是一种抗辩，〔5〕而大陆法系国家（地区）迄今也延续了将诉讼抵销作为抗辩的传统。抵销完全符合抗辩的基本定性，即承认原告关于权利发生的事实，只是引入了新的事实（抵销），从而消灭原告的权利，构成一种经典的权利消灭抗辩，成为民法学和民事诉讼法学教科书中的示例。〔6〕相反，如果要将诉讼抵销作为反诉，就必须有特别法的明文规定。〔7〕从法律规范上看，中国法上无论民法还是民事诉讼法都并无关于诉讼抵销必须通过反诉提起的规定，也找不到形式或目的类似的法律条文；从学理解释上看，无论从

---

〔1〕 参见张卫平：《民事诉讼法》（第5版），法律出版社2019年版，第45页。

〔2〕 例如，关于抗辩和反驳的区分，抗辩类型的具体划分，理论界的观点尚不完全一致。参见柳经纬、尹腊梅：《民法上的抗辩与抗辩权》，载《厦门大学学报（哲学社会科学版）》2007年第2期。

〔3〕 参见段文波：《民事裁判构造论：以请求权为核心展开》，载《现代法学》2012年第1期。

〔4〕 参见陈刚：《论我国民事诉讼抗辩制度的体系化建设》，载《中国法学》2014年第5期；袁琳：《证明责任视角下的抗辩与否认界别》，载《现代法学》2016年第6期。

〔5〕 参见黄风：《罗马法词典》，法律出版社2002年版，第108页。

〔6〕 参见王利明等：《民法学》（第6版下），法律出版社2020年版，第725~726页；［德］罗森贝克、施瓦布、戈特瓦尔德：《德国民事诉讼法（下）》，李大雪译，中国法制出版社2007年版，第745页。

〔7〕 例如，美国法上之所以用反诉来实现抵销，就是因为有专门的特别法规则，参见35A C.J.S.Federal Civil Procedure §358。事实上，反诉在美国法上的首次创设就是因为1852年纽约州的抵销增补法案，Act of April 16，1852，N.Y.Laws，c.392，p.654（1852）。

抵销权的民法解释学要件的维度，还是从民诉法上辩论方式解释原理的维度，都无法解释出被告必须提出反诉才能实现诉讼抵销。而由于抵销是实体法上一种有效的权利消灭抗辩，因而法院没有理由不将其纳入审理对象，强迫其通过另诉等方式解决。因此，除非修改中国现行法律，否则从既有规范和法学原理上，诉讼抵销都应当作为一种抗辩行为得到法院的认真对待。

（二）诉讼抵销作为抗辩的具体要件

但是，诉讼抵销的性质是抗辩，并不直接等同于诉讼抵销和其他抗辩一样，仅仅引入了新的事实问题。根据我国《合同法》第 99 条[1]的规定，法定抵销[2]包含以下四方面的构成要件：（1）当事人互负债务；（2）抵销标的物种类、品质相同；（3）被抵销的债务已届清偿期；（4）双方债务属于可以抵销的债务。[3]法院在审理作为诉讼抵销的抗辩时，需要对这四个要件一一回应。如果说后面三个要件基本都属于事实判断，那么第一个要件“互负到期债务”其实是对法律关系的确定，无论抵销主动债权是否与被动债权产生于同一法律关系，它都将一个新的权利问题引入了诉讼的场域。毕竟，一项独立于本诉诉讼请求的实体权利已经构成一个新的诉讼标的，也因此构成一个独立的诉。[4]

如果双方当事人对于互负到期债务没有异议，而只是对于是否品质相同，

---

〔1〕 现变更为《民法典》第 568 条，内容上略有变化，但不影响本文的观点和分析。

〔2〕 由于已经发生了争议，故而诉讼抵销一般不大可能是约定抵销。当然，即便是约定抵销，也不妨碍后文的具体论证。因为约定抵销较之法定抵销只是多了存在抵销合同这一要件，以及减少了抵销标的种类、品质相同这一要件，与本文讨论的主旨无关。

〔3〕 参见王利明等：《民法学》（第 6 版下），法律出版社 2020 年版，第 726~727 页。

〔4〕 有学者认为如果基于同一交易项，权利主张抵销可以作为抗辩处理，否则必须另诉，参见王亚新：《诉讼程序中的实体形成》，载《当代法学》2014 年第 6 期。笔者对此难以赞同，我国实体法和程序法并没有区分同一交易内的抵销和不同交易项下的抵销，目前也只有破产法学者认为可以通过解释破产法条款来实现二者的区分，参见许德风：《破产视角下的抵销》，载《法学研究》2015 年第 2 期。而在民事诉讼中，我国诉讼标的理论通说采旧实体法说，所以识别诉讼标的的关键就是甄别实体权利，最高人民法院《关于审理买卖合同纠纷案件适用法律问题的解释》（法释〔2012〕8 号）第 44 条也是以此来区分抗辩与反诉，即便针对同一合同项下的纠纷，如果被告提出的是独立的权利主张（违约金、赔偿损失或者解除合同）则构成反诉，反之则为抗辩。

是否可以抵销等产生争议，那么受理本诉的法院完全可以直接对这些事实予以审查判断，进而决定抵销能否发生。但是，如果双方当事人对抵销的主动债权产生争议，法院如果要对其予以认定判断，虽然可以寄托于抗辩之名下，但实质上已经是在审理一个新的民事实体请求权。

（三）诉讼抵销中主动债权的争议须以诉的方式解决

从裁判技术的角度看，实体请求权争议在民事诉讼中都应当作为独立的诉。这也在一定程度上佐证了我国司法实务中法官对抵销要求另诉的正当性。但是，告知被告另诉主动债权，并不等于可以直接拒绝其在诉讼中提出的抵销抗辩。严格来说，如果被告就抵销主动债权另行提起了起诉，那么抵销抗辩的审理就必须以该债权审理结果为依据。这已经符合《民事诉讼法》第 150 条第 5 项诉讼中止的情形，一旦被告真的另行起诉，本诉法院就应当裁定诉讼中止，等待抵销主动债权的审理结果，然后再结合抵销的其他要件，判断抵销抗辩是否成立。

这显然并不符合司法实务中另诉说的初衷。因为诉讼中止会拖延本诉的审理，欠缺效率。大陆法系国家（地区）制定专门的抵销抗辩规则，在保留抗辩之名的前提下，实质上赋予了其“诉”的审理方式，无论是裁判结果的既判力规则，还是审理方式的合并与分离，[1]都体现出此种将抵销抗辩改造为独立之诉后争取一并审理的目的。反观我国，由于立法上没有直接建立这些特别法规则，我们很难要求法官直接援引比较法的特别规则作为裁判依据。

或许有批评者会认为，抗辩是一种攻击防御方法，目的是解决实体权利争议，因而是诉的下位概念，而如果以反诉方式来解决抵销抗辩中的具体要件，实际上是将抗辩作为了某个诉的上位概念，颠倒了诉与抗辩的内在逻辑。此种批评在学理上完全成立，并且也能在一定程度上解释在已经完成了对诉讼抵销的“诉”化改造后，大陆法系国家（地区）依然要保留抗辩之名的原因。但是，考虑到中国法缺乏诉讼抵销特别规则这一前提，如果不承认在抵销抗辩中

---

〔1〕 德国法允许对抵销的主动债权分别审理，甚至作出保留判决，也即在承认诉讼抵销抗辩的同时，将主诉拆分为两个案件来分别审理和判决。参见［德］罗森贝克、施瓦布、戈特瓦尔德：《德国民事诉讼法》（下册），李大雪译，中国法制出版社 2007 年版，第 753 页。

必须用诉来解决实体争议，那么法院就只能以告知另诉的方式将抵销拒之门外。因此，从解释论上看，笔者更倾向于设置特例，即便这样会牺牲体系的周延，但却能有效地解决争议，维护当事人的实体权利和程序利益。

（四）以反诉来实现诉讼抵销的制度保障

至此，中国法上实现诉讼抵销最为合理的方式已经呼之欲出：允许被告对争议的抵销主动债权——而不是抵销权——提起反诉，并将之与作为被动债权的主诉诉讼标的合并审理，在对两个请求权予以审判的同时，也审查被告的抵销抗辩能否成立，从而一次性地化解这一纠纷。通过将抵销主动债权作为一个独立的反请求来予以审理，可以有效化解既判力和诉讼系属的困境，而无须动用比较法的资源，强行解释出诉讼抵销既判力和诉讼系属的例外规则。〔1〕

当然，先审查抵销主动债权的反诉，再审理抵销抗辩是否成立的路径依然可能存在一些技术障碍，需要通过解释论的方法排除：

首先，必须扩大对反诉牵连性的解释。《民诉法解释》第 233 条第 2 款已经明确将牵连性作为我国反诉成立的要件之一，而传统的反诉理论将牵连性限定在同一事实或同一法律关系上，此种理解也被很多法官采纳。但将牵连性做此种狭隘解释，将导致诉的合并被限定在极小的范围内，并不利于审判资源效用最大化这一诉讼功利目标的实现。传统上强调反诉的牵连性，主要是为了确保反诉合并审理的效率。但随着民商事生活越发复杂，严格恪守反诉牵连性规则可能并不利于纠纷的一次性解决。因而一直有学者呼吁，扩大解释牵连性范围，甚至废除反诉的牵连性要件。〔2〕从《民诉法解释》第 233 条的文义看，“诉讼请求之间具有因果关系”已经为扩大解释牵连性提供了基础。最高人民法院也不乏将两个并无狭义牵连关系的诉予以合并审理的先例〔3〕。而在 2012 年国家统一司法考试第三卷第 100 题中，也曾经出现本诉为借贷合同返还请求权，反诉为买卖合同价金请求权的情形，命题者认为如果反诉的目

〔1〕 参见丁宝同：《论争点效之比较法源流与本土归化》，载《比较法研究》2016 年第 3 期；张卫平：《重复诉讼规制研究：兼论“一事不再理”》，载《中国法学》2015 年第 2 期。

〔2〕 参见房保国：《论反诉》，载《比较法研究》2002 年第 4 期。

〔3〕 参见最高人民法院（2013）民申字第 463 号民事裁定书。

的是抵销本诉，则反诉也可以成立。

其次，软化反诉的提起方式。反诉作为一种诉，其提起方式必须符合起诉的形式要件，例如，《民事诉讼法》第120条的诉状规则，最高人民法院《关于民事诉讼证据的若干规定》（法释〔2001〕33号[1]，以下简称《证据规定》）第34条第3款的时限规则[2]。但是，被告在提出诉讼抵销时，本意是一种抗辩。因此，如果要求其必须在提出抵销抗辩的同时，完全符合反诉的其他条件，那么诉讼抵销的主动债权很可能因为形式要件的不满足而被法院拒之门外。因此，确有必要参照美国法的经验，对诉讼抵销中的反诉提起方式再作软化处理。1993年，联邦最高法院缓和了形式主义，认为如果被告误将本应以反诉形式提起的请求作为抗辩（defense）提起，法院应当视为其已经提起了反诉。[3]事实上，我国已有一些司法解释在试图模糊抗辩与反诉的区别，例如，《合同法解释二》第27条[4]就认为违约金酌减请求权既可以以反诉的方式提出，也可以以抗辩的方式提出。而在理论界也有学者对部分反诉要件提出了软化式的解释方案，例如，将原《证据规定》第34条第3款理解为一种倡导性规则。[5]因而从解释论上完全可能软化诉讼抵销中提出反诉的形式要求，从而实现合并审理减少诉累的目的。

最后，明确审查诉讼抵销的合法退出机制。尽管通过反诉将抵销的主动债权合并审理可以有效地提高审判效率，但是仍然可能面临法定或裁量上的障碍：（1）法定要件方面，如果主动债权存在仲裁协议、管辖协议、专属管辖等排除本诉法院主管和管辖权的情形，那么反诉必定不可能成立，只能通过另诉解决。（2）裁量方面，如果抵销主动债权的审理难度过大，耗时过长，合并审理反而会导致主诉的争议长期无法得到解决，造成诉讼迟延，甚至可能作为被

〔1〕 2019年修改后，《证据规定》发文字号为法释〔2019〕19号。

〔2〕 2019年最高人民法院修订《证据规定》时删除了该条，而是在第55条第4项规定“当事人增加、变更诉讼请求或者提出反诉的，人民法院应当根据案件具体情况重新确定举证期限”，这一规则已经不构成反诉的限制。

〔3〕 参见Reiter v.Cooper，507 U.S.258。

〔4〕 该条解释因为《合同法解释二》于2021年被废止，目前尚未有替代性的规则。

〔5〕 参加张卫平：《举证时限制度若干问题探讨》，载《人民司法》2003年第9期。

告有意拖延的手段。而根据《民事诉讼法》第140条，我国反诉制度将最终合并审理的决定权赋予法院，如果法院认为合并审理不利于提高效率或法律正确[1]等功利目标，那么自然可以不再合并审理，而是通过另诉加以解决。无论基于何种原因，此时反诉无法成立，被告的抵销抗辩也就无法得到回应处理。但如果全部案件都依据《民事诉讼法》第150条的诉讼中止停摆，显然太过机械。《德国民事诉讼法》第302条建立的保留判决制度，就是为了避免抵销抗辩导致的审理迟延，而允许对主诉问题作出先行判决。我国虽然没有专门针对诉讼抵销的保留判决制度，但《民事诉讼法》第153条规定的“先行判决”却可以发挥同类功能。根据该条规定，人民法院审理案件，其中一部分事实已经清楚，可以就该部分先行判决。该条的情形对抵销抗辩十分契合，审判法院可以通过在判决中明确抵销的其他要件是否成立，从而将抵销纳入审查范围的同时，也成功从不应当审理的实体问题中脱身，保证了判决的合法性，也为被告在未来的执行程序中继续行使其未竟的抵销抗辩留下了机会。[2]

五、结论

由于我国《民事诉讼法》并未直接规范诉讼抵销，更没有像大陆法系国家（地区）那样直接明确诉讼抵销在提起方式、裁判效果、限制条件上的特殊规则，因此要想找到能够满足司法实务者对司法功利的追求的诉讼抵销实现路径，就必须以我国《民事诉讼法》的文本为解释对象，通过类推适用和目的解释等法律解释方法，来填补这一法律漏洞。

漏洞补充的根据在实质上包括两部分，一为法学理论，二为民众期待。[3]就诉讼抵销的实现路径这一程序法问题而言，在漏洞补充时，既要兼顾理论界

---

〔1〕 例如，二审中提出的反诉，如果对方当事人不同意，根据《民诉法解释》第328条，法院也不能将其合并审理。

〔2〕 事实上，执行方面的司法解释已经认可执行中的抵销抗辩，但前提依然是抵销主动债权获得了生效裁判的确认，参见最高人民法院《关于人民法院办理执行异议和复议案件若干问题的规定》第19条。

〔3〕 参见吴丙新：《法律漏洞补充理论的三个基本问题》，载《法制与社会发展》2011年第2期。

关于抗辩、反诉、既判力、诉讼中止等法律概念和法学理论的基本立场；又要符合诉讼的主要参与者——一线审判法官与当事人——的基本诉求，确保效率和合法。

因此，在中国法上，诉讼抵销的性质只能是被告的一种防御方式，属于抗辩的一类。但由于其具体的要件涉及到独立于本诉债权的其他法律关系，因此该要件必须作为独立的诉来对待。而通过解释反诉实质条件和形式程序，可以将抵销主动债权作为反诉，与本诉合并审理，从而提高诉讼效率；但如果合并审理抵销主动债权反而会造成诉讼的迟延，则应当就本诉债权的成立作出先行判决。

此种路径未必是理论上的最优解，但至少可以在遵循中国法基本规则的前提下，满足我国司法实务的需求。因此，尽管它并非完美，但却十足真诚——真诚地面对问题，真诚地寻求答案。笔者也希望通过这种直面本国问题，倚重本土规范，探寻本质结论的不完美但真诚的探索，为摆脱我国民事诉讼法学研究的贫困化作出微薄的贡献。

第五章
公司决议诉讼的裁判效力范围

一、问题的提出

我国《公司法》第22条确立了可以用民事诉讼的方式解决公司决议的效力争议，对公司决议效力予以否定。我国通说认为，该条第1款和第2款分别建立了公司决议确认无效之诉和公司决议撤销之诉，最高人民法院也认可此种说法，在案由规定中确立了"公司决议纠纷"这一第三级案由，并按照二分法将其划分为"公司决议效力确认纠纷"和"公司决议撤销纠纷"两种四级案由。[1]2016年4月，最高人民法院向社会公布了《关于适用〈中华人民共和国公司法〉若干问题的规定（四）（征求意见稿）》（以下简称《草案》），用12个条文对公司决议诉讼的审理对象和审理方式进行了进一步的完善。尤其是第4条和第5条，规定了确认决议不存在之诉和确认未形成有效决议之诉两种诉讼类型，引起了公司法学界和司法实务界的高度关注。2017年8月，最高人民法院正式公布了《关于适用〈中华人民共和国公司法〉若干问题的规定（四）》（以下简称《公司法解释四》）[2]，与《草案》相比，大幅删减了公司决议诉讼的规则，只剩下6个条文，增设的诉讼类型也改变为一种，即确认决议不成立之诉。

---

〔1〕 最高人民法院民事案件案由规定课题组编著:《最高人民法院民事案件案由理解与适用》(2011年修订版)，人民法院出版社2011年版，第387页。

〔2〕 2020年修改，关于公司决议诉讼的规则没有实质性改变。

从比较法的研究看，此次增加的诉讼形态，主要受到了日本公司法与韩国公司法的影响。[1]然而，当公司决议争议从组织体内部跨入司法场域后，就已经不再是公司法的家务事，还必须符合民事诉讼法的法律规定和基本原理。从程序法的角度看，公司决议诉讼有许多问题都与民事诉讼法学的基本原理息息相关。限于篇幅与作者能力，本文无意对所有公司决议诉讼的程序法问题一一展开，而是试图从民事裁判效力理论出发，重点分析公司决议诉讼的裁判作出后，能否影响当事人或其他主体，以及能否以其他法律依据或新的事实理由再次提起决议诉讼，进而从程序法的角度简要评价《公司法解释四》在公司决议效力诉讼部分的得失。

二、民事裁判效力理论概述

作为一篇从民事诉讼法视角来观察公司法制度的论文，有必要在具体的制度分析之前，先简要介绍作为分析工具的裁判效力理论。

民事裁判是民事诉讼最终结果的载体。民事诉讼解决纠纷，保护私权等基本目的都必须通过民事裁判的具体内容来实现。而这些目的的实现又都依赖于民事裁判的法律效力：如果民事裁判的效力形同虚设，则民事诉讼的结果也就仅仅是一纸空文，相关民事诉讼目的也就都会被架空。因此，从我国民事诉讼法奠基伊始，就对民事裁判效力作出了明确规范。

我国传统理论认为，民事裁判的效力主要是指拘束力和确定力，前者是指当事人、法院和社会公众都要受民事裁判的约束，不得违背其内容，后者是指对裁判的变更必须按照再审等法定形式。[2]传统观点由于符合社会公众对于民事诉讼目的和民事裁判效果的一般理解，在我国学界和民众中具有十分深远的影响力。时至今日，也有一些教科书坚持在介绍民事裁判效力时，把这种理论体系优先介绍，作为理解判决效力的基本框架。[3]

---

〔1〕《日本公司法典》，崔延花译，中国政法大学出版社2006年版，第415页；《最新韩国公司法及施行令》，王延川、刘卫锋译，法律出版社2014年版，第75页。

〔2〕参见柴发邦主编：《中国民事诉讼法学》，中国人民公安大学出版社1992年版，第396~398页。

〔3〕参见李浩：《民事诉讼法学》（第3版），法律出版社2016年版，第249页。

随着对比较法理论的介绍，传统理论开始面临既判力理论的挑战。既判力（*res judicata*）的概念可追溯至罗马法，[1]对大陆法系和普通法系均有深刻影响。大陆法系的既判力是指不允许对法院裁判再起争执的效力，它强调终审判决一旦确定，该判决针对请求所作出的判断就成为规制双方当事人今后法律关系的规范，当双方当事人对同一事项再度发生争执时，就不允许当事人提出与此矛盾的主张，法院也不能作出与之相矛盾或抵触的判断。[2]具体来说，既判力又可以分为对事的效力（客观范围）、对人的效力（主观范围）和时间效力（时间范围）三个维度。[3]

普通法系则主要是用请求排除效力（claim preclusion）来强调生效判决对后诉的排除效力。美国联邦最高法院大法官斯图尔特在 Allen v.McCurry 案的判决意见中认为，请求排除效力是指在前诉判决中已经解决或可以解决的事项，禁止通过诉讼再次对其提出请求。[4]美国法学会的《裁判法重述》第 17 节将请求排除效力具体解释为：（1）当前诉原告胜诉时，判决内容合并（merge）其请求；（2）当前诉原告败诉时，判决内容阻碍（bar）其就同一请求提起的后续诉讼。具体而言，请求排除效力的发生必须满足下列要件：第一，已有一个生效的前诉判决；第二，前诉判决是由有管辖权的法院作出；第三，两次诉讼的当事人相同或具有重要关联（privity）；第四，前诉与后诉的请求相同。[5]关于何为同一请求，《裁判法重述》第 24 节的界定是：在本次交易或者其他与之有关的交易中，原告可以针对同一被告提起的全部权利主张。此种路径是从事实的相同性上来判断请求是否来源于同一交易，进而认为只要是同一交易，所

---

〔1〕 参见王亚新、陈杭平、刘君博：《中国民事诉讼法重点讲义》，高等教育出版社 2017 年版，第 253 页。

〔2〕 参见［日］高桥宏志：《重点讲义民事诉讼法》，张卫平、许可译，法律出版社 2007 年版，第 477 页。

〔3〕 参见［德］汉斯－约阿希姆·穆泽拉克：《德国民事诉讼法基础教程》，周翠译，中国政法大学出版社 2005 年版，第 327~329 页；［日］新堂幸司：《新民事诉讼法》，林剑锋译，法律出版社 2008 年版，第 479~490 页。

〔4〕 Allen v.McCurry, 449 U.S.94（1980）.

〔5〕 Daniel R. Coquillette, Moore's Federal Practice, 3rd ed., Filing Release, 2012, § 131.01, at 131-11.

有权利都必须在一次诉讼中提出。〔1〕总体上看，普通法在请求排除效力上采取了更为宽松的标准，因而对后诉的遮断也更大。我国在民事实体法上基本继受了大陆法系的框架体系，加之对实质正义的不断追求，更容易理解大陆法相对保守的既判力理论体系，而较难接受普通法系此种"要么一次说完，要么永远闭嘴"〔2〕的界定标准。

不难看出，比较法的新理论和新名词与我国传统理论在裁判效力性质上并无本质不同，都强调裁判的约束效果，这在一定程度上能够解释传统理论为何能够历久弥新。但是，在具体的效力范围上，我国传统理论的解释力却十分薄弱，未能提供更为细致具体的分析框架。这就导致在一些疑难案例中无法回应现实问题。譬如在一事不再理的争论上，应当如何界定同一件事项的范围？〔3〕又如判决后原被告双方达成和解协议，被告部分履行后，原告又主张原判效力，应当如何处理？〔4〕

总之，传统理论单纯地强调裁判的确定性，虽然简洁明了，但面对复杂问题时，却因为缺乏有效的分析框架，颇有"巧妇难为无米之炊"的遗憾。随着我国主流民事诉讼法学教科书已经逐渐接受既判力的理论体系，近年来更是开始较为系统地介绍大陆法系既判力的具体范围，〔5〕下文将在剖析公司决议诉讼时，运用这种分析框架，从裁判效力范围的三个角度展开讨论。

三、对何事生效：裁判效力的客观范围

裁判效力的客观范围，是指裁判作出后，对哪些法律关系或实体权利具有

---

〔1〕 参见［美］斯蒂文·苏本、玛格瑞特·伍：《美国民事诉讼的真谛》，蔡彦敏、徐卉译，法律出版社 2002 年版，第 262 页。但也有美国学者批评这将导致范围过于宽泛，事实上也的确并没有得到所有州法院的采纳，See David L.Shapiro, *Preclusion in Civil Actions*, Foundation Press, 2001, p.38。

〔2〕［美］斯蒂文·N. 苏本等：《民事诉讼法》，傅郁林等译，中国政法大学出版社 2003 年版，第 762 页。

〔3〕 例如，美国 EOS 工程公司诉新绛发电公司等侵权纠纷案，最高人民法院（2003）民四终字第 2 号民事裁定书。

〔4〕 例如，吴某诉四川省眉山西城纸业有限公司买卖合同纠纷案，载《最高人民法院公报》2012 年第 2 期。

〔5〕 参见张卫平：《民事诉讼法》（第 5 版），法律出版社 2019 年版，第 444~455 页。

约束力。与美国的请求排除规则较宽的效力范围相比，大陆法系国家（地区）严格将既判力的客观范围限定在当事人提出的诉讼请求和判决主文确认的实体法律关系之上。例如，《日本民事诉讼法》第 114 条第 1 款规定，确定判决限于主文具有既判力，《德国民事诉讼法》第 322 条第 1 款也规定，判决中只有对于以诉或反诉而提起的请求所作出的裁判有确定力。我国民事诉讼法学通说基本赞同此种观点，主张只有裁判主文所确定的法律关系或实体权利发生既判力，而根据处分原则，判决主文回应的应当只限于原告提出的诉讼请求所指向的实体法律关系，裁判理由中的判断并不发生既判力。〔1〕

在公司决议诉讼中，虽然原告提起诉讼的目的都是否决公司决议的效力，但事由却多种多样。《公司法》第 22 条规定了两种类型，即确认决议无效和撤销决议，而《公司法解释四》第 5 条又增加了确认决议不成立之诉。从裁判效力的客观范围的角度看，核心问题是：上述三种诉讼的裁判之间是否发生既判力的遮断效果？提起一种公司决议之诉并被法院驳回后，当事人是否还能以其他事由，再次提起另外的诉讼？

《公司法解释四》的起草者已经注意到了这个问题，在《草案》中曾经专门用第 9 条来规定否认之诉的裁判效力的客观范围。但也正是由于对这一问题的纠结，所以起草者不仅在最后的定稿中删除了相关条文，而且在草案中也较为反常地规定了两种不同的方案：

第一种方案：原告起诉请求确认股东会或者股东大会、董事会决议不存在、未形成有效决议、决议无效或者撤销决议，与人民法院根据案件事实作出的认定不一致的，应当直接作出判决。

第二种方案：原告起诉请求确认股东会或者股东大会、董事会决议不存在、未形成有效决议、决议无效或者撤销决议，与人民法院根据案件事实依法认定的决议效力情形不一致的，应当告知原告可以变更诉讼请求。原告不变更的，应当驳回诉讼请求。

第一种方案的实质是将否认决议效力视为当事人根本的诉讼请求，具体

〔1〕 参见张卫平：《民事诉讼法》（第 5 版），法律出版社 2019 年版，第 446 页。

的否认事由在所不论，因此法院在审判过程中，可以超越原告的诉讼请求，直接作出法院认为最符合客观真实和法律适用结果的裁判，可以视为“统一裁判说”〔1〕。第二种方案则是将各种否认决议效力的理由视为不同的诉讼请求，因此裁判效力也仅仅及于原告所主张的诉讼请求。一旦法院认定原告主张的事实不满足，则只能对该请求作出裁判，因而也必然不影响后诉的提起，可以视为“分别裁判说”。

在我国司法实务中，大多数法院都坚持分别裁判说，主张确认决议无效之诉与撤销决议之诉彼此独立，诉请所依据的事实基础、两案的审理范围、法律依据并不相同，诉讼标的并不同一，因而构成两个独立的诉讼，可以分别起诉。〔2〕这首先是因为分别裁判说更符合从20世纪90年代以来强调司法中立被动，当事人对审判对象有处分权的司法改革总体动向，从而在程序正当性上确保了裁判的公正。其次，这样的区分会使得审判边界范围清晰，法官和当事人在诉讼中都清晰地知晓审判边界，可以促使争点高度集中，确保审判的高效运转。但是，分别裁判说的缺陷也非常明显，即可能导致对同一决议的多次诉讼，尤其在《公司法解释四》确立了新类型的确认之诉后，理论上一份决议可能会经过三次诉讼，这显然不利于纠纷的一次性解决，对司法资源构成无谓的浪费。起草者正是意识到了这一问题，才提出了“统一裁判说”，希望一次性解决公司决议的效力问题。然而，除了违背处分原则、审判边界不清可能导致审判的不公与低效之外，统一裁判说也未必能够实现起草者一次性解决纠纷的目标，究其原因，就是因为这一条文仅仅规定了法院有权超越诉讼请求进行裁判，但并未明确超裁判决的既判力范围，也就无法彻底回答原告是否可以在所有事实不变的前提下，再次提起新诉。

如果认为统一裁判说依然坚持既判力客观范围仅仅等于主文，那么只要原告败诉，其就可以以其他事由再次提起新的诉讼，这使得统一裁判说一次性

〔1〕 虽然删去了草案中的条文，但司法解释的起草者依然坚持该说，认为针对同一决议的各种效力否认诉讼是同一个诉讼标的。参见杜万华主编，最高人民法院民事审判第二庭编著：《最高人民法院公司法司法解释（四）理解与适用》，人民法院出版社2017年版，第93页。

〔2〕 例如，江苏省高级人民法院（2014）苏商初字第20-1号民事裁定书。

解决纠纷的意义大打折扣；而如果认为统一裁判说其实不允许原告另诉，也即认为判决的既判力范围扩大到了所有决议否认事项，这会导致一个十分惊人的命题出现：决议效力否认只能以一场诉讼的形式出现，无论是既有的撤销决议、确认决议无效，还是新规定的确认决议不成立，以及《草案》中细化的决议不存在和决议未形成其实都是一个诉讼标的，都只能在同一场诉讼中进行，法院对一份公司决议的效力，只能作出一份判决。

或许正是因为对这两种解释方案都不甚满意，起草者才会在《草案》中将两种方案都和盘托出，等待公众的批评意见。笔者认为，从民事诉讼法学的角度看，要解决公司决议效力否认诉讼判决的既判力客观范围，必须明确这类诉讼的诉讼标的究竟是什么。

《公司法》第22条用两款分别规定了确认公司决议无效和撤销公司决议两种诉讼类型。根据民事诉讼法的基本法理，前者属于确认之诉，诉讼标的是待确认的法律关系；后者是形成之诉，诉讼标的是具体的形成诉权。〔1〕二者虽然有密切关联，但无论是法律基础，还是具体事由，乃至最后的法律效果，都并不重合。因而无论是审判范围还是裁判效力，都不能直接等量齐观。如果坚持过去第22条的否认之诉二分法传统，二者并不会发生直接的矛盾与冲突。虽然对于具体哪些事由属于确认决议无效，哪些属于撤销决议，尚有争辩的余地，〔2〕但在诉讼标的和裁判效力的程序法框架下，二者其实泾渭分明。尤其是考虑到我国针对决议撤销之诉规定了较短的除斥期间（决议作出之日起60日内），更加降低了二者之间重复起诉的可能。

然而，当《公司法解释四》增加了新的确认之诉后，矛盾陡然爆发。一方面，两种确认之诉的指向对象都是决议是否发生效力，具有同一性；另一方面，两种确认之诉都无时间上的障碍限制，完全可能先后甚至同时提起。虽然公

〔1〕 参见刘哲玮：《普通形成权诉讼类型考辨——以合同解除权为例》，载《中外法学》2014年第5期。

〔2〕 对于公司决议无效之诉与公司决议撤销之诉的性质，存在理论上的争议。德国法认为无论如何诉讼请求是撤销还是确认无效，其实都是撤销之诉；而日本法认为应当根据当事人的诉讼请求来予以区分。参见陈群峰：《审判视野下的公司诉讼研究》，法律出版社2013年版，第122~123页。

司法学者一直主张借鉴日本法和韩国法的经验，建立三分法的决议效力评价机制，从而符合公司决议形成过程的客观逻辑，〔1〕但从诉讼法的角度看，《公司法解释四》增加的确认决议不成立的诉讼标的的指向依然是公司决议的效力问题，极易引发重复起诉现象。

笔者认为，应当在诉讼上将该类确认之诉视为同一诉讼标的，其裁判效力应当及于彼此，法院在审理其中一种确认之诉时，也应同时审理其他可能导致决议不成立或不生效的理由。如果从宏观层面论证，自然可以以诉讼效率、一次性纠纷解决等具体的诉讼价值论找到依据，但即便抛开价值层面的讨论，仅仅从民事诉讼法学具体技术层面，我们也可以找到有效的中层理论予以佐证：

首先，确认之诉的对象决定了《公司法解释四》新增加的确认请求不构成独立的诉讼标的。在民事诉讼法学界，有关确认之诉的核心命题之一就是，确认对象只能是法律关系或权利，单纯的事实不能作为确认对象。〔2〕公司决议的性质在理论上存在一定的争议，少数学者认为决议仅仅是法律行为最终效果的意思形成，〔3〕但更主流的观点则认为决议本身就是法律行为，〔4〕是能够创设改变团体（公司）内部法律关系的完整行为。《民法总则》第 134 条第 2 款〔5〕也肯定了决议的法律行为性质。因此，《公司法》第 22 条规定的决议效力的确认之诉，本质上是对其创设改变的社团内部法律关系的效果的确认，符合确认之诉对象的要求。但是，《公司法解释四》所创造的确认决议成立之诉，其本质是对具体事实的确认。例如，《公司法解释四》第 5 条确认决议不成立的具体事由，就包括未召开会议和会议未对决议事项表决，这都是纯粹的事实。如果这些事项可以单独构成确认之诉的内容，那么在合同纠纷中，是否也可以出现确认要约未到达的合同不成立确认之诉呢？我国司法实务中，从未将合同

〔1〕 参见钱玉林：《论可撤销的股东大会决议》，载《法学》2006 年第 11 期。

〔2〕 参见李浩：《民事诉讼法学》（第 3 版），法律出版社 2016 年版，第 113 页。

〔3〕 参见徐银波：《决议行为效力规则之构造》，载《法学研究》2015 年第 4 期。

〔4〕 决议行为属于法律行为，但具体属于哪种类型尚存争议，参见朱庆育：《民法总论》，北京大学出版社 2013 年版，第 133 页。

〔5〕 现变更为《民法典》第 134 条第 2 款，无实质内容变化。

不成立作为单独的确认事由，而是笼统地放置在合同效力确认纠纷之中，理论界其实也有学者认为，合同可以因未成立而无效。[1]因此，将决议行为的存在或形成，作为其发生效力的前提条件，并无太大的障碍。诚然，商法的特殊性决定了其在理论逻辑上不必尽采民法或民事诉讼法的分析框架。但既然具体的确认事由完全可以统摄到法律行为的效力这一内核之下，非要标新立异恐既与其他部门法无法衔接，也会给司法实践带来不必要的负担。

其次，确认之诉的设置目的决定了必须统一确认决议效力的全部问题。与给付之诉和形成之诉严格地依赖具体的实体权利不同，确认之诉的对象十分丰富，所有诉讼都可以被视为对相关权利的确认请求。因此，确认之诉得以启动的重要条件就是，能够预防纠纷的产生，因而它天然地具有预防纠纷的功能。日本有学者认为确认之诉是为了防止纠纷的激化而预先提起的诉讼。[2]而美国法上的宣告判决（declaratory judgment）制度更是明确其功能是预防将来可能发生的纠纷。[3]因此，确认之诉的判决必须全面地解决待确认权利或法律关系的所有效力问题，否则就无法发挥确认之诉预防纠纷的功能。例如，在确认合同无效的纠纷中，法院不应当仅仅审查当事人提出的可能导致合同无效事由，而应当根据当事人提供的证据，全面判断是否存在《合同法》第 26、44、52 条[4]等规定的可能导致合同不成立或无效的情形。这一方面是因为无效合同的事由属于法定的违法事项，无须当事人主张，法院可以代表国家主动干预；[5]另一方面也是因为确认判决一旦作出了合同有效的裁判，就已经宣告了合同是有效合同，当事人不能再以其他的事由主张合同无效，否则就可能对

〔1〕 参见隋彭生：《无效经济合同的理论与实务》，中国政法大学出版社 1992 年版，第 14 页。

〔2〕 参见［日］高桥宏志：《民事诉讼法：制度与理论的深层分析》，林剑锋译，法律出版社 2003 年版，第 60 页。

〔3〕 E.T Borchard, The Declaratory Judgments, 28 Yale Law Journal, p.110–112（1918）.

〔4〕 《合同法》第 26、44 条现变更为《民法典》合同编第 484、502 条；《合同法》第 52 条规定了合同无效的法定情形，《民法典》合同编未保留该条，但在总则编第 144 条（无民事行为能力人）、第 146 条（虚假意思表示）、第 153 条（违反法律、行政法规的强制性规定，违背公序良俗）、第 154 条（恶意串通）规定了民事法律行为无效的情形。

〔5〕 参见王家福：《民法债权》，法律出版社 1991 年版，第 331 页。

同一合同存在两个截然相反的判决。同理，对于公司决议效力的确认，也应当一次性地审查全部可能导致决议无效（包括不成立）的事项，而不能仅仅局限于原告的主张事由，分别对其成立和效力问题予以审查。

综上所述，《草案》第 9 条的两种方案都不尽如人意：统一裁判说忽视了确认之诉与撤销之诉的差别，也与《公司法》第 22 条文义相悖；而分别裁判说则会增加重复诉讼的风险。公司决议诉讼的类型应当延续法定二分法，即区分为撤销公司决议的形成之诉和确认决议效力的确认之诉。二者之间的裁判效力互不影响，前诉判决不影响后诉判决的效力。但是在确认之诉内部，《公司法解释四》新增的确认类型，都应当视为对《公司法》第 22 条确认公司决议无效的情形的扩大列举，而非新增加的确认之诉类型。

四、对何人生效：裁判效力的主观范围

裁判效力的主观范围，是指裁判作出后对哪些主体发生既判力。大陆法系民事诉讼法学理论一般认为，既判力只对参加诉讼的当事人发生，这就是既判力的相对性原则。既判力相对性原则的理论前提是：只有参加了法院审理和言词辩论的人，才有义务接受法院裁判，〔1〕否则不仅会损害未参加诉讼人的程序利益，也无法确保裁判的实质公平。〔2〕

《公司法解释四》第 1~3 条明确了公司决议诉讼的适格当事人，但尚未解决诉讼法上另一个与当事人有关的问题：公司决议诉讼裁判作出后，效力是仅仅及于参加了诉讼的适格当事人，还是及于司法解释规定的所有适格当事人？根据前述既判力相对性原则，只有参加诉讼的当事人方受裁判效力的约束，因而并不影响其他没有参加本次诉讼但却享有诉权的当事人再次对同一决议，以相同的理由再次提起诉讼。但根据《民诉法解释》第 247 条第 1 款第 3 项，如果后诉请求实质上否定前述裁判结果则构成重复起诉，因此，如果前诉法院驳回了部分股东确认决议无效的请求，未参加前诉的部分股东再次提

〔1〕 也包括法院通过合法方式送达传票，通知其参加辩论，但没有正当理由拒不参加的当事人，法院可以对其作出缺席判决，判决对其发生效力。

〔2〕 参见张卫平：《民事诉讼法》（第 5 版），法律出版社 2019 年版，第 450 页。

起确认决议无效的诉讼请求，很可能被法院以“一事不再理”为由驳回起诉。

从比较法研究来看，不同国家和地区在处理此类问题时的做法不尽一致。大陆法系国家（地区）普遍采取的是既判力扩张原则，判决效力及于未参加诉讼的股东和其他利益相关者。例如，《德国股份公司法》第 248 条第 1 款规定，只要决议被具有法律效力的判决宣布为无效，判决即对所有赞成或反对的股东以及董事会和监事会成员生效，即使他们不是诉讼当事人。〔1〕《日本公司法》第 838 条规定，认可与有关公司组织之诉相关请求的确定判决，同样对第三人有效。〔2〕《韩国商法》第 190 条规定，设立无效的判决或者设立撤销的判决，对第三者亦发生效力。〔3〕但须注意，上述规定均只支持否认决议效力判决的既判力扩张，也即只有当法院支持原告请求，作出否认公司决议效力时，判决既判力方才对其他主体扩张，反之则允许其他股东或利益相关方再次起诉。我国台湾地区“最高法院”也曾专门发出裁判指导意见，认为在宣告股东会决议无效的诉讼中，法院就该诉讼所为原告败诉之本案判决确定时，仅有确认原告形成权不存在之既判力，此项既判力不及于未为原告之股东，其他股东仍然可以再行起诉。

而普通法系国家则根据诉讼的类型区别对待。在美国法上，根据《联邦民事诉讼规则》第 23 条提起的集团诉讼可以发生判决的扩张效力，而其他判决的效力都局限在参加诉讼的当事人之间。〔4〕公司决议诉讼既可能是集团诉讼也可能是个别诉讼：如果对决议效力不满的股东人数较多，就可能构成集团诉讼，而根据集团诉讼规则，该判决对所有可能构成集团参加者的利害相关人都直接发生效力，类似于发生大陆法上的既判力扩张。相反，如果只有部分股东或利益主体就公司决议效力自行提起诉讼，不满足第 23 条（a）款规定的集团诉讼必须人数众多（numerous）的条件，则只构成个别诉讼，其他股东可以

---

〔1〕 参见卞耀武主编：《德国股份公司法》，贾红海、郑冲译，法律出版社 1999 年版，第 147 页。

〔2〕 参见《日本公司法典》，崔延花译，中国政法大学出版社 2006 年版，第 420 页。

〔3〕 参见周玉华主编：《韩国商事法律汇编》，人民法院出版社 2008 年版，第 308 页。

〔4〕 即便是集团诉讼，对于有实质影响的未参加集团的当事人也不发生既判力，see Hansberry v.Lee, 311 U.S.32（1940）。

申请参加，但却并非强制合并，法院也无须通知其他股东参加诉讼。[1]这一方面是因为公司诉讼在整体上并不属于强制合并的类型，[2]另一方面也是因为美国法院在审理公司决议效力的诉讼中，大多是采取衡平审理原则，[3]并不局限于当事人主张的诉因，而是考虑审理时涉案的所有事实，[4]确保定分止争。当然，在实用主义主导的美国，其他当事人再次提起诉讼的可能性其实微乎其微。

由于我国民事诉讼法上并无美国法上的集团诉讼制度，加上公司法的实体内容上基本继受了大陆法规则，因而目前学术界的主流观点认为，应当通过修订《公司法》，仿效大陆法系国家（地区）的立法例，明确决议否认之诉的片面扩张效力：法院宣告决议无效或撤销决议的判决的既判力不应仅限于诉讼双方当事人，而应扩张至公司所有股东以及公司的董事和监事，对于上述人员来说，法院否定决议效力的判决同样应具有拘束力，其不得再就决议效力提起诉讼。[5]只有少部分学者认为，应当确认此类诉讼判决的对世效力，以避免法律关系的混乱冲突。[6]

笔者认为，从我国民事诉讼的理论基础和司法实务看，应当将公司决议诉讼的判决效力解释为具有全面扩张效果：没有参加诉讼的当事人，也完全受判决效力的拘束，无论法院作出的判决是否认决议效力还是肯定决议效力，都不

---

〔1〕 8 Del.C., § 225(b).

〔2〕 例如，2016 年修订的模范公司法典中规定，针对公司行为效力提起的诉讼，其他股东和利害关系方都无须参加，只有在公司提起的诉讼中，利益相关方才可以通知关联方参加诉讼，构成联邦民事诉讼规则第 19 条(a)项意义下的诉的合并，See M.B.C.A.2016, § 1.52(c); F.C.P., 2007 § 19(a)。

〔3〕 例如，公司法圣地特拉华州就是由特拉华衡平法院（Court of Chancery）审理所有公司诉讼，参见罗培新：《特拉华州公司法的神话与现实》，载《金融法苑》2003 年第 4 期。

〔4〕 M.B.C.A.2016, § 1.52(b).

〔5〕 参见丁勇：《公司决议瑕疵诉讼制度若干问题反思及立法完善》，载《证券法苑》2014 年第 11 卷，第 262~285 页。

〔6〕 有趣的是，此类主张大多也是以大陆法国家立法例为学习对象，从论证上看，很可能是误以为前述立法例条款产生的是全面的扩张效力。参见李建伟：《公司诉讼专题研究》，中国政法大学出版社 2008 年版，第 159~160 页。

得以相同的理由另行提起新的关于决议效力否认之诉。

首先，此种解释路径符合民事诉讼法学的基本原理。公司决议诉讼在大陆法系国家（地区）民事诉讼法学理论上是典型的类似必要共同诉讼。类似必要共同诉讼，是指数人对作为诉讼标的的法律关系，虽然不要求必须一同起诉或应诉，但一旦选择共同诉讼，则必须对诉讼标的合一确定。公司决议诉讼是大陆法系最典型的类似必要共同诉讼。〔1〕既然合一确定是类似必要共同诉讼的本质，因而从理论上看，绝不可能出现针对同一事由的矛盾裁判。因而，虽然部分国家的公司法典中规定了判决只具有片面的扩张效力，但如果坚持民事诉讼的基本原理就可以看出，此种片面扩张其实完全否定了合一确定，从而摧毁了类似必要共同诉讼的理论基础，导致逻辑自洽性被完全阻断。在德国就有法官认为，这种片面扩张毫无意义，因为是否构成类似必要共同诉讼“必须在诉讼开始时予以明确，而不能事后按照诉讼结果来判断”〔2〕。

其次，此种解释路径符合我国司法实务的实际情况。片面扩张说的法律基础是公司法典的明文规定，在我国《公司法》和《公司法解释四》都并未承袭大陆法系相关条文的前提下，以外国法典作为中国制度的依据，只具有立法论上的正当性。可以预见，在相当长的时间内，我国法院都不可能在没有实定法规则的情况下，采纳这种理论见解。中国法院也从未在已经作出先诉裁判后，又允许其他当事人以相同的理由再次提出决议效力否认之诉。事实上，既判力规则的相对性原则在我国尚未真正得到完整的建立，因而我国司法界接受公司决议效力之诉裁判的既判力对世效并无障碍，此种解释路径也更符合我国的现实国情。

最后，此种解释路径很难真正损害第三人的权益。片面扩张说最重要的理由是认为如果判决结果是肯定决议效力，又不允许第三人另行起诉，会剥夺其诉权与实体权利。但在我国，这或许是一个伪问题：一方面，我们有十分发

〔1〕 参见张卫平：《民事诉讼法》（第5版），法律出版社2019年版，第151页；［日］新堂幸司：《新民事诉讼法》，林剑锋译，法律出版社2008年版，第546~547页。

〔2〕 参见［德］狄特·克罗林庚：《德国民事诉讼法律与实务》，刘汉富译，法律出版社2000年版，第278页。

达的再审机制，尤其是现行《民事诉讼法》和《民诉法解释》增设了案外人申请再审和第三人撤销之诉等救济制度后，其他股东如果真的有前诉忽略的事实和证据，完全可以启动法定的救济程序，推翻原判；[1]另一方面，公司决议本身并不会直接损害第三人的权益，在前诉已经提起并败诉后，相关决议中规定的具体行为恐早已发生，第三人如果权益受损，也应当归咎于导致其权益受损的具体行为，并可通过诉讼撤销或宣告该行为的违法性，而绝无苦苦执念于公司决议的必要。

综上所述，明确公司决议诉讼的裁判效力具有全面的对世效力，扩张及于未参加诉讼的利益相关方，既符合目前我国法律规则和司法实务操作，又基本不会损害各方主体权益，是最具性价比的一种解释路径。

五、从何时生效：裁判效力的时间范围

裁判效力的时间范围，是指生效判决的既判力在哪一时间范围内发挥效力。其意义在于从时间维度明确裁判的既判力范围，将裁判解决的事项限定在特定时间范围内。大陆法系国家（地区）一般将事实审言词辩论终结时作为判决既判力的标准时，标准时之前发生的所有事实都属于判决作用的范围，受到裁判效力的约束，即便在前诉中没有明确提及，当事人也不可以再行起诉。相反，对于标准时之后发生的事实，当事人可以提起新的诉讼。[2]我国法学理论界与实务界过去并不重视既判力的时间范围，既没有关于标准时的明确规则，也缺乏相关的理论研究。直到《民诉法解释》第248条作出规定后，方正式确认了我国的标准时是判决生效之时，明确了既判力的时间范围。

需要注意的是，《草案》第11条规定，人民法院判决股东会或者股东大会、董事会决议不存在、未形成有效决议、决议无效或者撤销决议的，该决议自始没有法律约束力。该规则并非关于裁判效力时间范围，而是关于判决是

〔1〕 大陆法系虽无我国发达的再审救济机制，但却惯于通过诉讼通知的方式让其他利害关系人作为辅助参加人参加前诉，确保其辩论权。参见［日］高桥宏志：《民事诉讼法：制度与理论的深层分析》，林剑锋译，法律出版社2003年版，第262页。

〔2〕 参见张卫平：《民事诉讼法》（第5版），法律出版社2019年版，第454~455页。

否具有溯及力的规则。如果根据主流学说，将决议视为一种法律行为的话，那么这一规则其实就是《民法总则》第 155 条[1]“无效的或者被撤销的民事法律行为自始没有法律约束力”的注意规定。

相比之下，裁判效力的时间范围，解决的是在判决标准时之后，新发生的事实是否能够引起新的诉讼。不难看出，由于公司决议诉讼所要确定的法律关系，都是既有的决议，必然发生在判决作出之前。因此即使新发生的事实与决议有再多的牵连关系，也不影响决议作出之时合法性的评价。简言之，关于公司决议诉讼的裁判一旦作出，就不可能以发生标准时以后的新事实为理由再行起诉。

六、结论

本文根据我国裁判效力理论的通说来观察公司决议诉讼，结合诉讼法原理，认为此类诉讼判决的既判力范围具有较大的遮断效力：第一，各种通过确认之诉来否认公司决议效力的事由，应当通过一次确认之诉一并审理。一经判决，就不能再以其他的事由再次提起确认之诉。但确认之诉与撤销之诉由于在法律性质和事由上尚存在较大的差别，不宜在一次诉讼中统一解决，因而不能互相遮断。第二，所有公司决议诉讼的裁判，无论结果如何，都具有对世效力，未参加诉讼的利益相关方亦受其约束，如果认为其确有错误，应当通过再审予以纠正，而不能另行起诉。第三，所有公司决议诉讼的裁判，一经作出后就已完成对公司决议行为的效力评价。诉讼之后发生的其他事实，都不能作为另行提起新诉的事实基础。

这种观察结果一方面有助于为我国司法实务中处理公司决议诉讼时可能遭遇的“一事不再理”问题提供理论支撑；另一方面也可以为我们理解越发复杂的公司决议诉讼提供一个新视角：本次《公司法解释四》的规则，从实体法的角度看是一个细化分解的过程，从事项上细化了可能导致决议不发生效力的多种情形，确认决议不成立的类型也的确从逻辑上更周延地解释了决议生

---

〔1〕 现变更为《民法典》第 155 条，内容无实质变化。

效的全部条件，从主体上也明确了各类诉讼适格原被告的类型。此种细化对于理顺公司法内部的体系帮助颇多。但在细化分解的同时，此类诉讼或许还需要合并综合，以便明确在公司决议诉讼中审理对象的最小单位和参加主体的合法范围，从而确保诉讼程序的安定和最终判决的统一。也正因如此，本文对此种合并综合的建构，并不仅仅基于程序本位，也是希望为维护商法所追求的商事交易安全稳定作出程序法上的尝试。

第六章

独立与合并：程序法视角下的离婚损害赔偿之诉

一、引言

离婚损害赔偿之诉，是指因夫妻一方的重大过错致使婚姻关系破裂的，无过错方可以在离婚后通过诉讼请求赔偿损失。这一制度最早明确确定于1907年《瑞士民法典》亲属法编，后来在法国、日本和我国台湾地区、澳门特别行政区等大陆法系法域也逐渐得到立法和司法的认同。[1]2001年我国《婚姻法》修订时，为了呼应实践需求，保护无过错方的合法权益，也于第46条确立了该制度，赋予离婚的无过错方向对方主张损害赔偿的实体权利和诉讼权利。《民法典》第1091条继续承袭了这一个制度，但新增第5项"有其他重大过错"，回应了理论界和司法实务部门对原《婚姻法》第46条对过错范围规定过窄的批评。最高人民法院曾经出台三部关于适用《婚姻

---

〔1〕 参见陈苇主编：《婚姻家庭继承法学》，中国政法大学出版社2011年版，第250页。但是在普通法国家，离婚配偶因对方行为所受损失的赔偿请求，一般都是基于侵权法而非离婚法，也即允许受害方在离婚诉讼中基于侵权法的诉因另行提出损害赔偿请求，因而在结构和功能上都与大陆法系国家（地区）设置在婚姻亲属法中的离婚损害赔偿制度大相径庭，参见李俊：《离婚救济制度研究》，法律出版社2008年版，第292页。

法》的司法解释[1](以下简称《婚姻法解释一》、《婚姻法解释二》和《婚姻法解释三》),全都有条文涉及离婚损害赔偿诉讼的适用,足见该制度的重要地位。2021年,最高人民法院为了配合《民法典》修订司法解释,废止了前述三个司法解释,取而代之的是最高人民法院《关于适用〈中华人民共和国民法典〉婚姻家庭编的解释(一)》(以下简称《婚姻编解释一》),其中第86~90条是关于离婚损害赔偿的规定,而第87~89条均涉及具体的诉讼法规则。

然而,离婚损害赔偿诉讼在实践中的运行状况却未必理想,实证资料显示现实中离婚损害赔偿诉讼面临着多重瓶颈,很难为无过错方提供有效救济,[2]甚至被某些观察者批评为"名存实亡的制度"[3]。出现这种情况的原因自然是多方面的,实体法研究者——尤其是婚姻家庭法领域的研究者——多从现行制度本身的构成要件出发,强调离婚损害赔偿制度中对过错的范围规定过窄,赔偿主体范围有限,精神损害标准不清等实体法缺陷。然而,除去上述已经被多次重复的实体法因素外,离婚损害赔偿之诉在程序法理上的模糊和证据规则上的缺位,也是导致司法实务运行不畅的重要原因。事实上,实体法上的缺陷,是造成当事人无法充分行使离婚损害赔偿请求权的要因,而诉讼程序上的制度供给不足,却可能使法院在面临此类案件时,无法有效保障离婚损害赔偿请求权,二者共同作用,才导致我国离婚损害赔偿制度流于形式。然而,与实体法研究相比,诉讼法上的相关研究却十分薄弱。[4]因此,本书无意再从功能、意义或适用要件等角度去考证离婚损害赔偿制度在婚姻法乃至整个民法体系中的实体性地位,而将从民事诉讼法的维度对离婚损害赔偿诉讼的适用问题进行剖析,连接民事实体法与民事程序法的运行过程,使婚姻法的实体理念可

---

〔1〕 分别是2001年《关于适用〈中华人民共和国婚姻法〉若干问题的解释(一)》,2003年《关于适用〈中华人民共和国婚姻法〉若干问题的解释(二)》和2011年《关于适用〈中华人民共和国婚姻法〉若干问题的解释(三)》。

〔2〕 参见夏吟兰:《离婚救济制度之实证研究》,载《政法论坛》2003年第6期。

〔3〕 参见马东红:《走不通的离婚损害赔偿之路——婚姻法第四十六条第(二)项之我见》,载《南方论坛》2007年第2期。

〔4〕 即便是专门研究离婚损害赔偿制度的专著,也鲜有从程序法角度考察此间的缺陷,参见于东辉:《离婚损害赔偿制度研究》,人民法院出版社2006年版。

以在现实的民事诉讼中得以正确地实现。限于篇幅，本书将只从诉讼法理的角度切入，而不涉及证据规则的讨论。

二、我国离婚损害赔偿之诉的制度框架及实践问题

（一）我国离婚损害赔偿之诉的制度框架

我国离婚损害赔偿之诉的法律渊源来自于《民法典》第 1091 条和最高人民法院司法解释中的相关规则。这些法律条文构建起了我国离婚损害赔偿之诉的制度框架。

1. 离婚损害赔偿请求权的构成要件

与大陆法系其他国家（地区）一样，离婚损害赔偿请求权不同于一般的侵权损害赔偿请求权，而是由婚姻法专门作出规定：首先，一方对离婚具有主观过错，根据《婚姻法解释三》第 17 条的规定，双方对离婚均有过错的，法院不再支持任何一方的离婚损害赔偿请求，因此，请求权人必须没有过错。该规则也被《婚姻编解释一》第 90 条再次确认。其次，过错方具有法定的违法行为，在我国，具体包括：（1）重婚；（2）与他人同居；（3）实施家庭暴力和虐待；（4）遗弃家庭成员；（5）其他重大过错再次，请求权人有损害事实存在，根据《婚姻法解释一》第 28 条和《婚姻编解释一》第 86 条，损害包括财产损害和非财产损害，因而可以主张精神损害赔偿。最后，过错行为与损害事实具有因果关系，并最终导致了夫妻双方的离婚。离婚是该请求权的必要条件，没有离婚的事实，就不存在离婚损害赔偿责任。[1]

2. 离婚损害赔偿之诉的适格当事人

如前所述，由于离婚是该损害赔偿请求权的基本要件，因此适格的原告必须是无过错的一方配偶，而适格的被告则是有过错的一方配偶。尽管实践中

---

〔1〕关于离婚损害赔偿的要件，理论界有不同的说法，本文使用的“四要件说”属于通说，参见最高人民法院审判监督庭编著：《最高人民法院婚姻法司法解释（三）理解与适用》，人民法院出版社 2011 年版，第 247~250 页；此外还有“三要件说”，参见余延满：《亲属法原论》，法律出版社 2007 年版，第 368 页；“五要件说”，参见杨遂全等：《婚姻家庭法典型判例研究》，人民法院出版社 2003 年版，第 309 页。

也曾经出现过能否将受到损害的未成年子女及其他家庭成员作为请求权人，将造成离婚的第三者作为义务人，从而赋予其相应的诉讼主体资格的争论，但根据《婚姻法解释一》第 29 条和《婚姻编解释一》第 87 条第 1 款，我国离婚损害赔偿之诉的适格当事人只限于配偶双方，再无扩大解释的空间。

3. 离婚损害赔偿之诉的启动方式

原司法解释离婚损害赔偿之诉的启动作出了十分复杂的规定，相关规则分散在三个司法解释之中。而《婚姻编解释一》对启动方式进行了整合，但依然需要分情形处理：

首先，需要区分协议离婚和诉讼离婚，根据《婚姻编解释一》第 89 条，协议离婚后，无过错方可以另行提起离婚损害赔偿之诉。与《婚姻法解释二》第 27 条明确将提起离婚损害赔偿之诉的期间限定为“在办理离婚登记手续一年内”不同，现行离婚损害赔偿之诉的提起已经没有了期间的限制。

其次，对于诉讼离婚的情形，需要区分离婚之诉的原告是过错方还是无过错方，根据《婚姻编解释一》第 88 条第 1 项（《婚姻法解释一》第 30 条第 1 项也具有相同内容），无过错方是离婚之诉原告的，必须同时提起离婚损害赔偿请求，不能在离婚之诉以后再单独提起离婚损害赔偿之诉。

再次，对于过错方是离婚之诉原告的情形，需要根据无过错方提出离婚损害赔偿的时间来确定诉讼程序，根据《婚姻编解释一》第 88 条第 2 项（《婚姻法解释一》第 30 条第 2 项也具有相同内容），无过错方在离婚之诉一审时提出赔偿请求的，法院可以合并审理。而如果无过错方一审未提出损害赔偿请求，在二审时方才主张离婚损害赔偿的，根据《婚姻编解释一》第 88 条第 3 项之规定，人民法院应当进行调解，调解不成的，告知其另行起诉，但双方同意放弃审级利益，由二审法院一并审理的，二审法院可以一并裁判。这一规则其实移植自《民诉法解释》第 329 条的规则。2015 年《民诉法解释》允许当事人在二审提出新请求后，协商同意由二审法院一并裁判。因此，与《婚姻法解释一》第 30 条第 3 项规定二审中提出离婚损害赔偿之诉调解不成时只能另诉不同，目前的规则有条件的允许二审法院对这一新请求进行审理。

最后，虽然并无明确规定，但根据《婚姻编解释一》第 88 条可以推知，无过错方未在离婚之诉中提出赔偿请求的，可以在离婚后单独提起离婚损害赔偿之诉。与前述协议离婚相同，《婚姻编解释一》也取消了离婚损害赔偿必须在离婚后1年内起诉的期间限制。

（二）离婚损害赔偿之诉的司法实践问题

尽管婚姻法学界对上述制度框架中的构成要件和适格当事人两项内容多有批评，认为其范围过窄，限制了离婚损害赔偿之诉的适用，但由于此两项制度具有逻辑上的统一性和操作上的规范性，故而并未在具体的诉讼中对法院如何适用法律带来困扰。相反，在民法典和配套司法解释实施前，由于启动方式的规定过于烦琐，既没有形成理论上的内在自洽，也无法囊括实践中的全部情形，使法院在面对当事人的请求时，常常无所适从。

【案例6-1】 原告那某与被告陈某于2001年3月登记结婚，2005年5月生一子，取名那小小（化名）。婚后二人感情不和，那某怀疑陈某有外遇但并无证据，2005年7月双方经法院调解离婚，那小小由陈某抚养。后那某对那小小和那某的血缘关系产生怀疑。2007年3月，那某从幼儿园接走那小小，进行了亲缘关系鉴定，鉴定结论认为不支持那某是那小小的生物学父亲。那某遂起诉至法院，认为陈某的行为，严重侵害自己的合法权益，故要求陈某返还自己抚养费3万元、精神损害赔偿金10万元、经济损失65万元。此时距离双方离婚已经近两年，法院如果受理，似乎会违反司法解释“必须在离婚后1年内提起离婚损害赔偿”的规则；如不受理，又不利于保护无过错方的利益。〔1〕

【案例6-2】 2004年6月，甲向法院起诉与妻子乙离婚。诉讼过程中，乙对离婚无异议，但主张甲在夫妻关系存续期间有外遇，请求损害赔偿。法院依据乙的申请查封了甲在北京的两处房产。2004年8月，甲向法院申请撤诉。如果法院不同意甲的撤诉申请，将违背司法被动性和处分原则；但如果同意甲的撤诉，则因为案件终结必须解除保全措施，从而可能影响乙的离婚损害赔偿

---

〔1〕 案例改编自陈某与那某抚养费纠纷上诉案，北大法宝引证码CLI.C.240603，法院最终没有严格遵照当时的司法解释，受理并支持了那某的离婚损害赔偿请求。

请求权的实现。[1]

【案例6-3】潘某与陈某结婚后，由于长期分居，潘某与其他异性保持了同居关系，后陈某起诉离婚，但在起诉时未提出损害赔偿请求。一审庭审时，陈某当庭向法院出示证据证明潘某有与第三者非法同居的事实，并以此为依据请求潘某支付50,000元损害赔偿，法院根据2001年《证据规定》第37条的规则，认定“当事人增加、变更诉讼请求或者提起反诉的，应当在举证期限届满前提出”，遂未将离婚损害赔偿请求纳入审理范围，仅仅作出了离婚判决。陈某以一审法院遗漏离婚损害赔偿请求为由提起上诉。二审法院如果不支持陈某的主张，依据司法解释坚持离婚损害赔偿请求必须同离婚之诉同时提出，那么陈某将丧失救济机会；如果支持陈某的主张，则只能将案件发回重审[2]，对于依法办案的一审法院似不公平。[3]

如何界定离婚损害赔偿之诉与离婚之诉的关系，是解决上述案例中法院两难境地的关键。案例一中对离婚后1年内起诉的时效理解，这一规定虽然已经被现行司法解释取消，但依然折射出离婚诉讼与离婚损害赔偿之诉之间的关联；案例二中对离婚损害赔偿之诉能否独立于离婚之诉存在的判断；案例三中对不同程序中提起离婚损害赔偿之诉可行性的确认，都涉及离婚损害赔偿之诉与离婚之诉的关系定位。事实上，正是因为现行的司法解释没有能够对这一问题给出统一、圆满的规范性答案，才导致法院在面对具体案件时，无

---

〔1〕 案例改编自王某令离婚诉讼案，参见曾献文:《不准原告撤诉：强迫离婚？合法保护？》，载《检察日报》2004年10月19日，第4版。法院最终没有准许甲的撤诉，因而引起了很大争议，大多数学者认为这一行为突破了公权干预私人生活的底线。

〔2〕 依据最高人民法院《关于适用〈中华人民共和国民事诉讼法〉若干问题的意见》第182条，对当事人在一审中已经提出的诉讼请求，原审人民法院未作审理、判决的，第二审人民法院可以根据当事人自愿的原则进行调解，调解不成的，发回重审。

〔3〕 参见陈某与潘某离婚纠纷上诉案，北大法宝引证码CLI.C.64361。二审法院最终以离婚损害赔偿之诉具有独立性为由，未将离婚损害赔偿纳入审理范围，但却在判决书中明确载明陈某平“可就离婚损害赔偿的主张另行起诉”，这一裁判显然不符合《婚姻法解释一》第30条规定的无过错方“向人民法院提起损害赔偿请求的，必须在离婚诉讼的同时提出”。

法确定离婚损害赔偿之诉的诉讼要件〔1〕究竟为何，无法运用既有的诉讼法规则——例如，驳回起诉、反诉、发回重审等——来处理当事人的主张。

三、独立之诉：离婚损害赔偿之诉与离婚之诉的关系

（一）现行制度框架下的关系及其成因

但凡讨论事物之间的逻辑关系，无外乎包含、交叉、并列三种关系，并且一般而言，两种事物之间，应当仅仅存在一种关系。但从前述制度框架的内容看，我国离婚之诉与离婚损害赔偿之诉之间，可以根据不同的起诉条件，分别存在三种关系：

第一，包含关系。无过错方作为原告提起离婚之诉时，应当同时提起损害赔偿要求，此时离婚之诉包含了离婚损害赔偿之诉，离婚损害赔偿同财产分割、子女抚养等问题一样，同为离婚之诉需要一并解决的内容。最高人民法院在解释如何适用《民事案件案由规定》时明确指出，在“离婚纠纷”这一案由下，可以包括析产、损害赔偿等各项相关的诉讼请求，在起诉离婚的同时主张损害赔偿的，可以适用“离婚纠纷”案由。〔2〕

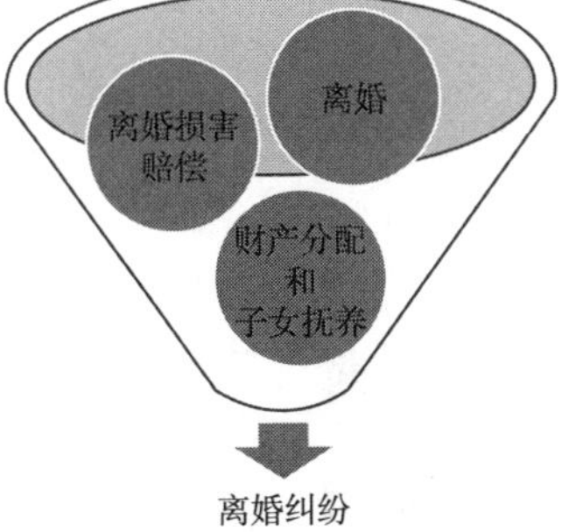

图 1　离婚之诉与离婚损害赔偿之诉的包含关系

---

〔1〕 诉讼要件，是指作出本案判决所需要的条件，如果欠缺诉讼要件，法院将停止审理，驳回该诉。参见［日］高桥宏志：《重点讲义民事诉讼法》，张卫平、许可译，法律出版社 2007 年版，第 1~3 页。与日本等大陆法系国家在诉讼中审查诉讼要件不同，我国采取的是“立案—审判”的二阶段模式，因此诉讼要件基本等同于现行《民事诉讼法》第 119 条和第 124 条规定的起诉受理条件，如果没有满足，将导致不予受理或驳回起诉的后果。

〔2〕 参见最高人民法院民事案件案由规定课题组编著：《最高人民法院民事案件案由规定理解与适用》(2011 年修订版)，人民法院出版社 2011 年版，第 37 页。

第二，交叉关系。过错方作为原告提起离婚之诉时，如果作为被告的无过错方在一审中就提起离婚损害赔偿请求，此时离婚之诉与离婚损害赔偿之诉存在交叉，法院应当合并审理。其之所以不同于包含关系，是因为两个诉的提出主体明显不同。但是，这一诉请又是在离婚之诉中提出的，因而案由依然是“离婚纠纷”。

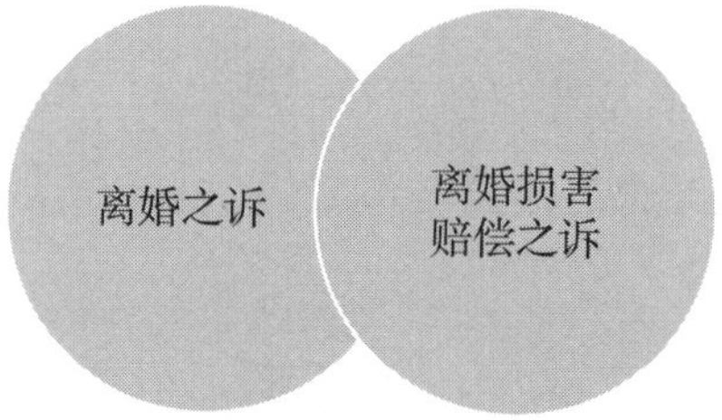

图2 离婚之诉与离婚损害赔偿之诉的交叉关系

第三，并列关系。无过错方在婚姻关系解除后再单独提出离婚损害赔偿请求，如果符合法定条件，法院应当审理。此时离婚损害赔偿之诉与离婚之诉完全独立，法院不能适用“离婚纠纷”这一案由来解决独立的离婚损害赔偿之诉，因而最高人民法院又在“离婚纠纷”案由之外将“离婚后损害赔偿纠纷”确定为独立的三级案由。[1]

图3 离婚之诉与离婚损害赔偿之诉的并列关系

为什么司法政策的制定者会摒弃一般原理，选择三种逻辑关系并存的复杂局面？一种可能的理论解释是，在我国民事诉讼法学的主流教科书中，多将诉讼标的界定为当事人之间发生争议并要求法院以裁判方式予以解决的民事

---

〔1〕 参见最高人民法院民事案件案由规定课题组编著:《最高人民法院民事案件案由规定理解与适用》(2011年修订版)，人民法院出版社2011年版，第39页。

实体法律关系。[1]因此在离婚案件中，无论当事人提出何种诉讼请求，都是与双方当事人的婚姻关系有关，因而很容易被视为同一诉讼标的，加之离婚案件的当事人都是配偶双方，诉讼客体与诉讼主体的同一性决定了离婚案件应当作为一个整体，包含了各种诉讼请求。

然而，由于解除婚姻关系、离婚损害赔偿乃至财产分割和子女抚养等诉讼请求之间又存在显著区别，因而立法者和司法政策制定者只能一方面模糊离婚之诉与相关请求的内在关系，一方面通过特别的程序设定来解决其中的顺序问题和冲突事项，因此产生了强烈的张力。例如，在离婚损害赔偿制度确定之前，就存在如何处理离婚中的析产和子女抚养纠纷与离婚之诉关系的问题。现行《民事诉讼法》第 202 条不允许对解除婚姻关系的判决申请再审，但《民诉法解释》第 382 条又专门强调对离婚案件中的财产问题可以通过再审或另诉解决；《民诉法解释》第 329 条也将离婚和离婚后的财产分割、子女抚养问题进行了分析。

这种张力也是离婚损害赔偿之诉的制度设计如此复杂的根源。一方面，有人从保护无过错方权利的角度出发，认为离婚损害赔偿之诉可以独立于离婚之诉存在，因为“如果规定必须在离婚诉讼的同时提出，可能有些人对婚姻法依法赋予其的权利并不知道，待离婚后才知道的，真正的无过错方的权利得不到保护”。另一方面，也有人从审判效率角度出发，坚持二者具有合一性，认为“如果规定可以在离婚后单独提出，会造成举证、认证上的诸多不便，而且在离婚后，即使可以提出，由于财产在离婚时都已分割完毕，事后难以再完全掌握，也很容易使判决落空”。[2]最终，最高人民法院采取了妥协的做法，按无过错方在诉讼中的地位不同作出相关规定，方才出现了上述三种逻辑关系并存的局面。

---

[1] 参见柴发邦主编：《民事诉讼法学新编》，法律出版社 1992 年版，第 60 页；江伟主编：《民事诉讼法学原理》，中国人民大学出版社 1999 年版，第 252 页。但这些教科书——尤其是 21 世纪以后的修订版——在介绍这种通说的同时，大多也对其进行了较为深刻的批判。

[2] 参见《最高人民法院民一庭负责人就婚姻法司法解释答记者问》，载最高人民法院民事审判第一庭编：《婚姻法司法解释及相关法律规范》，人民法院出版社 2002 年版，第 19~20 页。

在制定《婚姻法解释一》时，最高人民法院直言“离婚诉讼是一个复合之诉”[1]。有如此不甚清晰的逻辑起点，将三种关系并存地规定在现行制度框架内，也就不足为奇了。

（二）诉讼法理视角下的关系

对现行制度框架的移情式理解，并不代表其能够获得学理上的支持。如果从诉讼法理的角度出发进行诉的识别，那么离婚之诉和离婚损害赔偿之诉是两个不同的诉，二者之间具有相当的独立性。

民事诉讼法通说认为，任何一个诉都是由诉讼主体、诉讼理由和诉讼标的三要素构成。区分两个诉最好的办法就是通过上述要素进行比较和识别，如果同一则可以视为同一个诉，如果有不同则构成不同的诉。

1. 诉讼主体

诉讼主体也即诉讼的当事人。在我国，离婚之诉的主体与离婚损害赔偿之诉的主体是完全一致的。司法解释也明确规定承担离婚损害赔偿责任的主体，为离婚之诉当事人中无过错方的配偶。因而，只有夫妻双方能够成为两个诉的正当当事人，因而发生诉讼主体的重合。

但是，重合并不一定意味着同一。在过错方提起离婚之诉，无过错方提起离婚损害赔偿请求的情形下，离婚之诉的原告恰恰是离婚损害赔偿之诉的被告，反之亦然。因而虽然当事人并无新的增减，但双方的诉讼地位却发生了颠倒，如果将这两个诉讼请求视为同一个离婚之诉的组成部分，那么，就会造成被告对原告提起诉讼请求，但又并非反诉的情形，显然违背诉讼法理。

另外，暂时超越我国的现行制度框架，从比较法的层面看，离婚之诉的当事人只限于配偶双方，而离婚损害赔偿之诉的当事人完全可能出现扩张，并不局限于夫妻双方。例如，当夫妻一方违背忠实义务，与第三人同居，导致离婚的，第三人可能成为离婚损害赔偿之诉的被告，而原夫妻的子女则可能成为离婚损害赔偿之诉的原告。日本判例就把未成年子女承认为请求权的权利主

---

[1] 最高人民法院民事审判第一庭：《〈关于适用《中华人民共和国婚姻法》若干问题的解释（一）〉的起草说明》，载最高人民法院民事审判第一庭编：《婚姻法司法解释及相关法律规范》，人民法院出版社 2002 年版，第 33 页。

体。而日本、美国及我国台湾地区的判例则承认，破坏他人婚姻关系的有过错的第三人应承担赔偿损失的责任。[1]在我国《婚姻法》制定过程中，也有很多人主张应当规定第三者对离婚受害者的赔偿责任。[2]而在最高人民法院颁行《婚姻法解释一》之前发表的绝大多数学术文章都认为应当将第三者纳入损害赔偿诉讼的义务主体范畴之中。从法律关系来看，离婚损害赔偿之诉的受害人所遭受的损害（尤其是精神损害），未必全部来自于其配偶，而很有可能来自——甚至主要来自——第三者，因此，将第三者作为离婚损害赔偿之诉的共同被告，或许更为适格。[3]

2. 诉讼理由

诉讼理由是支持原告提出的诉的事实上和法律上的根据[4]，它的主要目的是使法院能够支持当事人自己的诉讼请求。由于离婚之诉与离婚损害赔偿之诉的诉讼请求有明显的差别，前者是为了解除婚姻关系，而后者则是为了落实损害赔偿请求权。因此，在诉讼理由上，前者主要依靠《民法典》第 1079 条列举的婚姻关系确已破裂的事实或其他感情破裂的事实，而后者则是要提供被告人有《民法典》第 1091 条所规定的行为的事实，二者之间虽有一定重合，但并不完全一致；在法律理由方面，前者集中于婚姻法的规定，而后者在适用婚姻法的基础之上，也会参照适用侵权法等法律的有关规定，譬如《婚姻法解释一》第 28 条[5]就明确规定，离婚损害赔偿中涉及精神损害赔偿的，适用最

---

〔1〕 参见陈苇：《建立我国离婚损害赔偿制度研究》，载《现代法学》1998 年第 6 期。但也必须看到，大陆法系通行的立法例大多是将离婚损害赔偿的权利人和义务人限定在配偶双方，参见李俊：《离婚救济制度研究》，法律出版社 2008 年版，第 297~299 页。

〔2〕 参见王胜明、孙礼海主编，全国人大常委会法制工作委员会民法室编：《〈中华人民共和国婚姻法〉修改立法资料选》，法律出版社 2001 年版，第 28 页。

〔3〕 必须承认，这一结论是建立在离婚损害赔偿之诉的性质是侵权之诉的前提下。尽管侵权之诉在我国具有通说性质，参见于东辉：《离婚损害赔偿制度研究》，人民法院出版社 2006 年版，第 27 页。但仍有学者主张这一诉讼的本质是违约之诉，或者其他特殊性质，果真如此的话，则第三者将很难成为离婚损害赔偿之诉的适格被告。参见余延满：《亲属法原论》，法律出版社 2007 年版，第 364~365 页；王洪：《婚姻家庭法》，法律出版社 2003 年版，第 197 页。

〔4〕 参见潘剑锋：《民事诉讼原理》，北京大学出版社 2001 年版，第 43 页。

〔5〕 现变更为最高人民法院《关于适用〈中华人民共和国民法典〉婚姻家庭编的解释（一）》第 86 条。

高人民法院《关于确定民事侵权精神损害赔偿责任若干问题的解释》的有关规定，从而超越了婚姻家庭法的范畴。

3. 诉讼标的

有关诉讼标的的概念和内容的争论，在德国已经争论了上百年，在日本也已经争论了六十年，仍然没有得出统一的答案，实体法说、诉讼法说、一分肢说、二分肢说……莫衷一是，以至于有中国学者认为诉讼标的理论近乎于屠龙术。[1]但是，学界对于该理论的功能却基本上有了一致的意见，主要包括：(1)确定法院审判和双方当事人进行攻击防御的范围；(2)为判决的既判力提供基础；(3)判别诉的合并、分离、追加和变更的依据。因此，在识别离婚损害赔偿之诉与离婚之诉关系的问题上，诉讼标的堪称最为重要的工具。

由于大陆法系诉讼标的理论概念充满争执，为了避免陷入维特根斯坦所谓“你不说我还明白，你越说我越糊涂了”的烦恼，我们不妨放弃从概念的内涵入手，而是从其外延和范围着手比较离婚之诉与离婚损害赔偿之诉的区别。众所周知，根据当事人诉讼标的和诉讼请求的不同，可以将诉划分为确认之诉、给付之诉和形成之诉三类。给付之诉是指原告向法院提出的判决被告履行一定义务的请求，而形成之诉则是原告向法院提出变更或消灭他与被告之间一定法律关系的请求。显然，离婚之诉属于形成之诉，而离婚损害赔偿之诉则属于给付之诉。明确了这一点，我们就可以根据类型化了的诉讼来识别其不同的诉讼标的。因为给付之诉的权利基础是当事人的请求权，而形成之诉的权利基础则是形成诉权。因而不同类型的诉包含的诉讼标的完全不同。[2]

由此出发，可以对两种诉的诉讼标的作更进一步的判定：离婚之诉属于形成之诉，按照实体法说，其诉讼标的即为《民法典》第 1079 条上的诉讼离婚权；而依照诉讼法说，诉讼标的是一方当事人请求法院解除婚姻关系的主张。离婚损害赔偿之诉则属于给付之诉，按照实体法说，其诉讼标的应为《民法典》第 1091 条的离婚损害赔偿请求权；而依照诉讼法说，诉讼标的是要求

---

〔1〕 参见吴英姿：《诉讼标的理论“内卷化”批判》，载《中国法学》2011 年第 2 期。

〔2〕 参见刘荣军：《程序保障的理论视角》，法律出版社 1999 年版，第 273 页。

应为特殊的离婚原因要求对方为赔偿给付的主张。总之，离婚损害赔偿之诉的权利基础是民事实体法所确定的损害赔偿请求权，因此其必然与以形成权和形成效果为基础的离婚之诉相区别，不具有一致性。从《婚姻法解释一》和《婚姻法解释二》均确定了离婚损害赔偿之诉可以单独提起看，其实质也是认为该诉的诉讼标的不同于离婚之诉，否则就会构成对“一事不再理”的违背。至于离婚损害赔偿之诉的诉讼标的究竟为何，则需要对离婚损害赔偿请求权的性质作细致的考察分析，本文限于篇幅，不再展开。

或许有人会质疑，离婚损害赔偿之诉毕竟是以离婚为前提，必须有离婚（诉讼）在先，才可能发生离婚损害赔偿之诉，不能将二者完全独立。但这一观点只看到了时间上的先后关系，而没有看到法律关系上的内在因果联系。这就好比在买卖合同解除后，受让方已经失去了占有标的物的合法依据，出让方完全可以根据不当得利请求权或物上请求权为由要求受让方返还，但却不能因为这种时间上先后关系而混同法定的权利，将不当得利请求权或物上请求权与合同的解除权捆绑在一起。〔1〕

综上可见，离婚损害赔偿之诉与离婚之诉在诉讼主体、诉讼理由和诉讼标的三个要素上都不能完全重合，因而成为互相独立的两诉。将离婚纠纷作为兜底的案由，把离婚之诉、离婚析产之诉、离婚后子女抚养权之诉和离婚损害赔偿之诉等各种独立的诉讼都包含在内，或许还具有分类上的合理性。但如果将离婚损害赔偿之诉混同于离婚之诉，就难以实现逻辑上的自洽。

---

〔1〕 本文对合同解除的效力采取直接效力说，但即便采纳结算关系说，合同解除权与解除后产生的恢复原状请求权虽然都由《民法典》第 566 条规范，但依然是两个独立的民事权利。当然，离婚损害赔偿的情况更为复杂，离婚必须是离婚损害请求权的行使要件之一。但在民法学界，对于离婚损害赔偿的原因也有争议，一是离因损害，二是离婚损害。前者是指夫妻一方的行为是构成离婚原因的行为，而因为该行为造成的损害即为离因损害；后者的损害原因并不是某一具体的侵权行为或者违约行为，而是离婚本身，也即是说，由离婚造成的损害即为离婚损害。如果将离婚损害赔偿的原因界定为离因损害，那么离婚就只是损害赔偿请求权行使的时间要件，参见林秀雄：《婚姻家庭法之研究》，中国政法大学出版社 2001 年版，第 115 页；马忆南：《离婚救济制度的评价与选择》，载《中外法学》2005 年第 2 期。

四、诉的合并：离婚损害赔偿之诉的解释学考察

确立离婚损害赔偿之诉的独立性，具有十分重要的意义：一方面，它有助于明确离婚损害赔偿之诉的诉讼要件，譬如，既然是独立之诉，提出离婚损害赔偿的当事人，就应当另行缴纳诉讼费用。另一方面，它也能够为我们理解相关司法解释提供准确的逻辑起点，从而帮助法官化解在实践运行中的难题。换言之，强调离婚损害赔偿之诉的独立性，并不是要另起炉灶，彻底否定现行司法解释搭建起来的制度框架，更不是主张离婚损害赔偿之诉不能与离婚之诉一并提出一并审理，恰恰相反，只有厘清二者之间的独立关系，正确定位离婚损害赔偿之诉的性质，才能够对现行制度框架存在的问题作出系统性的解答，并弥补可能存在的遗漏，从而确保纠纷得到及时高效的解决。

（一）诉讼要件与诉的合并

如前所述，我国现行《民事诉讼法》第 119 条和第 124 条规定的起诉受理条件，基本等同于大陆法系的诉讼要件。对于离婚损害赔偿之诉，当然也应当满足上述要求。然而，第 119 条规定的起诉条件和第 124 条规定的受理条件，都只是针对普通民事诉讼的概括性规则，对于离婚损害赔偿之诉这种具有特殊性的诉讼，就难免出现捉襟见肘之感，无法解释这类诉讼所需要满足的条件。此时，就需要民事诉讼理论的解释。

大陆法系理论一般认为，诉讼要件包括下列内容：第一，我国具有国际裁判管辖权；第二，法院具有管辖权；第三，构成诉讼系属的行为有效；第四，当事人实际存在且具备当事人能力；第五，提供了诉讼费用担保；第六，如果是合并之诉或者是诉讼内之诉，应具备相关要件；第七，具有诉的利益、当事人适格、不存在仲裁协议等。[1]不难看出，离婚损害赔偿之诉的特殊性在于，现行司法解释确立了合并提起和单独提起两种模式，因而其诉讼要件不尽相同。

1. 诉的合并

诉的合并，是将两个或两个以上相互之间有一定联系的诉合并在同一诉

---

〔1〕 参见［日］高桥宏志：《重点讲义民事诉讼法》，张卫平、许可译，法律出版社 2007 年版，第 4~5 页。

讼程序予以审理的审判行为。对于法院来说，它有利于提高纠纷解决的效率，节约司法资源；对于当事人来说，有利于降低诉讼成本，确保权利的及时实现。正是因为离婚损害赔偿之诉与离婚之诉是两个独立但具有牵连关系的诉，方才存在合并的可能。需要特别指出的是，即便是过错方作为原告，同时提出离婚请求与损害赔偿请求，也构成诉的合并，而非诉讼请求的合并。其原因也是此时存在两个独立的诉。相反，如果过错方提出两项离婚损害赔偿请求，一为家庭暴力造成的人身损失 10 万元，二为精神损害 5 万元，由于二者基于同一个诉提出，方构成诉讼请求的合并[1]。

由于诉的合并具有充分的优点，现行司法解释才专门强调要尽量促进两诉的合并，《婚姻编解释一》第 88 条第 1 句规定人民法院要在离婚之诉提起后，就离婚损害赔偿事宜予以释明，即是例证。然而，诉的合并必须满足一定的条件，而如果是在先诉提起之后再提起合并之诉，那么诉的合并条件也是诉讼要件的组成部分。一般认为诉的合并应当具备以下条件：第一，若干诉讼请求之间存在一定的牵连关系；第二，受诉法院对其中一个诉具有管辖权；第三，合并的若干诉须适用同种类的诉讼程序。在离婚损害赔偿之诉中，最为重要的即第三项，合并之诉与先诉必须属于同一种类的诉讼程序。这也是为什么《婚姻法解释一》规定无过错方作为离婚之诉的被告，在一审中未提出损害赔偿请求，在二审中再行提起的，法院调解失败后，不能合并审理——因为不符合合并的要件；亦不能发回重审后再合并审理——因为不符合合并审理节约成本提高效率的目的，而只能告知其另行起诉。尽管《婚姻编解释一》第 88 条承接《民诉法解释》第 328 条的规定，从一次性纠纷解决出发，突破了审级利益，但依然构成诉的合并的特殊情景[2]。由此可见，现行制度构架完全符合诉的合并的相关要件，法院和当事人只需要严格适用相关司法解释即可。

---

〔1〕 精神损害是否构成独立的请求权，在理论上也存在争议，本文暂且从加害行为的角度，将其与人身损害赔偿视为同一请求权覆盖的范围。

〔2〕 参见沈德咏主编，最高人民法院修改后民事诉讼法贯彻实施工作领导小组编著：《最高人民法院民事诉讼法司法解释理解与适用》(下)，人民法院出版社 2015 年版，第 869 页。

2. 单独起诉

根据现行制度框架，无过错方在诉讼离婚或协议离婚后，可以单独提起离婚损害赔偿之诉。由于单独起诉不涉及诉的合并，因此其诉讼要件只需要遵循《民事诉讼法》的基本要求即可。但值得分析的是司法解释中增加的两项制度：

第一，起诉时效。《婚姻法解释一》和《婚姻法解释二》曾经规定了必须在离婚后1年内单独起诉的时效规定，但对于这一时效的性质却存在不同的认识。有研究者认为是除此期间不适用诉讼时效中关于中止、中断的规定；[1]也有研究者认为属于诉讼时效，[2]更符合司法解释制定者本意的可能是起诉时效，也即特定的起诉期间，曾经的司法实践中，绝大多数法院也是将其作为一项可以由法院依职权查明的诉讼要件，一旦发现当事人系离婚后1年再主张离婚损害赔偿，均裁定不予受理。这或许是因为法院在结案率等考评压力之下，直接将此条款作为禁止起诉的条件。殊不知在现代法治国家，通过时效的方式限制起诉，在本质上是对公民司法保护请求权（Access to justice）的严重侵犯，遍查世界主要法治国家的诉讼要件，都难以找到以超过时效作为诉讼要件中消极要件的情形。《婚姻编解释一》取消了这一规则，既符合诉讼要件体系化的要求，也有利于维护当事人的实体权利。

第二，强制合并。《婚姻法解释一》和《婚姻编解释一》都规定了无过错方作为原告提起离婚之诉的，如果主张损害赔偿，必须与离婚之诉同时提出，为了保证原告行使该权利，法院应当履行释明义务，告知当事人相关权利义务。该条款在本质上是一种强制的诉的合并，强制无过错方作为原告提起离婚之诉的同时提起损害赔偿之诉，否则失去司法保护的机会。无疑，这种强制合并对于损害赔偿之诉来说，是一项重要的诉讼要件。但是，它却存在严重的正当性危机。

强制合并的正当性来源是纠纷一次性解决原理。然而，这一原理发轫于

---

〔1〕 参见于东辉：《离婚损害赔偿制度研究》，人民法院出版社2006年版，第112页。

〔2〕 参见庞喜增：《我国离婚损害赔偿制度的缺陷及完善》，载《沧州师范专科学院学报》2006年第2期。

普通法系国家，以美国为例，为了鼓励通过一次诉讼解决所有纠纷，美国《联邦民事诉讼规则》和《判决重述（第二次）》确立了两项相辅相成的强制合并规则：一是强制反诉（compulsive counter claim），如果被告的请求与原告的请求是基于同一交易（transaction）或者同一事件（occurrence），那么被告的请求必须以反诉的方式同时提出，否则就构成失权。二是请求排除（claim preclusion），请求排除要求基于同一诉因的所有请求都只能在一次诉讼中全部提出，也即“要么现在就说，要么永远闭嘴”。〔1〕

与普通法系的“事实出发型诉讼”相反，大陆法系的民事诉讼属于“法条出发型”，其逻辑起点是当事人的诉讼请求（实体法赋予的权利），无论是哪一种诉讼标的理论，都是从原告的权利主张出发——而不是纠纷本身——来界定审判对象，因而审判对象的选择，应当遵循当事人的意思自由，而不敢轻易地将未在前诉中提起相关请求作为排斥后诉的诉讼要件。例如，“二战”以后，日本法律界由于受美国影响，引进了很多美国法的制度和理论，三月章教授也曾提出以纠纷作为给付之诉的诉讼标的，从而提高诉讼的效率。但由于无法和既有的诉讼理论匹配，遭到了其他学者的严厉批判，无法成为主流学说。〔2〕

因此，《婚姻法解释一》将离婚之诉（形成之诉）和离婚损害赔偿之诉（给付之诉）捆绑在一起，并规定无过错方必须合并提出，否则将导致失权，在诉讼法理上存在严重正当性危机，是十分冒险的举动。诚然，目前司法实践中强制合并的危害不突出：一方面，法院通过主动行使释明权，督促了部分当事人主动提起损害赔偿之诉，避免了当事人失权；另一方面，由于现行离婚损害赔偿请求权的要件较为苛刻，很多离婚之诉的当事人并无提起损害赔偿之诉的可能。但是婚姻法学界的共识是应当降低离婚损害赔偿请求权的门槛，如果

〔1〕［美］斯蒂文·N. 苏本等：《民事诉讼法》，傅郁林等译，中国政法大学出版社 2003 年版，第 762 页。与强制反诉系由《联邦民事诉讼规则》第 13 条明确规定不同，请求排除规则是由美国律师学会编撰的《判决重述》确立，各州法院和联邦法院通过判例不断完善形成，因而对很多标准的解释不尽一致，See David Shapiro, Preclusion in Civil Actions, Foundation Press, p.33-37（2001）。

〔2〕参见段厚省：《请求权竞合与诉讼标的研究》，吉林人民出版社 2004 年版，第 161~169 页。

未来相关法律及司法解释修订后实现了损害赔偿条件的低阶化，但却依然将两种诉讼捆绑在一起，那就很可能引发司法危机。前述案例三中无过错方陈某没有在起诉离婚时提起损害赔偿请求，但在一审过程中提出了损害赔偿请求，就给一审、二审法院制造了极大的难题。

综上，现行制度框架对单独提起离婚损害赔偿施以了较为苛刻的条件限制，导致实务部门在司法实践中面临较多的难题。且无论是起诉时效的规定还是强制合并的规则都较为明确，解释空间有限。本文虽然从解释学的角度切入，但若希望解决这些问题，恐还需要依靠后续法律或司法解释的修改和完善。

（二）诉的合并的类型

诉的合并存在诸多类型：诉的主观合并，又称诉的主体合并，指在同一民事诉讼中存在多个当事人，也即共同诉讼制度；诉的客观合并，是指同一原告对同一被告主张两个以上的独立的诉，从而可能引发请求权竞合、中间裁决等制度。〔1〕此外，反诉制度、第三人制度也与诉的合并高度相关，但又不能简单用主观合并或客观合并指称。〔2〕由此可见，不同的诉的合并，将引发不同的诉讼制度的适用，那么，离婚损害赔偿之诉与离婚之诉的合并，属于哪一种类型的合并呢？

1. 重叠合并（中村学说）。当无过错方作为原告，对过错方同时提起离婚请求和损害赔偿请求时，这显然属于同一原告对同一被告主张两个独立的诉，因而属于诉的客观合并。通说认为，诉的客观合并又可以细分为单纯合并、预备合并、重叠合并与选择合并等多种形态，〔3〕但离婚之诉与离婚损害赔

〔1〕 参见张永泉：《民事之诉合并研究》，北京大学出版社2009年版，第23、66页。

〔2〕 日本学者多认为，反诉、参加之诉等不属于诉的合并，而属于诉讼中之诉，二者的区别，可参见［日］新堂幸司：《新民事诉讼法》，林剑锋译，法律出版社2008年版，第145~147页。

〔3〕 单纯合并，是指原告对被告提起多项诉讼请求，要求法院合并裁判；预备合并，是指主位诉讼和预备诉讼的合并，只有当主位诉讼被法院驳回时，才会对预备诉讼进行审理和裁判，如果主位诉讼得到支持，就无须再对预备诉讼进行审判；重叠合并，又称竞合合并，实质就是请求权竞合时，原告根据多项请求权向法院提起多个诉的合并；选择合并，是指原告主张几个给付内容不同的请求，而只要求法院判令被告履行其中之一，就达到原告起诉目的的合并。

偿之诉的关系似乎并不符合上述四种合并的经典形态。〔1〕日本学者中村英郎跳出通说，另行定义了重叠合并，他认为是指一个请求与该请求有理由时才被认可的其他请求合并的情形，只有当第一顺位的请求（解除婚姻）有理由时，法院才对第二顺位的请求（损害赔偿）进行审理，反之，如果法院认定第一顺位的请求不成立，那么诉讼就因此而终结，审理第二顺位的请求已无必要。〔2〕尽管中村教授关于重叠合并的界定并不占据通说地位，但显然更符合无过错方同时提起离婚请求和离婚损害赔偿请求时诉的合并的情形。而确定究竟构成单纯合并抑或重叠合并的关键，在于具体的诉讼模式：对于单纯合并的案件，法院既同时审理，同时辩论，同时判决，也可以分别辩论，分别判决；而对于重叠合并的案件，由于存在先决事项，法院必须在审理过程中体现出时间先后顺序。在同一审级中，由于我国开庭审理过程并无严格的辩论程序限定，因而这种先后顺序尚无显著意义，〔3〕但是在一审和二审之间，由于审级利益的存在，这一区分就可能对二审的审理范围和裁判结果产生十分明显的影响。

2. 预备反诉。当过错方作为原告，提起离婚之诉，无过错方作为被告在离婚之诉过程中依法提起离婚损害赔偿请求时，这属于一种特殊的预备合并形态：预备反诉。预备反诉，是指被告针对原告的本诉请求提出抗辩意见之后，为了防备其抗辩意见不被法院认可，而在假定法院确认原告本诉请求的基础

---

〔1〕 有学者认为离婚之诉与离婚损害赔偿之诉属于选择合并，只是较之一般的选择合并，离婚纠纷中两诉之间的牵连关系更为紧密，参见张晓茹：《家事裁判制度研究》，中国法制出版社 2011 年版，第 196~198 页。

〔2〕 参见［日］中村英郎：《新民事诉讼法讲义》，陈刚、林剑锋、郭美松译，法律出版社 2001 年版，第 126~127 页。需要说明的是，中村教授对重叠合并的定义，并不属于主流通说，中村自己也承认尽管这种重叠合并在罗马法和德国法上均获得承认，但适用范例较少。我国台湾地区学者对重叠合并的定义就与中村大相径庭，他们认为重叠合并又称竞合合并，是指同一原告对同一被告基于两项以上的法律关系，提出单一的诉讼请求，并要求法院为同一裁判。参见张永泉：《民事之诉合并研究》，北京大学出版社 2009 年版，第 46~47 页。

〔3〕 这一顺序的区分同时对证明程序也会发生影响，以发挥先决事实的免证效力，但由于我国民事诉讼中的证据规则和证明程序同样不尽完善，法官享有较多裁量空间，因而此种顺序的区分对于证据法的意义同样不大。

上提出的反诉。[1]它兼具预备合并的预备性和反诉的对抗性，被告在预备反诉中，有两项声明，一为驳回原告主位请求的声明，在离婚案件中，也即针对原告解除婚姻关系请求的抗辩；二为预备声明，也即如果法院支持了离婚请求，应当对被告的损害赔偿请求合一裁判。[2]

与德国、日本等大陆法系国家（地区）普遍确立离婚反诉制度不同，[3]我国的《婚姻法》和《民事诉讼法》均未明确承认离婚反诉制度，因而对于离婚案件中是否允许被告提出反诉，尚存在一定的争议。但一方面，实务部分已经有十分强烈的建议，认为应当增加离婚反诉制度，以保护离婚被告的利益，避免原告"恶人先告状"从而获得诉讼主导权，同时化解离婚案件的某些制度难题。[4]另一方面，离婚反诉能否成立的争议焦点，主要在于原告提起解除婚姻关系请求后，被告是否能够以反诉的形式再次提起解除婚姻关系的请求，而对于通过以反诉方式提起损害赔偿请求，前述离婚损害赔偿之诉独立性的论证，已经基本扫除了理论障碍。

此外，最高人民法院的部分法官借此认为，在离婚案件中，被告提出的离婚损害赔偿请求，不能作为反诉合并审理，其理由是反诉不以本诉为存在前提，本诉原告撤诉不影响对反诉的审理，而在离婚案件中，如果起诉离婚的原告方撤诉，损害赔偿就无从谈起，因而不能视为反诉。[5]事实上，通过预备合并理论，这一担忧将完全不成立。在这种离婚案件中，原告提出的主位诉讼为解除婚姻之诉，被告提出的预备反诉为损害赔偿之诉。因此只有当法院裁决离婚时，才能对被告损害赔偿的请求作进一步的审理，如果法院裁决不许离婚，或者原告自行撤诉，都导致被告的主诉请求得到满足，自然不需要再对预

---

〔1〕 参见许尚豪、徐清霜：《预备反诉制度简析》，载《人民法院报》2009年4月28日。

〔2〕 参见刘田玉：《诉之预备合并的比较与借鉴》，载《环球法律评论》2004年第2期。

〔3〕 《日本人事诉讼程序法》第7条规定，对婚姻无效之诉、撤销婚姻之诉、离婚之诉及撤销离婚之诉，可以提起合并或反诉。《德国家庭事件程序法》第610、612条规定，离婚之诉，与离婚后事件可以提起反诉，他种诉讼则不得与离婚之诉提起反诉。

〔4〕 参见王礼仁：《婚姻诉讼前沿理论与审判实务》，人民法院出版社2009年版，第843~847页。

〔5〕 参见吴晓芳：《被告作为无过错方提出离婚损害赔偿的请求不构成反诉》，载《人民司法》2005年第1期。

备之诉进行审理。

需要特别强调的是，假如被告在诉讼中以合法方式明示了同意离婚，实质上就构成了对原告离婚诉求的认诺，法院应当将审理对象转移为离婚损害赔偿之诉这一预备反诉上，不应再纠缠于离婚之诉，原告也不应以撤诉等方式妨碍对预备反诉的审理，必要时法院应当以中间裁判的方式确认主位诉讼的效力。[1]尽管传统诉讼法原理认为，认诺并不适用于身份关系的案件，但一方面，从比较法的发展趋势上，日本等国已经明确立法赋予离婚诉讼中的认诺以诉讼和解的效力，从而产生终结诉讼的效果；[2]另一方面，身份关系的案件也有细分的必要，对于确认身份关系效力的案件，不能适用辩论原则和处分原则，因而排斥和解、调解、认诺、自认等诉讼行为，但对于离婚案件，如果在确定了审理范围仅限于婚姻关系的解除及相关事项，而不涉及对婚姻关系效力的认定后，尊重双方当事人的意思自治，并不会构成对国家基础伦理规范的冲击。[3]因此，只要法院在审理该离婚案件时，确定并不涉及无效婚姻的情形后，就应当尊重被告的认诺。

（三）诉的合并与审判程序

与简单的诉讼标的单一的普通民事诉讼不同，诉的合并将引发诸多诉讼程序上的特殊制度，从而导致审判程序出现特殊化的规则。然而，一方面，由于离婚之诉与离婚损害赔偿之诉的合并不会引入新的当事人，因而其制度上的特殊性并不会十分复杂；另一方面，由于我国民事诉讼程序在总体上仍然具有明显的"非正式性"，使各种特殊性制度很容易在具体实务操作中被稀释，

---

〔1〕 参见傅郁林：《先决问题与中间裁判》，载《中国法学》2008年第6期。

〔2〕 日本2004年修订的《人事诉讼法》规定离婚诉讼同样可以通过诉讼和解，参见［日］高桥宏志：《重点讲义民事诉讼法》，张卫平、许可译，法律出版社2007年版，第513页。德国2008年《非讼事件法》的修订，也在婚姻事件中扩大了当事人对立结构，部分准用民事诉讼法的规则，参见郝振江：《德国非讼事件程序法的新发展》，载《河南省政法管理干部学院学报》2011年第2期。

〔3〕 我国的诸多司法解释均采取了这一分类思路，例如《婚姻法解释二》严格禁止在宣告婚姻无效案件中调解、撤诉，但对离婚诉讼中的上述处分行为却并无限制；又如最高人民法院《关于人民调解协议司法确认程序的若干规定》将确认婚姻关系、确认收养关系和确认其他身份关系的纠纷排除在司法确认的受案范围之外，但却并不排斥离婚纠纷的司法确认。

这一合并对审判程序的冲击尚不十分突出，主要表现在以下领域：

第一，合并后诉讼费用的交纳。2007 年 4 月生效的《诉讼费用交纳办法》在第 13 条第 2 款对离婚案件的诉讼费用作出了特别规定，但并未专门规定离婚损害赔偿之诉的诉讼费用。现实中，有的法院将离婚损害赔偿之诉与离婚之诉混同为同一诉讼，因而对损害赔偿之诉不再征收诉讼费，也有的法院按照财产分割的费率计算数额。从理论上看，既然离婚损害赔偿之诉具有独立性，那就应当缴纳诉讼费用，可以比照该款第 2 项人身权受到侵害的案件类型交纳。同时，由于诉的合并大大节约了司法资源，因而需要注意减免征收的情形：(1)如果原告在起诉离婚的同时提起损害赔偿之诉，应视为和离婚案件合并审理，损害赔偿额在 5 万元以下的，不再另行交纳；(2)如果是离婚案件的被告提出损害赔偿的反诉，损害赔偿额在 5 万元以下的，每件本应交纳 100 元至 500 元，但由于是反诉，因此减半征收；(3)如果法院认定离婚诉请不成立，离婚损害赔偿之诉失去前提要件，无法审理，应按照驳回起诉的案件，免征案件受理费。

第二，合并案件的审理方式。一旦离婚之诉和离婚损害赔偿之诉合并审理，实际上就出现了先决事项。在民事诉讼中，当某一争议问题的裁判必须以另一问题的先行确定为前提条件时，当事人请求裁判的问题被称为本问题，而必须先行确定的问题被称为附带问题或先决问题。如前所述，离婚损害赔偿之诉的审理必须以离婚判决为先决问题。现实中较为通行的方式是，即便法官对先决问题已经有明确的裁判，也依然推迟至与本问题一并确认，这将可能导致当事人攻击防御方法的自相矛盾和混乱不一，也是对司法资源的浪费。而在合并的离婚损害赔偿诉讼中，离婚案件涉及身份关系，而损害赔偿仅仅涉及经济关系，就更不宜将二诉的审理和判决完全合并至最后统一进行。现实中，离婚之诉的被告已经认同感情破裂，同意离婚，但由于在损害赔偿问题上存在争议，导致双方的婚姻关系久拖不决的情形也并不罕见。因此，尽管存在诉的合并，但作为先决事项的离婚之诉若能提前解决，法院宜以中间判决或部分判决的形式予以固定，从而既保证离婚损害赔偿之诉的审理的纯粹，又能够使当事人从不幸的身份关系中尽早解脱。

第三，合并案件的二审审理范围和裁判结果。二审的审理范围应当以上诉请求为限，在两诉合并后，二审法院在确定上诉范围和裁判方式时，却可能面临较为复杂的局面。一审程序经过审理作出的判决结果无非以下三种情况：

表1　离婚之诉与离婚损害赔偿之诉合并审理的判决结果

情况编号	解除婚姻关系的请求	损害赔偿的请求
1	不支持	未审理，驳回起诉
2	支持	不支持
3	支持	支持①

注：① 对损害赔偿请求的支持，还可以分为全部支持和部分支持两种类型，为讨论方便，本文将其统一合并为支持，不再做细致区分。

对于第2、3两种情况，二审法院的审理范围当然只能限于当事人的上诉请求。然而，即便当事人只对解除婚姻关系的判项提起了上诉，而未对损害赔偿判项上诉，如果二审法院经过审理决定改判不准离婚，由于损害赔偿之诉缺乏了基本要件，二审法院都应当同时裁定撤销原判，并驳回损害赔偿的起诉。

对于第1种情况，当事人只可能就离婚问题提起上诉，二审法院的审理范围也只应当限于离婚事项。但如果二审法院经过审理认为应当支持离婚，对于损害赔偿请求又应当如何处理？大陆法系诉讼法理在此问题上并无统一的答案，德国和日本均有判例认为上诉法院可以直接对在一审中明确提出但未得到审理的事项进行审判，但也有学者基于审级利益、辩论原则而反对上诉法院直接审理该事项。[1]我国最高人民法院《关于适用〈中华人民共和国民事诉讼法〉若干问题的意见》（以下简称《民诉意见》）第182~185条曾经形成了对于一审中未决事项，二审法院应当先行调解，调解不能，撤销原判或者告知另行起诉的制度惯例。但现行的《民诉法解释》第326~329条却采取了当事人协议一致时可以由二审法院直接审理的规则。因而对于这种情况，二审法院

〔1〕 参见曹伟修：《民事诉讼司法释论》，台北，金山图书文具公司1978年版，第813页；转引自刘田玉：《诉之预备合并的比较与借鉴》，载《环球法律评论》2004年第2期。

应当尊重当事人意愿，当事人如果同意由第二审人民法院一并审理的，第二审人民法院可以一并裁判，反之，则不宜将损害赔偿事项纳入审理范围，告知其另行起诉解决。

五、结论

尽管最高人民法院将离婚之诉和离婚损害赔偿之诉都视为离婚纠纷，适用同一种案由。但从诉的要素（当事人、诉讼理由和诉讼标的）的角度看，离婚之诉和离婚损害赔偿之诉是两个独立的诉。二诉有极强的牵连性，宜进行诉的合并。但由于起诉情形的不同（过错方抑或无过错方作为原告提起离婚之诉），在诉讼要件、诉的合并类型和审理程序上亦存在不同的规则。法院应对二诉的独立性和合并后的各类规则有充分的认识，方能正确适用法律。

第七章
管辖协议的理论重构

一、问题的提出

管辖协议，是指当事人关于纠纷发生后应当向哪个法院提起诉讼的约定。我国民事诉讼中管辖协议制度在现行法上主要为《民事诉讼法》第 34 条，该条的主要内容是明确管辖协议生效的要件，具体包括：(1)案件类型：财产权益纠纷；(2)选择地点：与争议有实际联系；(3)形式要件：书面形式；(4)消极要件：不得违背级别管辖和专属管辖规则。我国传统民事诉讼法学理论通说关于管辖协议的理论介绍基本以上述法条为核心，将前述要件作为我国管辖协议生效的全部要件，[1]并将 2015 年《民诉法解释》[2]中的新内容附列于后。[3]可以说，我国管辖协议的理论体系就是以现行法律和司法解释的规则为核心内容展开的，是对上述构成要件的复述和阐释。

然而，前述理论体系并没有完全覆盖与管辖协议制度有关的全

---

〔1〕 参见江伟主编：《民事诉讼法》，高等教育出版社、北京大学出版社 2000 年版，第 87 页；刘家兴、潘剑锋主编：《民事诉讼法学教程》，北京大学出版社 2000 年版，第 116 页。

〔2〕《民诉解释》虽在 2020 年被修订，但关于管辖协议的内容没有变化。

〔3〕 参见江伟主编：《民事诉讼法学》(第 3 版)，北京大学出版社 2015 年版，第 99~100 页，张卫平：《民事诉讼法》(第 5 版)，法律出版社 2019 年版，第 115~116 页；王亚新、陈杭平、刘君博：《中国民事诉讼法重点讲义》，高等教育出版社 2017 年版，第 45 页。

部规则，也无法为解决实践中的管辖协议疑难问题提供足够的理论支撑：

第一，没有覆盖其他管辖协议规则。实际上，在其他法律中同样存在关于管辖协议效力的规范。最为典型的是《民法典》第507条确立的使管辖协议独立于主合同存在的独立性规则。然而，主流教科书大多并没有吸收这一规则，根本原因在于关于管辖协议的理论介绍都是基于民事诉讼法展开，并不具备自身的理论体系，因而没有为民法条款留下余地。与之形成对照的是，由于《仲裁法》第19条明确规定了仲裁协议的独立性，因此绝大多数仲裁法的教材均会辟出专文来阐述这一问题。〔1〕

第二，不能解决司法实务疑难问题。如果说上述条文在教科书和民诉理论体系中的遗漏还仅仅是体例上的缺失，那么更为严重的问题是，既有的管辖协议在理论体系上的不足，使得司法实践中的疑难案例无法得到统一、正确的解答。例如，在《民诉法解释》颁行之前，管辖协议的生效要件之一是管辖法院的唯一性。那么，当事人约定向“一方所在地”〔2〕“各自所在地”〔3〕“原告方所在地”〔4〕起诉，或者约定“甲方违约在乙方法院、乙方违约在甲方法院”〔5〕“在违约方的对方所在地法院”〔6〕起诉是否有效？又如，管辖协议中关于选择管辖法院的合意需要明晰到何种程度？约定“在合同签订地……按合同

〔1〕 例如，常英主编：《仲裁法学》（第4版），中国政法大学出版社2019年版，第89~91页。

〔2〕 参见最高人民法院《关于江苏省滨海县石油支公司与中化国际化工品有限公司购销合同纠纷案件指定管辖的通知》（法经〔1994〕266号）。

〔3〕 参见最高人民法院《关于合同双方当事人协议约定发生纠纷各自可向所在地人民法院起诉如何确定管辖的复函》（法经〔1994〕307号）（已失效）。

〔4〕 参见最高人民法院《关于湖南省炎陵县大院农场与江西林港工艺品有限公司包销合同纠纷案指定管辖的通知》（法函〔1995〕86号）、最高人民法院《关于伊春市乌马河区安全社会福利厂与胶州市胶合板厂购销合同纠纷案件指定管辖的通知》（法经〔1994〕278号）。

〔5〕 参见最高人民法院《关于福建省福州市汽车改装厂与湖南省桃源县永丰贸易公司购销合同纠纷案指定管辖问题的通知》。

〔6〕 参见最高人民法院《关于河北省临漳县石化总公司物资承包配套公司与吉林省梨树县边境贸易公司购销合同纠纷一案指定管辖的通知》（法经〔1994〕272号）。

法解决”[1]或者“由某县有关部门解决”[2]是不是有效的管辖协议？再如，格式条款中的管辖协议是否有效？管辖协议对于继受人是否当然有效？在同一条款中同时约定法院和仲裁机构是否有效？

仅仅依靠管辖协议的传统理论根本无法为上述问题找到确定的答案，甚至连寻找答案的方法都付之阙如。由于没有统一的理论指导，法官在面对争议时，明显存在价值判断在先，法律论证在后的现象，最终导致司法裁判的不统一。例如，关于格式合同中的管辖协议的效力，倾向管辖协议有效的法院会严守文义解释的方法，认为管辖协议“虽属格式合同中的条款，但按照通常的理解并不能对此条款引起不同的理解，因此不应该适用我国合同法有关格式条款解释规则”[3]；而偏向管辖协议无效的法院则通过援引《合同法》(现《民法典》第 498 条)的规则，认为此时应当适用对格式条款提供方不利的解释方案，认定管辖协议无效[4]。

由此可见，仅仅依据《民事诉讼法》中一两个条文来归纳管辖协议生效要件的理论路径，既无助于提高民事诉讼法学理论自身的品格，也难以对司法实践实现有效的指导。在民事诉讼法学从立法论走向解释论的当下，有必要结合现行法的成文规则和司法实践中的真正问题，重新构筑关于管辖协议制度的理论体系。

本书的研究对象将聚焦于国内民事诉讼中明示的管辖协议制度，主要从性质定位、意思分解和要件重构三个方面，完成对我国管辖协议理论的重构。限于篇幅，文章将不涉及国际私法关注的涉外诉讼中的管辖协议，以及特殊的默示协议管辖(应诉管辖)制度。

---

〔1〕 参见《最高人民法院关于常州市康达家私发展有限公司与山西省政协宾馆筹建处定作合同纠纷一案指定管辖的通知》(〔2001〕民立他字第 14 号)。

〔2〕 参见《最高人民法院关于江苏省吴江震华丝织厂与湖北省南漳县丝绸公司购销合同质量纠纷一案指定管辖的通知》(法函〔1998〕53 号)。

〔3〕 淄博万杰医院与中国银行股份有限公司淄博博山支行、淄博博易纤维有限公司、万杰集团有限责任公司借款担保合同纠纷管辖权异议案，载《最高人民法院公报》2007 年第 12 期。

〔4〕 北京京东世纪贸易有限公司诉王某春格式合同纠纷案，北京市海淀区人民法院(2008)海民初字第 30043 号判决书，载《人民司法·案例》2009 年第 8 期。

二、管辖协议的性质定位

在对管辖协议具体制度展开建构之前，首先应当对管辖协议的性质作出界定，从而确保在法律适用和解释论体系上的一致性。管辖协议一般被认为属于诉讼契约。所谓诉讼契约，是指以产生诉讼法上的效果为直接目的的当事人之间的合意，也称为“诉讼上的合意”〔1〕。由于管辖协议的内容是关于管辖法院的约定，并非民法上的权利义务的约定，因而管辖协议显然不同于一般的设定民事权利义务的合同，而被归属于诉讼契约的范畴。大陆法系诉讼法理论也普遍支持将管辖协议视为诉讼契约。〔2〕

(一)诉讼行为，抑或私法行为？

然而，诉讼契约的性质又是什么呢？我国理论界主要有以下三种学说：(1)诉讼行为说。该说认为，诉讼契约属于当事人所为的产生诉讼法律效果的诉讼行为，其要件和效果均由民事诉讼法规范所规定。〔3〕(2)私法行为(法律行为)说。该说认为，诉讼契约本质就是民法上的契约行为，也即构成当事人之间的民事合同。(3)折中说。该说认为，不同的诉讼契约可以有不同的性质，可以根据契约的订立时间、合意内容、法律效果等标准，判断其是私法行为还是诉讼行为。然而，折中说的学者之所以会分别对待，是因为实践中当事人关于诉讼事项的约定，很多并无诉讼法的法条依据，例如不起诉合议、撤诉合议等。但是，管辖协议在我国《民事诉讼法》中存在明文规定，因而即便是采取折衷说的学者，也将其视为诉讼行为。〔4〕

由于管辖协议的内容并非民事权利，因而其显然不符合私法行为的内涵。而沿着诉讼行为的思路，管辖协议应当由《民事诉讼法》来规定其相关要件也就理所应当。我国关于管辖协议的既有理论完全基于《民事诉讼法》和司法

---

〔1〕 张卫平：《论民事诉讼的契约化》，载《中国法学》2004年第3期。

〔2〕 参见［德］罗森贝克、施瓦布、戈特瓦尔德等：《德国民事诉讼法》(上册)，李大雪译，中国法制出版社2007年版，第226页；［日］新堂幸司：《新民事诉讼法》，林剑锋译，法律出版社2008年版，第81页。

〔3〕 参见张卫平：《民事诉讼法》(第5版)，法律出版社2019年版，第136页。

〔4〕 参见张嘉军：《论诉讼契约的性质》，载《河北法学》2008年第12期。

解释的内容展开，正合此意。

然而，稍一思索，我们就不难发现这种做法可能产生的问题：

第一，民事实体法律规范是否与管辖协议绝缘？管辖协议具有合意的本质，与合同有着千丝万缕的联系。将管辖协议定位为诉讼行为，如何解决实体法规范的适用，尤其是当实体法律规范和诉讼行为理论所依据的诉讼法规范发生冲突时，如何协调二者的关系？例如，诉讼行为能力与民事行为能力不一致的规定，在管辖协议的效力要件上，究竟应当适用《民事诉讼法》第 57 条直接认定限制行为能力人的管辖协议无效，还是适用《民法典》第 19 条将其定位为效力待定的合同？

第二，管辖协议是否应当遵守诉讼行为的一般原理？诉讼行为的生效需要满足一些基本条件。例如，诉讼行为原则上不允许附条件，否则将不利于诉讼的顺畅进行。〔1〕那么管辖协议中"如果 A 公司起诉，则由甲法院管辖；如果 B 公司起诉，则由乙法院管辖"的约定是否还有效？如果要突破诉讼行为的一般原理，依据何在？

第三，诉讼行为理论是否足以解释管辖协议中的各种复杂问题？由于民事诉讼法的封闭性，在对管辖协议的生效要件作了一般规定后，对特殊情形往往较少涉及，例如前述格式条款管辖协议、合同转让后管辖协议效力等问题，在司法解释颁行前，民事诉讼法相关规范和理论都不能为法官和当事人提供必需的法律依据，在司法解释颁行后，依然存在诸多的制度盲区，例如实践中已经存在的劳动合同中的管辖协议效力问题〔2〕。诉讼行为理论不能为此类疑难问题提供足够的解决方案时，又应当如何处理？

以上疑问是认真对待管辖协议的研究者无法绕开的心结。与既有理论完全不涉及实体法不同，有学者认为，管辖协议关于意思表示的瑕疵应类推适用民法规范，〔3〕但是为什么仅仅是在意思表示瑕疵上类推适用，而不能扩张至

---

〔1〕 参见廖永安、崔峰：《当事人诉讼行为与民事法律行为关系考》，载《法律科学》2004 年第 1 期。

〔2〕 例如，江苏宏安集团有限公司瓦庄煤矿与陈某劳动合同纠纷上诉案，江苏省徐州市中级人民法院（2011）徐民终字第 1585 号判决书，载《人民司法·案例》2013 年第 12 期。

〔3〕 参见王福华：《民事诉讼法学》（第 2 版），清华大学出版社 2015 年版，第 100 页。

行为能力，却语焉不详。还有学者虽然回避了诉讼行为和私法行为的定性，但明确表示关于管辖协议不应当类推适用实体法，而是应当直接适用，因为管辖协议的“成立与有效归根结底属于合同问题，就应适用实体法律规范进行审查”〔1〕。这其实已经将管辖协议当作了私法行为，但如此判断又与管辖协议具体内容的非私法性存在悖反。

（二）比较法的简单考察

为了解决这一理论难题，可以参考比较法上的经验。事实上，大陆法系的诉讼法理论在面对管辖协议的性质时，都认为管辖协议等诉讼契约就是诉讼行为。但在这一共识之下，也存在一定的分歧：德国学者普遍认为，管辖协议是纯粹的诉讼行为，“即使在其订立的前提条件方面也主要受诉讼法规制，仅仅是补充性地适用实体法规则”〔2〕。尧厄尼希还专门比较了抵销和管辖协议，认为管辖协议只在诉讼中发挥效力，因此是诉讼行为，而诉讼中的抵销则可能具有私法行为效力。〔3〕而在日本，将管辖协议当作诉讼行为就只有分类的意义，而并没有太多法律适用上的价值。因此，兼子一和竹下守夫认为，管辖协议是“在诉讼程序之外当事人之间交换意思表示而成立的，类似于民法上的契约……可以类推适用民法规定”〔4〕。而新堂幸司更是明确主张管辖协议的效力应当适用民法理论，反对仅仅依据“诉讼契约”的性质排除实体法的适用。〔5〕

德国学者和日本学者为什么会有上述分歧是一个见仁见智的问题，需要进行比较法上的全面研究。笔者在此提出猜想：这或许与诉讼行为理论在两国不尽一致的地位有关。在德国民事诉讼法学教科书中，诉讼行为占据十分重要的地位：不仅构成专门章节的内容，而且各位作者都不厌其烦地对诉讼行

---

〔1〕 周翠：《协议管辖问题研究》，载《中外法学》2014年第2期。

〔2〕 [德]罗森贝克、施瓦布、戈特瓦尔德：《德国民事诉讼法》（上册），李大雪译，中国法制出版社2007年版，第452页。

〔3〕 [德]奥特马·尧厄尼希：《民事诉讼法》，周翠译，中国政法大学出版社2003年版，第165页。

〔4〕 [日]兼子一、竹下守夫：《民事诉讼法》，白绿铉译，法律出版社1995年版，第22页。

〔5〕 [日]新堂幸司：《新民事诉讼法》，林剑锋译，法律出版社2008年版，第82页。

为的概念、类型、要件、瑕疵补正等内容进行全方位的论述，并将之作为民事诉讼活动的基石。〔1〕因此，德国学者可以系统地运用诉讼行为理论对管辖协议等诉讼契约完成体系化的建构，从而为适用诉讼法来解决该问题提供了可能。相反，在日本的民诉法教科书中，大多都没有关于诉讼行为的专门章节，〔2〕这或许可以说明诉讼行为理论并不构成日本民诉法学最重要的理论分析框架。既然用诉讼行为理论本身不足以为管辖协议等诉讼契约制度提供充分的制度资源，那么参照适用实体法规则或许也就成为“礼失而求诸野”的无奈选择。

（三）超越诉讼法的诉讼行为

上述猜想未必是德日两国不同理论选择的真正理由，但至少值得我国参考。事实上，管辖协议的名称已经决定了其既具有诉讼行为的效果，又具有私法行为的特质。但是，在法律行为的分类上，最为重要的区分当是法律效果。故而虽然行政合同与合同法联系紧密，国家赔偿与侵权法高度重叠，但它们都被纳入行政法管制的对象，将其视为一种公法行为。因此，从理论上看，将包括管辖协议在内的诉讼契约界定为诉讼行为，符合体系解释的要求。

分类的目的主要是明确行为的法律效果，但要将其纳入法治的轨道，最为重要的还是构成要件的体系建构。如果我国的诉讼行为理论能够像德国民诉法学一样，构建出一套完整的基本独立于私法行为的体系，并将诉讼契约也包含在内，自然更为合理。但如果诉讼行为理论本身并不足以承担体系建构的重任，仅仅依据《民事诉讼法》的个别法条，那就必然造成解释体系上的崩溃。

在我国，与私法行为的理论体系相比，诉讼行为理论还十分薄弱。一方面，在理论界中，我国的民事诉讼法学关于诉讼行为的研究成果十分有限，关

---

〔1〕 参见［德］罗森贝克、施瓦布、戈特瓦尔德：《德国民事诉讼法（上）》，李大雪译，中国法制出版社2007年版，第三部分诉讼行为第二章“当事人的诉讼行为”；［德］奥特马·尧厄尼希：《民事诉讼法》，周翠译，中国政法大学出版社2003年版，第三十节“当事人的诉讼行为”，另见［德］汉斯－约阿希姆·穆泽拉克：《德国民事诉讼法基础教程》，周翠译，中国政法大学出版社2005年版，第四章“诉讼中的当事人行为”。

〔2〕 笔者查阅了目前翻译为中文的兼子一、新堂幸司、中村英郎的日本民事诉讼法教科书，均未找到专门规定诉讼行为的章节。

于诉讼行为的专著论文屈指可数且影响力也难言深远，这也导致了我国民事诉讼法学教科书与日本相同，对诉讼行为都是一带而过，[1]并没有将其作为贯穿民事诉讼法始终的关键概念。另一方面，在司法实践中，诉讼行为也并未被法官和律师作为解释和指引民事诉讼中的各种具体制度的基本原理。相比之下，我国民法学在体系上基本继受了德国潘德克顿体系，而“潘德克顿体系的主要特征在于前置总则之体例，总则之核心则在法律行为理论”[2]。因此，任何一本民法总则的教科书，都会有专章浓墨重彩地介绍法律行为（私法行为），而在物权法、合同法等民法分则的讨论中，法律行为也是一以贯之的基本概念。尽管关于法律行为的分类、效力要件等在理论上还有一些争执，但总体的理论框架早已奠定且深入人心。

在此背景下，笔者在主张将管辖协议的性质定位为诉讼行为的同时，强调引入私法行为的理论框架作为后续要件体系的讨论基础。毕竟，在诉讼行为理论自身内容都不尽完整的情况下，又怎能奢望以该理论为原点，展开对管辖协议的体系建构呢？需要特别说明的是，笔者不反对并且十分渴望在我国加强诉讼行为理论的研究，一旦我国的诉讼行为理论初具雏形，则完全可以尝试用其指导统合包括管辖协议在内的诉讼契约。但在没有成熟的理论框架之前，匆忙地使用诉讼行为的概念在具体的诉讼制度和程序研究中跑马圈地，只会导致各种制度程序内部的涣散和相互之间的游离，讨论者也无法在同一个平台上展开理性的对话，而必然将大量的精力消耗在对诉讼行为基本概念和基本原理的澄清之上。

用私法行为的体系作为管辖协议理论的重构基础，意味着要尊重私法行为的基本原理，并且在各类要件上都类推适用《民法典》总则编、合同编等实

[1] 在我国的民事诉讼法学教科书中，大多是在讲述诉讼法律关系理论时，提出诉讼法律关系发生变更消灭的事由包括诉讼事件和诉讼行为两类诉讼事实，然后简单介绍诉讼行为。唯一的例外是张卫平教授的教科书，在当事人总论一章中专门辟出专节来讨论了当事人诉讼行为的概念、特点、种类、瑕疵处理等内容。参见张卫平：《民事诉讼法》（第5版），法律出版社2019年版，第126~129页。

[2] 朱庆育：《民法总论》，法律出版社2013年版，第73页。

体法律规范的相关规则，在《民事诉讼法》有专门规则的情况下，需要将其对接吸纳进私法行为的解释框架。这种建构路径除了上述在学理上有较为完整的分析框架可以依靠之外，在司法实践层面还有以下三方面的优势：首先，符合普通民众的认知习惯。由于管辖协议大多都是在诉讼发生之前订立，因而在普通民众看来，它更符合合同的性质，而与起诉、举证等诉讼行为距离更远。其次，方便与主合同一并审查。由于管辖协议往往是以纠纷解决条款的形式规定在主合同之中，因而虽然二者具有独立性，但却可以同步判断主合同与管辖协议的效力，节约司法的成本。最后且最重要的是，尊重当事人的意思自由。我国诉讼行为的效力一般只有有效和无效两种，且往往需要法院来最终决定，而私法行为的效力却还存在效力待定、可撤销等多种类型，从私法行为的理论体系来观察管辖协议，也就意味着在效力瑕疵状态下，允许当事人及其代理人通过意思表示来对管辖协议的效力做出补救，充分尊重当事人的意愿，符合管辖协议的本质要求。

总之，管辖协议是诉讼行为，但对它的建构却又必须超越诉讼法。由于民事诉讼法和诉讼行为理论并未真正完成其要件体系的建构，因而无论在意思表示的分类、构成要件的判断上都应当类推适用实体法规则，并且妥善地吸纳民事诉讼法的特别规则。

三、管辖协议的意思分解

管辖协议的具体内容是这一制度的核心。表面上看管辖协议的内容似乎十分简单明确，就是关于纠纷发生后管辖法院的合意。但深究起来，却依然可能存在争议，进而引发疑难问题。本文尝试引入私法行为的分类标准这一分析框架，先按照私法行为的类型划分，对管辖协议进行定位，以便深入剖析管辖协议中当事人的具体意思，进而对相关疑难问题进行分析解决。

（一）私法行为的分类标准

关于私法行为的类型划分有多种标准，下文将主要介绍两种分类标准，以揭示管辖协议的具体内容上容易被忽视之处，并为后续的要件体系的构筑奠定基础。

1. 双方行为抑或共同行为?

按照民事法律行为的成立是取决于一方、双方还是多方的意思表示,私法行为可以分为是单方行为和双方行为,以及在民法学界也较少研究的共同行为。管辖协议由于存在双方的合意,显然不是单方行为,但是在双方行为与共同行为之间,却有讨论的余地。

双方行为是由双方当事人相对应的意思表示的一致而成立的私法行为,其典型形态即是契约,最基本的特征是有两个以上相向的意思表示,分别构成要约与承诺,二者达成一致,方才构成意思表示一致的合意。而共同行为则是两个以上同一目的意思表示一致而成立的私法行为,典型形态是公司设立行为。其与契约的核心区别是,契约的意思表示具有相向性,例如,一个租赁合同中一方的意思表示是"我想出租",对方则是"我想承租"。[1]而在共同行为中,双方的意思表示应当没有区别,具有高度一致性。我国有民法学者经过初步研究,总结了共同行为与双方行为的若干区别,并认为意思表示的同向性是区分共同行为与双方行为的基本标志,进而衍生出共同行为在目标上的涉他性、效力的整体性等特征。[2]

管辖协议中当事人的意思表示究竟是相同还是相向,将决定其究竟属于双方行为还是共同行为,而这又进一步决定了管辖协议是否可以对作为第三方的法院产生效力,从而具有涉他性。

2. 处分行为抑或负担行为?

民法理论将财产行为分为负担行为与处分行为。负担行为是指一方相对于他方承担一定行为义务的法律行为,从对方当事人着眼,其也可定义为创设债权的行为,因而也被译作债权行为,合同是最为典型的负担行为。处分行为则是指直接使某种权利发生、变更和消灭的行为,物权行为是典型的处分行为。[3]区分二者的意义,主要在于:第一,法律效果上的区别:负担行为是创设

---

〔1〕 [德]迪特尔·梅迪库斯:《德国民法总论》,邵建东译,法律出版社2000年版,第167页。另参见朱庆育:《民法总论》,法律出版社2013年版,第133页。

〔2〕 参见韩长印:《共同法律行为理论的初步构建》,载《中国法学》2009年第3期。

〔3〕 参见梁慧星:《民法总论》(第5版),法律出版社2017年版,第169页。

请求权，需要借助给付行为而得到实现，而处分行为则并不存在履行问题，本身即可发生权利变动。第二，效力范围上的区别：负担行为仅仅约束当事人双方，具有相对效力，而处分行为则具有绝对的对世效力。[1]

管辖协议由于并非财产行为，并不能直接将其定位为处分行为或负担行为。但是，这种分类依据对于厘清管辖协议的内容却十分有必要。如果类推适用负担行为，那么当事人实质上是在管辖协议中为自己设定了纠纷发生后去某个法院接受审判的义务；而如果是处分行为，则管辖协议仅仅是对法院管辖权的变更和设定。

（二）管辖协议的意思分解

从上述法律行为的分类标准可以看出，确有必要对管辖协议意思表示进行分解，而细致考察“协商不成的，可向某地人民法院提起诉讼解决”的简单条款，可以发现其中蕴含了两层意思表示：

1. 案件管辖权的变更

民事诉讼法对所有的民事诉讼都预先安排确定了法定的管辖权。协议管辖和裁定管辖制度的本质，都是变动法定的管辖权。《民事诉讼法》第 34 条即是当事人通过协议变更管辖权的法律基础。从变更的主体看，管辖协议必须有各方当事人统一的意思表示，且是对当事人以外的法院的管辖权做出的安排，因而更符合共同行为的特征；而从变更的内容看，它是当事人对法院管辖权的变更，因此更类似于处分行为。

从理论上看，对法定的管辖权的变更，有增加和消灭两种形式。前者是指在法定管辖法院之外再增加新的具有管辖权的法院，后者则是消灭根据法院原本享有的法定管辖权。二者还可以混用，即消灭部分法院的管辖权的同时增加一些法院的管辖权。这正是并存性管辖协议和排他性管辖协议的区别所在。[2]我国司法实务长期以来认为管辖协议必须具有排他性，也即必须是消灭所有法定管辖权，而将案件的管辖权授予给协议选择的法院。虽然此种粗暴

---

〔1〕 除此之外，在处分权、特定原则与确定原则、目的无涉等方面，二者也有区别，但由于与本文讨论无关，不再引用，参见朱庆育：《民法总论》，法律出版社 2013 年版，第 149~157 页。

〔2〕 参见孙邦清：《民事诉讼管辖制度研究》，中国政法大学出版社 2008 年版，第 238 页。

的排他性处理，既没有任何的法律或司法解释的明文规定，也不符合比较法上的通行做法，[1]但是如果坚持从唯一性要件出发，勉强也可以从维护诉讼秩序的安定性，降低当事人的诉累等角度提供一些略显牵强的论据。然而，《民诉法解释》第30条彻底删除了唯一性要件，允许当事人在协议中约定多个法院，现在已经没有任何否定并存性管辖协议效力的依据。当然，当事人可以通过约定来排除其他法院的管辖权，但如果当事人并无此种意思表示，法律并不禁止其作出并存性管辖协议，法院更不能越俎代庖地解释出排他合意的强制性。

2. 接受管辖的负担设定

管辖协议具有处分行为和共同行为的属性，但其内容中也包含了当事人设定负担的内容，也即发生纠纷后，各方当事人应当到包括协议法院在内的具有管辖权的法院去提起诉讼，否则构成违约。从主体上看，当事人各自承担了接受管辖的义务，由于主体的不一致性，因而依然构成相向的意思表示，属于契约行为；而从客体上看，这一意思也包含着设定接受法院管辖的负担，因此也是一个负担行为。例如，当事人约定“如果起诉则只能到甲地法院诉讼，如去其他法院需赔偿对方当事人违约金1万元”，该协议为当事人设定了诉讼时必须接受甲地法院管辖的义务，如果原告在乙地法院起诉，被告不仅可以根据该管辖协议排除乙地法院的管辖，而且可以根据该条款要求原告赔偿违约金。同理，即便没有明确约定违约金条款，但由于对方当事人的违约起诉的行为，导致本方提出管辖权异议时发生了交通费、误工费等损失，完全可以依据《民法典》第582条主张对方的违约责任。而即便推广至并存性的管辖协议，也同样能够解读出这一义务。

（三）区分两重意思表示的意义

之所以要略显累赘地将管辖协议中的意思表示拆分出来，并不是为了机械地附会民法理论，而是为了厘清管辖协议中最为核心的意思表示，为解决司法实践中的疑难问题提供思考路径。虽然管辖协议中有两重意思表示，但其

〔1〕关于大陆法系和英美法系在这一问题上的概况，请参见周翠：《协议管辖问题研究》，载《中外法学》2014年第2期。

核心是共同行为所指向的处分内容。这正如同地役权合同等物权合同，其虽然同时也会为对方当事人设定负担，但在学理上依然会更强调其处分行为的属性。其实，德国民诉法理论在使用诉讼行为理论解释诉讼合同时，也认为其最直接和最主要的效力就在于处分。〔1〕

因此，在管辖协议的审查时，最需要重视的是关于管辖法院变更的意思表示及其效力。把握了这一点，对于下列疑难问题或许就可以找到一条标准化的分析路径去寻求答案：

第一，并存式管辖协议是否有效？如前所述，《民诉法解释》颁行后，不能当然地认定管辖协议一定具有排他效力，而需要根据当事人管辖协议的文义内容和形成过程，对双方是否存在排他性变更管辖权的意思进行准确地解释。事实上，在涉外案件中我国一直不否认并存式管辖协议的存在，因此已经总结出了一系列的审查方式。例如，在文字审查方面，如果管辖协议使用了“系”(is)、“可以”(may)、“在法律许可的限度内”(to the extent permissible under the law)等语词，那么就应当认定为并存式管辖协议；相反，如果使用了“应该”(shall)、“必须”(must)、“只有”(only)、“仅仅”(sole)、“无条件地”(unconditionally)等语词，就应当视为排他性管辖协议。〔2〕这种文义解释的基础，就是区分。

第二，管辖协议对继受人是否当然有效？《民诉法解释》第33条增加了合同转让后管辖协议的效力规则。事实上这一问题在司法实践中经常出现，在《民诉法解释》颁行之前，就有公报案例〔3〕确定了管辖协议对继受人有效的规则。然而，与此前的规则都确定了管辖协议对继受人的绝对效力不同，第33条增加了两个但书条款，即“转让时受让人不知道有管辖协议，或者转让协议另有约定且原合同相对人同意的”管辖协议不对受让人发生效力。其中第

〔1〕 参见［德］罗森贝克、施瓦布、戈特瓦尔德：《德国民事诉讼法（上）》，李大雪译，中国法制出版社2007年版，第452页。

〔2〕 参见张利民：《非排他性管辖协议探析》，载《政法论坛》2014年第5期。

〔3〕 中国昊华化工（集团）总公司与中企国际投资有限公司借款合同纠纷案，载《最高人民法院公报》2007年第2期。

二个但书条款实质上是达成了补充协议，自然无碍，而第一个但书条款则值得商榷。最高人民法院此时显然是从负担行为的角度来理解管辖协议，认为受让人并没有与出让人就管辖协议的转让达成合意，因而不发生债务让与的效力。但是，如此处理将很容易导致管辖协议被规避，因而最高人民法院又专门强调“应推定受让人对合同约定的内容明知，其受让合同权利或承担合同义务同时应视为接受合同关于协议管辖的约定”〔1〕，为该条但书条款的适用设立了非常高的门槛。实践中法院也的确通过分配证明责任和提高证明标准基本架空了该条款，从而尽量确保管辖协议的效力。〔2〕其实，如果从处分行为的角度看，对法院管辖权的变更既然是共同行为，且性质上更接近处分行为，那么就应当具有类似物权的对世性，因而无须考虑受让人知情与否。否则，既无法解释权利继承人在不知情的情形下依然要受到管辖协议的限制，也不能平等地保护对方当事人对于管辖的合理期待。至于受让人的保护，只需要如同物权一样，明确管辖权的对世效力，让受让人意识到这一问题，在受让实体权利时明确意识到可能存在的管辖风险，就足以维护交易秩序的稳定了。

第三，或裁或审协议，在仲裁协议无效后，管辖协议是否有效？管辖协议和仲裁协议都属于纠纷解决条款，通常应当只存其一，但现实中当事人在合同中同时约定上述两种纠纷解决条款的现象并不罕见，在此情况下，哪种纠纷解决条款具有效力，抑或都无效，只能适用法定管辖的规则，就成为需要解释的问题。最高人民法院《关于适用〈中华人民共和国仲裁法〉若干问题的解释》（以下简称《仲裁法解释》）第7条明确规定：“当事人约定争议可以向仲裁机构申请仲裁也可以向人民法院起诉的，仲裁协议无效。”该条彻底解决了仲裁协议效力的问题，但对于管辖协议的问题，实务部门依然存在不同的做法。认为管辖协议无效的一方的主要理由有：第一，类推适用《仲裁法解释》的规定，同样是纠纷解决条款的管辖协议也应当因为竞合的存在而无效；第二，此种约定

---

〔1〕 沈德咏主编，最高人民法院修改后民事诉讼法贯彻实施工作领导小组编著：《最高人民法院民事诉讼法司法解释理解与适用（上）》，人民法院出版社2015年版，第190页。

〔2〕 参见江苏省高级人民法院（2015）苏商辖终字第3号民事裁定书、苏州市中级人民法院（2015）苏中商辖终字第264号民事裁定书。

竞合的情形，将导致产生两种纠纷解决方式同时并存、无法适用其一的尴尬局面；第三，一个合同条款很难再划分为部分有效、部分无效，因此，应统统视为约定不明而无效。[1]而认为管辖协议有效的一方则主张，司法解释仅仅确认了仲裁协议无效，恰恰说明此种竞合约定不影响管辖协议的效力。由于司法解释已经明确认定仲裁协议在竞合时无效，因而管辖协议就成为唯一的纠纷解决条款，只要符合法定生效要件，就应为有效。司法实务部门[2]和理论界[3]中都有此种观点的赞成者。而通过拆分管辖协议的意思内容，可以看出前述主张管辖协议无效的理由均难以成立：首先，类推适用是法律漏洞补充时的一种权宜之计，其发生的条件应当限定在的确存在法律漏洞时，而关于管辖协议的效力规则已经齐备，并不能认定立法者和最高人民法院没有出台无效规则

---

〔1〕 在中国金谷国际信托投资有限公司与山东鲁银投资集团股份有限公司纠纷一案中，最高人民法院立案庭认为此种约定属于约定不明，约定管辖条款的方式属根本上无效。参见最高人民法院立案庭编:《立案工作指导》(2005 年第 1 辑)，人民法院出版社 2005 年版。亦可参见最高人民法院民事诉讼法修改研究小组编著:《〈中华人民共和国民事诉讼法〉修改条文理解与适用》，人民法院出版社 2012 年版，第 53 页。

〔2〕 参见杭州市中级人民法院(2011)浙杭辖终字第 205 号民事裁定书。该案中，尽管被告反复主张，不能将或裁或审的约定割裂，如果只认定协议中的“或裁”部分无效，而将“或审”部分认定为有效，并据此认定该院有管辖权，既违背了当事人签订合同时对于争议解决方式的真实意思，又违背了最高人民法院对此类协议效力认定的规定，更违反了约定管辖必须具有明确性和排他性的基本法学理论，但杭州市江干区人民法院和杭州市中级人民法院两审均认为:“仲裁协议无效，但约定明确且合法的诉讼管辖条款仍然有效，对双方当事人具有约束力。”

〔3〕 理论界尚无就此类问题直接论述的文献，但可参见 2010 年国家司法考试第三卷第 84 题的内容：甲公司与乙公司签订了一份钢材购销合同，约定因该合同发生纠纷双方可向 A 仲裁委员会申请仲裁，也可向合同履行地 B 法院起诉。关于本案，下列哪些选项是正确的?

A. 双方达成的仲裁协议无效

B. 双方达成的管辖协议有效

C. 如甲公司向 A 仲裁委员会申请仲裁，乙公司在仲裁庭首次开庭前未提出异议，A 仲裁委员会可对该案进行仲裁

D. 如甲公司向 B 法院起诉，乙公司在法院首次开庭时对法院管辖提出异议，法院应当驳回甲公司的起诉。

该题正确答案为 ABC，B 选项显然说明命题者认为竞合约定不影响管辖协议的效力。

该题目后来还成为示范例题，说明命题专家和辅导用书撰写者都支持这一观点，参见国家司法考试辅导用书编辑委员会:《2012 年国际司法考试辅导用书》(第 3 册)，法律出版社 2012 年版，第 706 页。

就是存在法律漏洞；其次，既然司法解释已经允许存在并存性的管辖协议，那么有多个纠纷解决机构自然也并不违法；最后，同一合同条款中如果有多个意思表示，就可以拆分，从而产生部分无效的情形。综上所述，在没有特别规定的情境下，或裁或审条款只要没有违反其他法律规定，恐更应当承认其管辖协议的效力。

四、管辖协议的要件重构

对私法行为来说，最为重要的是其要件体系。既有的管辖协议理论虽然列举了若干要件，但实质上仅仅是对《民事诉讼法》第34条的注解，并没有真正形成体系化的理论框架。在确定管辖协议是可以类推适用民法规范的诉讼行为后，有必要比照私法行为的要件体系，结合我国《民事诉讼法》、《民法典》和最高人民法院确定的现行有效的规则来重构管辖协议的成立要件和生效要件。

（一）管辖协议的成立要件

根据我国民法通说，应当区分法律行为的成立和生效。前者是指符合相关构成要素而视为一种客观存在，后者则是指客观存在的法律行为因符合法定的生效要件而取得法律所认许的效力。[1]合同的成立要件包括一般要件和特殊要件，前者是一切合同成立都必不可少的条件，具体内容有二，即须存在双方或多方当事人，以及当事人须达成合意。后者则是依照法律规定或当事人特别约定，合同成立需要满足的特别条件。[2]

1. 管辖协议成立的一般要件

根据民法通说，管辖协议成立的一般条件应当包括：(1)存在双方或多方当事人，由于该条件几乎不会发生任何争议，本文不再赘述。(2)存在关于管

---

〔1〕 参见马俊驹、余延满：《民法原论》(第4版)，法律出版社2010年版，第186页。

〔2〕 关于法律行为(合同)的成立要件的具体内容，以及成立要件与生效要件的区别，民法学界有经久不息的争论。本文采取我国通说，参见马俊驹、余延满：《民法原论》(第4版)，法律出版社2010年版，第514~516页；韩世远：《合同法总论》(第3版)，法律出版社2018年版，第101~107页。

辖法院的合意，这一要件有两点需要注意：

第一，合意的对象。合意是当事人相互作出的意思表示达成一致。在合同法中，合同成立的合意是对必要之点，也即当事人在一个合同不可或缺的元素上必须达成一致。[1]管辖协议的必要之点十分明确，即对案件管辖权的变更。

第二，合意的判断标准。合意作为意思表示的一种形态，其判断标准与意思表示相同，主要有客观的表示主义和主观的意思主义两种路径。我国民法通说认为，仅在意思不自由（如欺诈、胁迫）等情形时采取意思主义，而在合同成立上采取表示主义，即以表示行为所体现的表示意思作为判断的内容。[2]因此，管辖协议的成立也应当以表示主义为判断标准。

根据以上两个标准，管辖协议必须载明约定的法院，如此方满足合意性要件。在我国司法实践中已经出现了部分与这一要件有关的疑难案例：

首先，单方文件中载明的选择法院的内容是否构成管辖协议？当一方当事人向对方出具的借条、送货单等文件中载有“如果发生争议，由某地法院管辖”的内容时，我国部分法院认为这只是单方意思表示，不构成管辖协议，[3]但也有法院认为，这构成管辖协议，并以不违背法律禁止性规定为由，论证了书面形式的范围，以期认定管辖协议有效。[4]事实上，这种条款由于仅仅记载在单方文件上，因而无法体现出对方的意思表示。尤其在双方就此发生争议时，难以认定合意表示的成立，遑论效力的发生。

其次，协议中并没有选择法院，而只是选择了某一地点，是否构成管辖协议？例如当事人仅约定“在某地按合同法解决”或者“由某县有关部门解决”，根据合意性要件的判断方式，虽然当事人可能在后续的诉讼中主张这样约定

---

〔1〕 参见韩世远：《合同法总论》（第4版），法律出版社2018年版，第103页。

〔2〕 参见崔建远：《合同法》（第6版），法律出版社2016年版，第27~28页。

〔3〕 参见供方全顺公司据需方金盛玻璃厂出具的收条中争议在供方所在地法院诉讼的意思表示向其所在地法院起诉后需方以购销合同中约定的合同履行地在需方为由提出管辖权异议案，载《人民法院案例选》2003年第2辑。

〔4〕 江苏高级人民法院（2014）苏民辖终字第82号民事裁定书，另可参见王亚新：《民事诉讼管辖：原理、结构及程序的动态》，载《当代法学》2016年第2期。

体现的意思就是选择该地法院诉讼，但基于表示主义，不能认为管辖协议成立，自然也不产生相应的效力。

第三，协议中虽然选择了法院，但用词不准确，是否影响合意的成立？当事人的管辖协议没有用“管辖”“诉讼”等标准概念，而是用其他语词，例如“向某地法院提起仲裁”，此时各地法院在此问题上的处理并不一致，上海高级人民法院认为此时“当事人对选择诉讼解决纠纷还是选择仲裁解决纠纷尚不明确”，因而认定管辖协议无效。[1]但最高人民法院却认为虽然“仲裁”一词不准确，但当事人对纠纷由贷款人住所地人民法院行使管辖权的意思表示是一致的，最终认定管辖协议有效[2]。笔者认为最高人民法院的态度更为可取，当事人约定已经载明了选择的法院，因而合意性要件已经充分满足，至于当事人是用“仲裁”“诉讼”，抑或“解决”“裁断”等表述方式，都并不影响其意思表示。

2. 管辖协议成立的特殊要件

根据《民事诉讼法》第 34 条的要求，管辖协议属于要式合同，必须采取书面的形式。而我国《民法典》第 490 条和第 493 条都将书面形式作为合同成立的要件。因此，管辖协议成立的特殊要件主要是书面形式的条件。

当事人没有订立书面的管辖协议，但通过起诉应诉的行为，是否可以视为达成默示的管辖协议，进而使得受诉法院取得管辖权？民事诉讼法学界一直采取应诉管辖制度来解决这一问题，并在 2012 年通过新增《民事诉讼法》第 127 条第 2 款，明确肯定了应诉管辖的合法性。

（二）管辖协议的生效要件

《民法典》第 143 条规定了民事法律行为的三个生效要件。管辖协议也应当满足相关的内容：

1. 行为人具有相应的缔约能力

缔约能力指的是订立者应当具有签订管辖协议的权利能力和行为能力。根据《民法典》总则编的体例，我国具有民事权利能力的主体包括自然人、法

[1] 上海市高级人民法院（2009）沪高民二（商）终字第 25 号民事裁定书。

[2] 最高人民法院（2001）民二终字第 145 号民事裁定书。

人和非法人组织，与《民事诉讼法》第48条规定的公民、法人和其他组织基本对应。因此，无论从民事权利能力的角度还是从诉讼权利能力的角度，各类自然人、法人和《民诉法解释》第52条所列的8类组织均可以以自己的名义订立对自己有约束力的管辖协议。司法实践中出现过法人领取营业执照的分公司作为甲方与对方约定管辖法院为“甲方所在地”，后对方当事人提出异议，认为甲方所在地应为法人所在地，而非分公司所在地。[1]该异议的错误根源即在于认为法人分公司不具有独立的权利能力。

民法中的自然人包括三类主体，分别是无民事行为能力人、限制民事行为能力人和完全民事行为能力人。根据《民法典》第19条、第22条的规定，限制民事行为能力人订立的合同处于效力待定的状态，需要等待法定代理人的追认。而《民事诉讼法》中关于诉讼行为能力的规则更为简单，无民事行为能力人和限制民事行为能力人均属于无诉讼行为能力人，其进行的诉讼行为不发生法律效力。管辖协议在行为能力方面应当适用哪种能力规则，法律并无明确规定。《仲裁法》第17条第2项采取了诉讼行为能力的规则。但笔者认为，管辖协议的效力要件上，不宜适用《民事诉讼法》，也不能类推适用《仲裁法》，而应当按照《民法典》，保留限制行为能力人签订管辖协议的可能。首先，诉讼行为能力规则针对的是当事人在具体的民事诉讼中的行为，由于诉讼行为基本都是单方行为，且多是直接向法院作出，需要等待法院的审查判断，因而区分无行为能力和限制行为能力意义不大。但管辖协议是发生在诉讼前的合意行为，如果一概地以行为能力来否定其效力，将限制其发生作用的空间，并不符合2012~2015年修法期间所体现出的“尊重当事人双方的真实意思表示，扩大当事人达成管辖协议的自由，避免大面积认定管辖协议无效”[2]的立法目的。其次，如果认定《民事诉讼法》关于诉讼行为能力的规则不能适用于管辖协议，则出现了法律漏洞。此时应当类推适用与之更接近的法律规范。表面上看，仲裁协议与管辖协议同属纠纷解决条款，似乎更为类似，但仲裁的

---

〔1〕 参见西安市中级人民法院（2006）西立民终字第161号民事裁定书。

〔2〕 沈德咏主编，最高人民法院修改后民事诉讼法贯彻实施工作领导小组编著：《最高人民法院民事诉讼法司法解释理解与适用（上）》，人民法院出版社2015年版，第184页。

专业性、商业化决定了其不仅是限制行为能力人，即便是完全行为能力的自然人，如未经过专业法律训练，也难以真正掌握。相反，约定诉讼管辖的意思对于普通公民来说都清楚明白。因此，具有更广泛适用性的合同法或许更接近管辖协议，而从前述目的解释看，类推适用合同法规范也更符合民事诉讼立法者的本意。

与之相关的另一个问题是，无权代理人订立的管辖协议是否有效。《民法典》第 171 条明确规定了无权代理人订立的合同属于效力待定的合同。实践中，不少当事人以订约人是无权代理人而自己未追认为由否定管辖协议。然而，鲜有法院认真按照这一规则进行审查，实践中的处理方法主要有二：第一，直接以代理权问题为实体问题为由，在管辖权异议中不予审查，进而适用纠纷解决条款独立性规则，单独根据民事诉讼法的要件审查管辖协议的效力，否决异议。〔1〕第二，虽然进行审查，但对代理权问题一笔带过，不予展开。例如当事人承认订约人是自己的员工，但主张自己的授权范围只限于具体的履行事宜，在对方当事人明知该员工授权范围的情况下，其订立管辖协议属于无权代理行为，自己不予承认。法院并没有对作为争议焦点的代理范围、当事人是否明知等事项进行事实调查和要件分析，大多都是简单的以“意思表示真实，不违反法律禁止性规定”就推导出应当对当事人具有拘束力的结论。〔2〕

诚然，法院如此处理也有其苦衷，例如管辖权异议的审查时间短，当事人举证不充分，法院很难对代理权等实体问题作出准确的判断。然而，法院并不能因审理程序上的简陋而径行忽视实质要件。或许正是由于理论体系的建构对效力待定类管辖协议的关注缺失，才使得立法者为管辖权异议配置了不尽合理的审理程序。

2. 意思表示真实

意思表示真实，要求当事人关于管辖合意的意思表示是其真实的想法。意思表示不真实又被称为意思表示瑕疵，可能导致合同无效、可撤销，个别情

---

〔1〕 例如扬州市中级人民法院（2014）扬商辖终字第 120 号民事裁定书。

〔2〕 例如南京市中级人民法院（2013）宁商辖终字第 395 号民事裁定书；湖州市中级人民法院（2012）浙湖辖终字第 69 号民事裁定书。

况下仍可使合同生效。[1]司法审查时应当认真对待这一问题，分情况予以判断。鉴于前文已经详细分解了管辖协议的具体意思表示，下文主要就管辖协议争议中最为常见的格式条款效力问题予以评述。

《民诉法解释》第 31 条首次规定了格式管辖条款的效力判断规则，规定消费者合同中管辖协议未采取合理方式提请消费者注意，消费者主张管辖协议无效的，人民法院应予支持。该条的内容基本上援引了《消费者权益保护法》第 26 条经营者对格式条款的提请注意义务规定。但《民诉法解释》第 31 条仅仅规定了经营者在订立管辖协议时未尽提请注意义务的法律后果，《民法典》第 496~497 条及《消费者权益保护法》第 26 条中还规定了未尽说明义务和免责条款两种情形。因此，后两种情形下管辖协议的处理还需结合实体法律规范予以补充。

第一，违背说明义务的法律后果。根据前述实体规范，说明义务的发生是以相对人要求为前提。由于管辖协议内容清晰，绝大多数情况下相对人并不会要求说明。如果真的发生了相对人要求说明，提供者未予说明的情形，也可以类推《民法典》第 496 条的明确规定，可由消费者主张该格式管辖协议因未订入合同而不生效。

第二，是否构成免责条款。如果经营者在合同签订时明确提醒或告知管辖条款，但该条款对于相对人极为不利，[2]是否依然有效呢？根据《民法典》第 497 条，是否构成免责条款，关键在于管辖协议的约定是否排除对方主要权利。如前所述，管辖协议的核心内容在于变更案件的管辖法院。如果是并存性管辖协议，显然没有问题。但是，如果是将管辖权限定在经营者所在地法院的排他性管辖协议，则应当理解为对消费者主要权利的排除。一方面，这样的约定会明显增加消费者的诉讼成本，特别是在异地的情况下，相较于数额本身一般不大消费合同，较高的交通与时间成本可能导致消费者放弃诉讼；另一方

〔1〕 参见韩世远：《合同法总论》（第 4 版），法律出版社 2018 年版，第 207~208 页。

〔2〕 笔者在撰写本文的过程中，比较了电商平台的注册协议在《民诉法解释》出台前后的变化。发现淘宝、苏宁、当当等著名电商平台的用户协议在管辖条款方面都并无实质变化，仅仅是在 2015 年后用加粗或下画线字体强调了由电商平台所在地法院管辖的内容。

面，地方保护主义可能会对消费者的胜诉机会构成相当的风险，动摇其诉讼的决心。因此，排他类管辖协议应认定构成免责条款而无效。司法实践中，不少法院正是认为这一格式条款不合理地加重了消费者的诉讼负担，明显对消费者权利的行使和保护不利，应属无效。〔1〕

3. 不违反法律、行政法规的强制性规定，不违背公序良俗

法律行为不得违反法律或社会公共利益，方能确保该行为发生法律上的效力。《民事诉讼法》第 34 条规定的案件类型要件、选择地点要件和消极要件都应当被安置在此处。关于管辖协议的既有理论大多都属于对这一要件的具体展开，因而争议不大，但也就此可以印证既有理论为何在体系完整性上存在重大缺陷，仅仅满足要件体系中的一隅，自然难以全面解决司法实务的疑难问题。

五、结语

管辖协议属于诉讼行为的范畴，但我国的诉讼行为理论并不能够为理解管辖协议的内容和把握管辖协议的要件提供理论分析框架，唯有根据民法中的法律行为理论，并类推适用《民法典》总则编、合同编等实体规范来完成我国管辖协议的理论重构，从而在司法实践中出现疑难问题后，可以较为准确地找到能够适用的法律规则，获得统一的解决方案。这不仅有助于法学研究者整合现行与管辖协议有关的各类规则，将其作为一种科学——而不是信息的集合——来展开研究；也有利于培养司法从业人员贯彻要件思维方法，从法律适用而不是结果正义的角度来解决个案。

然而，必须注意，在重构管辖协议的诸多理论路径中，借助民事实体的理论和规则或许最为便捷，但却未必是最终的选择。提升诉讼行为理论的品格，使其在管辖协议等诉讼契约上有更强的指导性和解释力，才是更为理想的解释路径，也是诉讼法学发展的必由之路。

〔1〕 例如，北京京东世纪贸易有限公司诉王某春格式合同纠纷案，北京市海淀区人民法院（2008）海民初字第 30043 号判决书；赵瑞罡、周薇：《电子商务纠纷中协议管辖条款效力的认定》，载《人民司法·案例》2015 年第 8 期。

第八章 追加当事人制度的理论追问与程序构建

一、现状描述与现实问题

追加当事人，是指法院根据法律的规定，使应当参加而未参加诉讼的当事人加入到诉讼中的制度。追加当事人在我国现行《民事诉讼法》中只有一条，即第十二章“第一审普通程序”中第 132 条的规定：“必须共同进行诉讼的当事人没有参加诉讼的，人民法院应当通知其参加诉讼。”结合相关司法解释，我国追加当事人制度具有如下基本内容：

第一，追加当事人的主体是人民法院。一般通说认为，追加的启动既可能是根据当事人的申请启动，也可能由人民法院依职权决定，但毫无疑问，最终确定追加当事人的主体只能是人民法院。

第二，被追加的对象是必要共同诉讼当事人或无独立请求权第三人。我国民事诉讼法确定的当事人种类中，普通共同诉讼当事人的确定应当以原告起诉的意志为准，有独立请求权第三人应通过主动申请参加诉讼的方式获得主体资格，因而《民事诉讼法》第 132 条所谓的“必须共同进行诉讼的当事人”只限于必要共同诉讼当事人和无独立请求权第三人。

第三，追加的方式单一，追加的后果多元。人民法院的追加方式是作出参加诉讼通知书，并送达相关主体。诉讼通知书一经送达，则被追加人就获得相应的诉讼地位，其拒不参加诉讼并不影响诉讼地位的确定，仅仅会根据其身份的不同产生不同的诉讼法上的后果：一般的当事人不参加诉讼并不影响案件的审理，法院可以采用缺席判决和特殊的送达方式（留置送达、公告送达）结案；如果需要追加的共同被告是必须出庭的当事人，则可以对其采取拘传。此外，如果在一审程序中应当追加而没有追加当事人，将引发二审发回重审和再审启动的后果。

从上述现状描述中可以看出，现行追加当事人的制度安排略显粗糙。粗糙的根源，或许在于追加当事人制度的立法错位。在《民事诉讼法》中，追加当事人制度被安排在第一审普通程序章内，作为一项审前准备活动展开，然而具体的规则却语焉不详。而包括《民诉法解释》在内的各司法解释却是把追加当事人作为当事人制度的组成部分，〔1〕因而关注的焦点是被追加当事人的地位和身份，而对具体的程序规则也较少涉及。这就导致了追加当事人制度在我国缺乏基本的程序色彩，与大陆法系国家（地区）形成了鲜明对比。〔2〕

立法体系中程序设计的缺乏导致该制度的理论定位也相对模糊。尽管其在大部分案件中或许能够正常运转，但在一些特殊情况下，就可能引发争议：

首先，人民法院追加当事人的审判组织是立案庭，还是审判庭？如果不允许立案庭审查，是否会导致应当参加诉讼的当事人不能及时加入，降低审判效率？如果允许立案庭审查，则是否会剥夺审判庭的职权，甚至导致对同一申请的重复审查，违反一事不再理原则？

其次，哪些主体应当被追加为当事人？尽管司法解释对应当追加共同被告和无独立请求权第三人的情形作出过具体规定，然而，立法规定终究有限，而生活万象则是无穷无尽。一旦法律和司法解释没有明确规定，现行理论能

〔1〕 最高人民法院《关于适用〈中华人民共和国民事诉讼法〉的解释》关于追加当事人的规则集中在第73条和第74条，均属于当事人制度部分的内容。

〔2〕 例如，《德国民事诉讼法典》第72~74条详细规定了诉讼告知（通知参加）的要件、方式和效力，而其教科书中关于追加当事人也有较为详细的阐释，参见［德］罗森贝克、施瓦布、戈特瓦尔德：《德国民事诉讼法（上）》，李大雪译，中国法制出版社2007年版，第384页。

否准确的帮助法官作出判断，就有待考验。[1]

最后，法院追加当事人是否是一项法定的义务和必要？通说一般认为，追加当事人会产生强制效力，因为被追加的对象都是应当参加诉讼而未参加的主体。那么如若法院未追加当事人，是否必然导致审判无效，引发二审发回或再审启动。事实上，司法实践中，由于案多人少的现实矛盾，法院往往都只是根据当事人的申请来追加当事人，并不愿主动“揽活”，这是否属于未尽到法定职责？毕竟未追加当事人引发的审判无效后果，是由各方当事人共同承担。

二、追加当事人制度的理论追问

要解决上述问题，并为下一步的程序建构奠定基础，就必须首先回答关于追加当事人的一些理论问题。

（一）追加当事人的权力属性

追加当事人是人民法院民事审判权的一项权能内容。但是，在整个民事审判权的权力谱系中，不同的权力属性定位，将决定具体的行使主体和行使方式的差异：

民事审判权是国家司法机关对提交其解决的民事纠纷进行审判的一项国家职权，其范畴太过宏观。有研究者曾对民事审判权作出了具体的区分，将其划分为事实认定权、法律适用权和诉讼程序指挥权。事实认定权是指法院依法对当事人主张的事实予以确认的权力，法律适用权是指法院正确适用法律法规和司法解释，对案件作出裁判的权力，而诉讼程序指挥权则是法院依照法律的规定或许可，为迅速、公平、切实地推进诉讼进程而行使的主导诉讼程序的权力。法院在审前准备中的绝大多数活动，如通知调查证据、告知合议庭组成和诉讼权利、送达起诉状和答辩状副本等，都属于诉讼程序指挥权的范畴，目的是推进诉讼进程。然而，追加当事人的实质问题，是确定案件的正当当事

---

〔1〕 例如，关于追索赡养费的案件是否应当追加其他子女为共同被告，法律没有规定，理论层面争议很大。主张追加方的观点，可参见刘家兴：《对运用共同诉讼制度几个问题的认识》，载《中国法学》1984年第4期；反对追加的观点，参见邵明：《民事诉讼法学》，中国人民大学出版社2007年版，第166~167页。

人，也即在具体的诉讼中，对于作为诉讼标的的民事法律关系具有实施诉讼权能的民事主体。理论界普遍认为，正当当事人是权利保护要件，而非诉讼成立要件〔1〕。因此，通过当事人的追加而确定正当当事人，并非仅仅涉及诉讼程序的正确进行，而是关系到人民法院能否作出正确裁判的关键性问题。法院在作出是否追加当事人的裁定时，必须首先对作为诉讼对象的案件事实作出认定，进而对应法律要件规范，确定是否符合追加的法定事由。总之，追加当事人的职权应当是事实认定权和法律适用权的结合，是典型的司法权，应当遵守司法权运行的基本规律。

回到追加当事人的行使主体，笔者认为，应当旗帜鲜明地确定只有审判庭才有追加当事人的权力。这是因为自从2015年我国实行立案登记制后，立案庭的职权被限缩为对起诉状进行形式要件的审查，而将权利保护要件的内容全部交由审判庭审查，从而降低起诉门槛。因此，能够代表人民法院行使追加当事人权力的，只应当限于审判组织。至于立案庭不追加当事人可能带来的诉讼迟延，其实是过去立案高阶化的结果。就如同立案登记制会带来案件数量的激增一样，卸去立案庭的追加当事人职权，也可能导致一部分案件的审前准备和开庭审理要花费更多的时间，但这本来就是人民法院正确行使审判权的应有之义，片面追求效率只会带来程序的混乱，唯有坚持民事诉讼的基本原理，方能确保程序的正当运行。

（二）追加当事人的必要性

追加当事人的必要性，是指法院是否应当根据正当当事人理论，在案件中强制追加当事人。要对这一问题作出回答，首先应区分追加的对象，根据必要共同诉讼当事人和无独立请求权第三人的不同类型分别回应。

1. 必要共同诉讼当事人

必要共同诉讼是指当事人为二人或二人以上，其诉讼标的是共同的诉讼。由于我国法律对诉讼标的并未明确定义，理论界所惯用的“当事人之间发生争议的提交法院解决的民事法律关系”的解读在很多案件中又缺乏具体的识别

---

〔1〕 参见汤维建：《民事诉讼法学》，北京大学出版社2008年版，第201~202页。

依据，因此，“司法实践中不仅把诉讼标的共同的诉讼作为必要共同诉讼，而且经常把与诉讼标的有密切联系的诉讼也当作共同诉讼处理[1]，造成了对必要共同诉讼当事人追加的滥用。另外，随着民法理论的发展，相关司法解释在对必要共同诉讼的界定上也出现了一些与传统民事诉讼理论不尽一致的做法，甚至司法解释之间也出现了一定冲突。例如，1993年最高人民法院《关于审理名誉权案件若干问题的解答》第6项[2]中规定：“因新闻报道或其他作品发生的名誉权纠纷，应根据原告的起诉确定被告。只诉作者的，列作者为被告；只诉新闻出版单位的，列新闻出版单位为被告；对作者和新闻出版单位都提起诉讼的，将作者和新闻出版单位均列为被告……”根据该司法解释的精神，可以明确：（1）在这类新闻报道侵犯名誉权案件中，作者和出版单位可能构成共同侵权人，作为必要共同诉讼的被告参加案件；（2）是否构成共同侵权，法院没有确定权，而应当根据原告在起诉状中的选择来确认。这一解释已经突破了《民事诉讼法》，实质上排斥法院的追加权力，否定必要共同诉讼中追加当事人的必要性，改为尊重原告的处分权。然而，2003年通过的最高人民法院《关于审理人身损害赔偿案件适用法律若干问题的解释》（以下简称《人赔解释》）第5条[3]又规定：“赔偿权利人起诉部分共同侵权人的，人民法院应当追加其他共同侵权人作为共同被告。”这一新的解释再次将共同侵权作为必要共同诉讼案件处理，并且赋予法院追加当事人的权力。

根据大陆法系民事诉讼法学的分类，必要共同诉讼可以分为固有的必要共同诉讼和类似的必要共同诉讼。固有的必要共同诉讼，在德国法中又称实体法上的必要共同诉讼，是指由于民事实体法的规定，导致案件各个共同诉讼人需要共同参加诉讼，单独参诉将因为直接违背实体法的规定而被驳回；而类似的必要共同诉讼，又称诉讼法上的必要共同诉讼，是指某个共同诉讼人参加诉讼后，判决的既判力将延伸到其他共同诉讼人，从而遮断其他共同诉讼人提

---

〔1〕 江伟主编：《民事诉讼法》，中国人民大学出版社2007年版，第164页。

〔2〕 该文件已在2021年被废止。但在其与《人赔解释》共同生效的时间内，仍出现了司法解释之间的冲突。

〔3〕 2020年修订后第2条，条文内容没有变化。

起的诉讼。[1]换言之，在固有的必要共同诉讼中，只要有一个共同诉讼人没有加入到诉讼之中，该诉就存在当事人不适格的情形，而在类似的必要共同诉讼中，面对其他共同诉讼人没有参加诉讼的情况，只要相关当事人没有提出追加或主动参诉的申请，法院就应当仅仅根据原被告双方的诉辩主张对案件进行审理，正如我国台湾地区学者陈计男所说，在类似的必要共同诉讼中，“仅有共同诉讼人中的一人或数人起诉或被诉，但仍不失为适格当事人”[2]。

而美国在当事人的追加问题上，首先由《联邦民事诉讼规则》第 19 条和第 20 条直接区分了强制合并（compulsory joinder）和许可合并（permissive joinder）两种情况。由于不存在诉讼标的概念，普通法系国家所使用的“joinder”一词，与大陆法系所惯用的“共同诉讼”有较大的差异。许可合并的条件甚至要远大于普通共同诉讼的案件类型，故而非常强调当事人的主观意愿，不存在法院追加的必要。而对于强制合并，1966 年以前的《联邦民事诉讼规则》根据 19 世纪的判例，将其细分为必要型（indispensable parties）和需要型（necessary joinder of parties）两种，需要型当事人是指“与争议有利害关系（interest）……但该利害关系可以与应诉当事人的权益相分离……在其不参诉时，法院依然可以作出公正判决，且不会损害其他主体利益”的民事主体，而必要型当事人则是指“不仅与争议存在利害关系，而且该利害关系是法院作出公正判决的基础，离开其参与法院将无法实现‘衡平与良心’”的当事人。[3]这一区分意味着，对于必要型当事人，法院如果在其缺席的情况下，将无法对案件作出处理，只能撤销案件，导致相关当事人的利益无法获得司法救济。也正因为如此，在崇尚诉权保护的美国，该分类遭到了极大的抨击，而实务界也一直致力于倾向于不轻易适用必要型当事人规则。1965 年美国程序规则和司法会议委员会推出了修订案，取消了强制合并中的分类，改由法官具体衡量评估诉讼当事人主体的权益在未决诉讼中的状态，只有当已经参加诉讼的当事人

---

〔1〕 参见［德］汉斯－约阿希姆·穆泽拉克：《德国民事诉讼法基础教程》，周翠译，中国政法大学出版社 2005 年版，第 139~141 页。

〔2〕 陈计男：《民事诉讼法论》，台北，三民书局 1995 年版，第 164 页。

〔3〕 Shields v.Barrow, 58 U.S.139（1854）.

权益不能够得到救济，且未参加诉讼当事人的利益不会遭到违法损害的前提下，法院才可以在“可行的情况下”进行强制合并。[1]总而言之，作为当事人主义模范的美国，在当事人追加问题上，其考虑问题的出发点主要是当事人的权利能否得到彻底完整的保护，尽量减少对强制合并的适用，扩大当事人的处分权。

诚然，比较法的经验并不能成为我国制度变革的直接动因。但是，大陆法系和普通法系在追加必要共同诉讼当事人上的做法，却说明并非所有共同诉讼都需要法院追加当事人。大陆法系国家（地区）通过理论分类，将必要共同诉讼作出划分，只对固有的必要共同诉讼当事人进行追加，而普通法系国家则通过法官衡量，对强制合并当事人予以较为严苛的限制。这一共通性做法的目的，都是尽量根据当事人的意志来实施诉讼，从而保证诉讼的继续进行。我国在理论体系和立法原则上都近似于大陆法系国家（地区），但由于未作区分，使得对必要共同诉讼的当事人都存在追加的必要性，极大地增加了当事人的负担和诉累，也为法院自己的审判活动增添了不必要的麻烦。

2. 无独立请求权第三人

无独立请求权第三人是指对他人之间争议的诉讼标的不享有实体权利，但案件的处理结果同其有法律上的利害关系，因而参加诉讼的人。至于何为法律上的利害关系，并无定论，导致司法实践中如何识别无独立请求权第三人成为一件颇易引起争议的事项，以至于“相当数量的法院在利益驱动和地方保护的驱动下，恣意地将外地的当事人追加为无独立请求权的第三人，严重侵犯了当事人的诉权，并在一定程度上影响了司法公正与司法权威”[2]。为此，最高人民法院不得不在《关于在经济审判工作中严格执行〈中华人民共和国民事诉讼法〉的若干规定》第 9~11 条[3]中明确规定了不得追加为无独立请求权第

---

〔1〕 参见［美］杰克·H. 弗兰德泰尔等：《民事诉讼法》，夏登峻等译，中国政法大学出版社 2003 年版，第 326 页。

〔2〕 赵信会、李祖军：《无独立请求权的第三人制度的内部冲突与制衡》，载《现代法学》2003 年第 6 期。

〔3〕 该规定已在 2019 年被废止，但对司法实践依然有指导作用。

三人的若干情形。

而欲从根本上阻止不当追加第三人的情形，学者们通过借鉴域外经验，提出了多种方式：

（1）构建独立的第三人之诉。这种方式其实是模仿了美国《联邦民事诉讼规则》第 14 条确定的“引入诉讼”（impleader）。建构被告型第三人〔1〕或义务性第三人〔2〕。此种方式的核心是，由本诉的被告在诉讼过程中直接以第三人为被告向法院提出独立的诉讼请求法院将本诉和新诉合并审理。而合并的原因，则是如果本诉的被告败诉，必然会向第三人提起赔偿主张。从理论上看，被告的请求权仅仅当在本诉败诉时方才存在，美国法上将其解释为一种期待性请求权，〔3〕而如果用大陆法系的民事诉讼理论则更加容易，因为这属于比较典型的预备合并（假定合并）。在这种制度构架下，第三人参加诉讼的前提不是法院的追加，而是被告的起诉，因此第三人享有被告的诉讼地位，享有与被告相同的各种诉讼权利，承担相同的诉讼义务。

（2）明晰辅助参加人制度。这一方式实际是进一步效法大陆法系传统上的辅助参加制度。根据大陆法系国家（地区）的民事诉讼理论，辅助参加人并不是审判对象的实体当事人，不是争议法律关系的直接主体，只是审理结果与其有法律上的利害关系，因而他可以陪同当事人出庭，支持一方的诉讼主张，从而保护自己的利益。由于辅助参加人并不具备实体当事人的地位，因而法院不能直接判决其承担责任，辅助参加人自己也不具备对诉讼标的的处分权，因而没有变更、承认诉讼请求、提起反诉、撤诉、和解等涉及实体利益的诉讼权利。他享有的仅仅是参加法律争议的辩论权和对事实问题作出陈述的举证权。〔4〕辅助参加人参加诉讼的方式，在大陆法系上一般采取“诉讼告知”的方

---

〔1〕 参见张卫平：《民事诉讼法》（第 5 版），法律出版社 2019 年版，第 169 页。

〔2〕 参见肖建华：《民事诉讼当事人研究》，中国政法大学出版社 2002 年版，第 334 页。

〔3〕 参见［美］杰克·H. 弗兰德泰尔等：《民事诉讼法》，夏登峻等译，中国政法大学出版社 2003 年版，第 351 页。

〔4〕 参见［德］罗森贝克、施瓦布、戈特瓦尔德：《德国民事诉讼法（上）》，李大雪译，中国法制出版社 2007 年版，第 325~327 页。

法，即由已经参加诉讼的当事人通过法院向辅佐人发出参加诉讼的告知，而非法院直接追加。法院告知后，即便辅助参加人拒绝参加，法院也不得在判决中直接判决其承担义务，而仅仅产生预决效力，即《民诉法解释》第 93 条第 1 款第 5 项规定的生效裁判所认定的事实在后续诉讼中对未参加诉讼的辅助参加人依然具有约束力。

综上所述，对于必要共同诉讼当事人和无独立请求权第三人，在追加的必要性上都应小心慎重。一方面，法院应当精确细分被追加人的类型，判断被追加主体的具体诉讼地位，根据不同的类型来确定是否追加以及如何启动追加；另一方面，法院也应当自我限制追加当事人的职权，如果没有当事人的充分授权，大多数情形下法院并无追加的绝对必要。因为除了固有的必要共同诉讼当事人，其他民事主体——如类似的必要共同诉讼人、被告型第三人、辅助参加人——不参加本诉，都并不影响本诉的审理和判决。

（三）追加当事人的法律效力

根据《民事诉讼法》和 2016 年最高人民法院颁发的《民事诉讼文书样式》，通知书是我国法院追加当事人的唯一方式。无论是根据当事人的申请追加，还是法院自己依据职权决定追加，最后都需要以送达参加诉讼通知书的形式，将被追加主体纳入诉讼。尽管理论界对于通知书的法律效力尚缺乏研究，但在现实中，此种追加通知的效力是不言自明的，即法院完成送达之时起，被追加的主体就成为案件的当事人。唯一的例外发生在对共同原告的追加上，根据《民诉法解释》第 74 条的规定，被追加人明确表示放弃实体权利的，可不予追加。

此种强制追加的效力，导致当事人——尤其是被追加的当事人——缺乏意思表示，被直接卷入诉讼，而且没有法定的出局机制，只能在案件的审理裁判结束后才得免诉累。我国《民事诉讼法》中规定的提前出局机制主要有二：一是答辩权，被告通过答辩，使法官意识到本案当事人不适格或不属于法院主管，因而要求原告更换当事人或驳回起诉；二是管辖权异议权，通过异议，使法院意识到对当事人无司法主管权项。由于管辖权异议的提出时间一般在答辩期内，所以此两项机制捆绑在一起。然而，由于答辩期为收到起诉书后 15

日内，尚属于立案管辖的阶段，由立案庭负责；而追加当事人则属于审前准备阶段，属于由审判庭负责的事项，因此，被追加人在法律上已经没有了使用此类出局机制的机会，更何况我国法律明确规定无独立请求权第三人在我国不享有管辖权异议权，更是强制被追加人将诉讼进行到底。

由于我国在诉讼传统和诉讼程序上都继承了大陆法系国家（地区）的理论和制度，了解大陆法系国家（地区）在追加上的效力安排，对完善我国的制度有很大帮助：大陆法系国家（地区）根据被追加当事人的不同情形，在追加的方式和效力上有不同的安排：(1)固有的必要共同诉讼人。此类情形下法院必须追加，否则无法作出正确判决。在这类案件中，法院须在当事人提出申请后，通知被追加人参加诉讼。如果被追加人不参加诉讼，得用缺席裁判；而如果相关当事人拒绝提出申请，则以主体不适格为由，驳回起诉。〔1〕(2)类似的必要共同诉讼人。由于此类必要共同诉讼仅仅发生主体缺位，不会影响案件的裁判，因而法院无须追加，只管依法裁判即可。但在这类案件中，可能出现本诉的当事人或被追加人主动申请追加的情形，对于这种申请，当由法院经过审查，认定与诉讼标的有直接关系后，通知被追加人应诉，并告知诉讼现在的进行状态。被追加人得以管辖权等事由提出抗辩，拒绝参加诉讼，法院应尊重合法的抗辩主张。唯被追加人既无应诉行为，亦无反对应诉理由，应以缺席裁决处理。(3)被告型第三人。此类情况系因为本诉被告对第三人提出新诉而致，故应通知第三人直接应诉，并送达相关法律文书副本。被追加人享有应诉答辩、管辖权异议等一切被告应有的权利。(4)辅助参加人。本诉原被告提出增加辅助参加人申请后，法院应以诉讼告知的方式，将诉讼的具体状态通知辅助参加人，辅助人如果愿意参加诉讼，应明确作为哪一方主体辅助人，概因可能出现原被告双方皆申请其进行辅助；如果第三人拒绝参加或未作表示，则不得将其纳入，诉讼继续进行。〔2〕日本法还明确规定，告知书中不需要粘贴作为

〔1〕参见［日］三月章：《日本民事诉讼法》，汪一凡译，台北，五南图书出版股份有限公司1996年版，第254~256页。

〔2〕参见［德］汉斯－约阿希姆·穆泽拉克：《德国民事诉讼法基础教程》，周翠译，中国政法大学出版社2005年版，第219页。

程序费的印花，因为被告之人必须在同意参加诉讼后，方有可能承担告知费用。[1]

归纳起来，大陆法系国家（地区）追加的效力设定有以下几点特征：第一，如欲将未参加诉讼的民事主体纳入正在进行的诉讼当中，需要当事人明确的意思表示，法院一般不能直接作出追加的诉讼文书。但法院可以通过行使阐明权，来提示（要求）当事人提出追加当事人的申请；第二，在追加相关主体参加诉讼时，不应当仅仅下达应诉通知，还应当提供诉讼进行的基本信息，提供相关的法律文书以便其了解案情，并决定是否参加诉讼，如何参加诉讼；第三，相关主体（尤其是被追加人）有一定的异议权，可以提出合理理由，拒绝参加。

三、追加当事人制度的程序建构

为化解现行制度中的理论困境，应当结合我国司法实际，运用大陆法系的民诉理论重构追加当事人制度，对其予以要件化安排，用严密的诉讼程序来确保制度的正常运转。

（一）追加当事人的程序要件

追加当事人的程序要件，是指提起追加程序的条件。具体包括如下内容：第一，须由当事人提出申请，除固有的必要共同诉讼外，法院原则上不得主动依职权进行。在追加当事人的启动上，充分引入当事人的处分权意思自治，因此法院不得主动干涉，唯当本诉当事人无能力正确适用法律确定诉讼对手时，法院可行使阐明权，告知其权利主张针对的对象。第二，须向案件的审判组织提出申请。追加当事人系审判合议庭行使事实认定权和法律适用权的结果，必须由合法的审判组织进行。第三，须在审前准备阶段提出申请。在审查起诉阶段要求追加当事人，属于起诉书的补正，并不需要法院的审查。只有进入审前准备阶段后，才需要由法院审查是否构成诉的主体合并情形。第四，须提出书面申请。为显示追加当事人的正式性，当事人必须向法院审判组织提交

〔1〕 参见［日］新堂幸司：《新民事诉讼法》，林剑锋译，法律出版社2008年版，第141页。

书面申请材料。

（二）追加当事人的实体要件

追加当事人的实体要件，是指提起追加程序，必须满足的实体情形。根据当事人理论，实体要件分为下列不同情形：

第一，追加必要共同诉讼人的启动实体要件：被追加人系争议的诉讼标的法律关系的主体，受裁判既判力范围约束。法律和司法解释可以对部分类型的共同诉讼予以列举，但归根结底仍应当从诉讼标的理论出发，确定必要共同诉讼人的判断标准。需要说明的是，对于类似的必要共同诉讼，如果本诉当事人提出追加申请，由于被追加人仍然属于争议实体法律关系的主体，故法院也应当追加。〔1〕

第二，追加被告型第三人的启动实体要件包括：（1）被追加人因本诉被告败诉而有法律上的利害关系。此类情形下的第三人追加，实质是诉的预备合并，故而必须要求第三人与本诉被告之间有法律上利害关系，也即存在另一法律关系构成参加之诉的诉讼标的，而非仅仅经济上或道义上的关联。（2）法院认为有合并审理必要。追加被告型第三人参加本诉的目的是诉讼的经济和方便，在中间裁判尚未完全得到确立的今天，如果任由本诉被告自行行使处分权追加第三人，可能导致诉讼的拖延和复杂，因此应当赋予法院必要性审查权，作为启动的实体要件。

第三，追加辅助参加型第三人的启动实体要件：被追加人须具有辅助能力，也即与本案的处理结果有法律上的利害关系，且能够以独立的意志能力和表达能力，对案件的事实和法律的适用作出说明。

---

〔1〕 类似必要共同诉讼原告的情形，需要实体法的明确规定，并不多见，在日本一般体现为数人提起的公司设立无效之诉（《商法》第136条）、数人提起的撤销股东大会决议之诉或确认股东大会决议无效之诉（《商法》第247条、第252条）、数人之间关于确定破产债权之诉（《破产法》第244条、第250条），参见［日］高桥宏志：《重点讲义民事诉讼法》，张卫平、许可译，法律出版社2007年版，第214~215页。我国由于没有区分必要共同诉讼的种类，因而现行民事实体法和民事诉讼法的法律和司法解释中都没有关于类似必要共同诉讼原告的具体规则，还需进一步梳理。

（三）追加当事人的程序

追加当事人的程序，是指法院收到当事人追加申请后，通知被追加人参加诉讼的具体步骤和流程。

1. 受理和审查申请

法院审判庭收到当事人的追加申请后，应当审查追加的程序要件和实体要件是否齐备，如果齐备则应当依申请向被追加人发出通知，否则应当通知申请人修改补正申请，或直接驳回申请。

需要讨论的问题是，如果追加当事人并非简单的主体合并，而是涉及客体合并、预备合并事宜，在实质上构成一个新诉，因而导致产生诉讼费用的缴纳、案号的获取等问题时，由审判庭作出追加通知，是否违背立审分立的基本要求。笔者认为，从权力规范的角度出发，应当将此类合并的审查拆分为两个阶段：第一阶段为追加要件的审查，由审判庭进行；第二阶段为诉讼要件的审查，由立案庭完成。对于审判法官明确同意追加的案件，立案法官只需对起诉的形式要件予以审查（是否缴纳诉讼费用、是否提供明确的送达地址），而不应对证据问题、实体问题、当事人适格问题乃至管辖问题再作出判断，从而加快立案速度，便利审判工作。

2. 向被追加人送达追加通知

经过审查，对符合追加要件的申请，人民法院应当向被追加人送达追加通知。在送达追加通知的同时，还应当披露案件的基本情况，也即送达起诉状、答辩状、追加申请等卷宗材料的副本。与现行制度中“送达即追加”不同，此时的通知仅仅产生告知的效力，尚未真正产生将被追加人纳入本案审理的效力。

3. 被追加人作出意思表示

被追加人收到通知后，应当在法定时间内作出是否同意参加诉讼的意思表示。由于案件尚在审理过程中，因而法定时间不宜过长。根据具体案情的不同，被追加人意思表示的方式和效力也有区别：

第一，必要共同诉讼原告的追加，应当保留现行做法：（1）如果其愿意参加诉讼，应当提交起诉状，阐明自己的诉讼请求和理由，法院根据该诉状，作出诉的主体合并的裁定；(2)如果其不愿意参加诉讼，应当明确表示放弃与案件诉讼标的有关的实体民事权利，法院应当根据该意思表示作出终结追加程序的裁定，从而确定本诉当事人的适格；(3)如果没有上述两种明确的意思表示，法院应当径行裁定追加为共同原告，其不参加诉讼，不影响人民法院对案件的审理和依法作出判决。

第二，必要共同诉讼被告的追加，无须考虑被告的意思表示，无论被告是否同意参加诉讼，法院都应当作出追加裁定，将其纳入案件当事人范围。无论是固有的还是类似的必要共同诉讼被告，只要追加程序启动，都无须考虑被追加人的意思表示。被追加人认为追加不适格的，可以及时提交答辩的方式，申请法院驳回原告对自己的起诉。

第三，被告型第三人的追加，亦无须考虑第三人的意思表示。但应当明确第三人享有参加之诉被告的诉讼地位，因而有权在参加之诉的答辩期内提交答辩、提出管辖权异议，从而合法地终结诉讼。

第四，辅助型第三人的追加，需要等待第三人的明示：(1)第三人如果愿意参加诉讼，应当向法院明确表态成为哪一方主体之第三人，法院据此作出裁定，将第三人纳入诉讼；(2)第三人如果明确表示不愿意参加诉讼，或在法定期内未作出明示，法院均应当视为不愿意参加，可将结果告知本诉当事人。

4. 作出裁定，正式追加当事人或终结追加程序

作为追加程序的终止符的，应当是具有法定效力的裁定。根据前述不同的意思表示，法院应当在法定期满后作出追加的裁定，从而产生诉的合并的正式效果，或者终结追加的裁定，从而结束追加程序。

通过程序建构，使法院追加当事人制度程序化要件化，法院追加当事人要么需要本诉当事人的起诉，要么需要被追加人的明确同意，扩大了当事人的参与空间，既增加了法院追加和后续审判的正当性基础，又明确了法院必须依申请追加的义务，可以减小法院错误追加的概率，保障当事人的权益。同时，这一程序变革的方案并没有直接取消追加当事人制度，无须在立法层面作出大的变革，在逻辑自洽的同时又具有较高的可行性，值得立法者关注。

第九章 财产保全制度的结构矛盾与消解途径

为了保障民事判决的有效执行，及时维护当事人的合法权益，我国民事诉讼法设立了财产保全制度。现行《民事诉讼法》第九章规定了财产保全的相关内容，此后多个司法解释又对该制度进行了细化，2015年《民诉法解释》也对财产保全制度的不少内容作出了修改。然而，对于这项与诉讼程序和诉讼结果都有密切关系的制度，理论研究尚欠深入，既有研究大多是人民法院的法官和工作人员结合司法实践中的切身体会，就财产保全制度中存在的某些疏漏提出的分析和建议，[1]多集中于如何确保财产保全措施正确、及时、有效地得以实现。因此，本文希望从理论的视角出发，探讨和分析我国现有财产保全制度所存在的结构性矛盾，并从较为宏大的比较法视野和较为微观的诉讼技术层面，提出化解消除结构性矛盾的路线图。

一、我国财产保全制度的历史溯源与现状描述

财产保全在我国民事诉讼中有着悠久的历史。即便在《民事诉讼法》缺位的年代，为了民事审判活动的正常进行，在各种规范性文

〔1〕 通过对中国期刊网收录的法律类核心期刊的搜索，直接研究财产保全的文献多发表于《法律适用》《人民司法》等面向审判一线的刊物，其作者也大多是人民法院中的一线审判工作人员。而法学研究的主流刊物中关于财产保全的文献较少，十余年来CSSCI法学类核心期刊中以财产保全为主题的论文不超过10篇。

件中早已有财产保全的身影。例如，1956 年，作为中华人民共和国成立后民事审判工作经验总结和发展导向的《关于各级人民法院民事案件审判程序总结》(以下简称《总结》)就将“决定采取保全措施”作为“审理案件前的准备工作”列入。1982 年，作为第一部民事诉讼法的《民事诉讼法(试行)》也在第十章普通程序中专辟一节(第三节)规定“诉讼保全和先行支付”，内容与《总结》基本无异，只有第 96 条将对保全裁定的救济措施由上诉变更为复议。1991 年，我国现行《民事诉讼法》颁行，其中第 92~96 条的规范成为我国民事审判中财产保全制度的法律渊源，此后 2007 年、2012 年和 2017 年的修正案均未对财产保全制度作出新的调整。[1]1991 年《民事诉讼法》关于财产保全制度的变化主要有三：第一，将财产保全制度从一审程序中独立出来，另成一章。其原因是财产保全“是民事诉讼中人民法院在条件具备时应该可以采取的强制性措施，并不限于第一审程序”[2]。第二，增加了诉前保全的规定。第三，增加了被申请人提供担保的，人民法院应当解除保全措施的规定。

此后 20 年间，最高人民法院也不断通过司法解释充实完善该制度。一个有趣的现象是，在以执行为主题的司法解释中，经常可以看到规范财产保全的条款。这说明，在人民法院的内部工作流程中，财产保全一向被视为执行的范畴。2009 年，最高人民法院主管执行工作的副院长江必新主编的《民事强制执行操作规程》，被视为对“现行民事执行规范和地方执行经验的梳理和总结”，也将财产保全列为“执行程序中的具体制度”，再次印证了最高人民法院将财产保全划归为执行类制度。

从财产保全在我国法律渊源中的地位变迁的视角出发，可以归纳出在现行立法例中，我国财产保全制度的三项特点：

第一，财产保全的制度化，而非程序化。1991 年《民事诉讼法》将财产保全制度从审判程序编中脱离，独立成章，置于总则之下。这说明立法者对财产

〔1〕《海事诉讼特别程序法》《著作权法》《商标法》《专利法》等法律也对海事海商和知识产权等专业性案件中的财产保全制度有所涉及，但由于其专业性，因而也失去了典型性，故不属于本文讨论的范畴。

〔2〕马原主编：《民事诉讼法的修改与适用》，人民法院出版社 1991 年版，第 86 页。

保全的定位，更多的是将其视为一项有关如何采取保全措施的制度，而不是诉讼中的程序性事项。从具体的立法内容看，财产保全也被分解为启动条件（第92条）、保全范围和保全措施（第94条）、解除条件（第95条）等若干个制度要件，其中最为重要的是财产保全的启动条件。从我国立法的发展过程看，尽管法律渊源发生了诸多变化，但财产保全的启动条件未曾变动，均为“法院以后作出的判决有不能执行或者难以执行的可能”〔1〕。从立法精神上看，只要满足了该条件，人民法院就应当采取保全措施。相比之下，财产保全立法中的程序性内容较为匮乏，除了在制度的启动方面，规定了启动主体、启动时间、管辖法院等一些内容，综观整个财产保全制度，找不到其他的程序性约束。比较研究显示，此种对财产保全制度的定性并非常态，正如我国台湾地区学者陈计男教授所言，诉讼中的财产保全是一种“特别诉讼程序”〔2〕。无论是大陆法系国家（地区）还是普通法系国家，都为财产保全设置了专门的诉讼程序，既为债务人提供必要的程序保障，也体现出限制财产处分权的程序正义。

第二，财产保全的执行化，而非诉讼化。由于我国财产保全没有完整的程序性约束，因此该制度的重心自然地落到了保全措施之上。这进一步导致财产保全的诉讼色彩减弱，而执行色彩增强。一方面，从1982年《民事诉讼法（试行）》开始，对保全裁定的救济手段已经由过去的“上诉”变更为“复议”。从民事诉讼中复议机制和上诉机制的对象看，前者主要针对法院的行政性权力行为，例如执行程序中的非处分性行为、〔3〕对妨害民事诉讼行为采取的拘留罚款等强制措施；而后者主要针对法院的审判权行为，例如各种实体判决，以及涉及实体争议能否被审判权处理的不予受理、管辖权异议等裁定。将保全裁定的救济手段定为复议，说明立法者认同保全的执行化。另一方面，大量的执行类司法解释中涵盖财产保全的内容规范，以及最高人民法院执行局等执

〔1〕 唐德华：《民事诉讼的立法与适用》，中国法制出版社2002年版，第174页。

〔2〕 陈计男：《民事诉讼法论（下）》，台北，三民书局2007年版，第443页。

〔3〕 法院在执行过程中以行政性权力为基础作出的执行行为裁定和执行管辖裁定均系复议对象，但执行标的异议裁定，却必须通过诉讼程序来予以救济，盖因对执行标的异议涉及对案外人财产权的认定，系审判权的处分事项。

行机构将财产保全纳入业务范围，都说明在法院系统内部，财产保全的执行色彩更为浓厚，财产保全的权力基础是执行权，而非审判权。

第三，财产保全的法院化，而非当事人化。从1956年《总结》到1991年《民事诉讼法》再到后续的各项司法解释，立法例一直都将财产保全作为人民法院的一项权力内容予以规范：如何审查保全请求、如何作出裁定、如何采取保全措施、如何撤销保全措施，等等。涉及当事人行为的条文，仅仅局限在保全的启动、提供担保解除保全措施和保全的救济渠道三项内容。并且，有限的当事人行为，也并不足以对法院构成真正有效的制约。无论是在财产保全启动上当事人的申请，还是在当事人不服财产保全裁定时提出的复议，都必须通过法院审查来得到回应，而法院如何审查，审查的具体内容，法律都未予明确规制。因此，法院在财产保全过程中有很大的自由裁量空间，不受当事人的制约。这也再次印证了前述财产保全的非程序化和非诉讼化的特征。

二、我国财产保全制度的结构性矛盾分析

在对财产保全的现状进行了概要的描述后，有必要继续追问这些现状特点会导致什么问题。笔者认为，财产保全制度的上述结构性特征决定了制度内在的结构性矛盾。结构性矛盾，是指内生于制度内部的，不因行为者自身能力、品性的不同而变化的价值冲突。换言之，我国财产保全的制度内容，决定了无论办案法官个人的能力高低、具体案件案情的繁简难易，都会在这一制度的适用上呈现一定的价值冲突。因此，结合我国财产保全的具体内容，来探索其中的结构性矛盾，就成为学术研究不能忽略的问题。

（一）结构性矛盾之一：原告的实体权利 vs. 被告的正当程序权

财产保全制度，是在生效判决作出之前，对被告的财产采取某种限制措施的诉讼制度。在这一制度中，原告和被告的利益有着严重的冲突。这不仅表现在实体权利上，也体现在诉讼进程中。

在实体权利层面，如果法院作出保全裁定，采取保全措施，则原告的实体权利有了实现的可能，而被告对相关财产的处分权则必然遭到限制。这一限制在某种意义上是对物权法甚至是对宪法基本精神的违背。因为被告的义务

是否成立，是否已届清偿期，是否可以抵销等问题，都有待生效的司法裁判加以最终的确定。而在终局性的确权裁判尚未作出的情况下，直接对被告的财产加以限制，实质上系对被告合法财产的非法限制——至少违背了程序正义和无罪推定的基本原理。然而，如果在财产保全措施采取之前，赋予被告足够的正当程序权利，则很可能导致被告恶意地转移、隐匿财产，最终架空原告的实体债权和法院的终局性裁判。

在诉讼程序层面，如果法院作出保全裁定，采取保全措施，不仅意味着原告的保全申请得到了法院的准许，而且在客观上也打破了诉讼进程中双方的平衡。一般而言，原告可以较为放心地进行相应的诉讼行为，耐心地准备证据，应付后续的审判工作，而被告则陷入了诉讼中的苦境，是“被拿住了七寸”。这是因为，财产保全作为一项有利于原告方的制度，法院作出保全裁定尽管不是对实体权利的处理结果，但多少体现着主审法官的意志和态度。此种意志和态度带有明显的倾向性，即对原告权利主张的赞同和对被告履行裁判的不信任。因此，保全裁定和保全措施使得原告在诉讼程序中可以高枕无忧，而被告则堕入深渊。为了避免诉讼中的苦战，被告往往只能接受调解，以牺牲裁判保护权为代价，来换取一定的实体权利。这不仅仅是理论的推演，一些统计数据也证实了此观点。例如，根据宁波北仑区人民法院的抽样，采取财产保全措施的案件中，调撤结案率达到了 70% 以上，这一比例要明显高于未采取保全措施的案件，〔1〕而杭州市滨江区人民法院 2004 年采取保全措施的案件共 214 件，调解结案率高达 90%。〔2〕可见，财产保全的适用，使得原告的实体债权在很大程度上得以实现，而被告的司法保护请求权则几近空谈。相反，如果原告的财产保全申请未获得法院的支持，则被告可以充满信心地将诉讼进行到底，甚至利用各种程序性权利拖延进程，延缓原告债权实现。

〔1〕 参见胡颖芳：《财产保全的效果分析》，载中国法院网，https://www.chinacourt.org/article/detail/2004/03/id/109311.shtml，最后访问日期：2021 年 3 月 15 日。

〔2〕 参见严克新：《关于建立大保全、小执行体制的思考》，载中国法院网，https://www.chinacourt.org/article/detail/2007/04/id/243968.shtml。

需要特别强调的是，在具体的民事诉讼个案中，原告与被告的身份仅仅反映了民事法律关系主体的诉讼地位，并不能真正体现债权的正当性。换言之，由于未经过正式的司法审判，财产保全裁定在牺牲被告的正当程序权利以保护原告的实体债权时，可能也同时牺牲了合法的、本应受到司法保护的正当债权。例如，在曾经轰动一时的“富士康公司诉《第一财经日报》记者”案中，原告富士康公司有意识地以《第一财经日报》报社的两位记者为被告，以名誉权受侵犯为由，提出天价索赔要求，并同时申请财产保全，对作为自然人被告的房屋、汽车予以查封，银行账户予以冻结，给被告造成极大的心理压力，最终迫使被告及其供职的《第一财经日报》与其达成和解方案。〔1〕在这一案件中，因职务行为涉案的自然人记者是否系适格的被告、报社刊发的新闻报道是否侵犯了富士康公司的名誉权、名誉权侵权的赔偿金额的合理定价等问题，都殊可争辩。然而，由于财产保全裁定的作出和财产保全措施的适用，被告方的正当程序权利已然被剥夺，只能屈服于原告强有力的诉讼策略之下。

（二）结构性矛盾之二：快速及时 vs. 追求正确

财产保全制度作为临时性救济机制，原告与被告的矛盾必然贯穿其中，世界各国无一例外。但由于我国司法体系的内在特点，又诞生了另一组根本性矛盾，即制度本身对快速及时的价值取向与法官追求正确的行为之间的矛盾。

财产保全制度的直接功能，是为了避免债务人财产被转移、藏匿和灭失，对债务人的财产进行处分限制。因此，这一制度对效率的重视是天然的和必要的。财产保全的裁定和措施都必须在保密的前提下快速及时地作出，才能实现这一基础价值。〔2〕实际上，快速原则当是财产保全的一项重要原则。这一原则反映在具体的法律制度上，就是如何便于当事人提起财产保全申请，以及如何确保法院及时地对保全申请作出裁断。财产保全制度的终极目的，则是确保判决得到执行，从而实现司法裁判的权威和尊严。财产保全制度应当服

〔1〕关于该案的详细案情，可参见王刚：《一场三千万的诉讼游戏》，载《中国新闻周刊》2006年9月8日。

〔2〕参见李仕春：《民事保全程序研究》，中国法制出版社2005年版，第59页。

务于司法权威这一目的，是实现司法权威的手段。

但是，由于我国的司法考评机制中，一个重要内容就是法官的审判行为是否正确适当，近年来还发展出用改判率、发回重审率等客观指标来对法官的行为进行衡量，并决定法官在升迁、奖金等多方面的利益。因而，在财产保全制度中，法官也必须坚持司法正确，避免各种错误的保全行为：

第一，尽量避免法定的“违法保全”的行为。《国家赔偿法》及其相关司法解释，明确将“违法采取保全措施，并给当事人造成损失”作为人民法院承担司法赔偿责任的类型之一。而最高人民法院《关于审理民事、行政诉讼中司法赔偿案件适用法律若干问题的解释》第3条明确规定了“违法采取保全”的具体内容。这些规定成为高悬在法官头上的达摩克利斯之剑，强化了法官在财产保全中对正确行为的追求，使其在财产保全上不得不小心翼翼。

第二，尽量避免会被后续判决书和其他裁判文书推翻的保全行为。一方面，保全裁定应当与本案终局判决书基本一致。如果保全裁定作出后，终局裁判又完全驳回了原告方的诉求，那可能意味着法院在审查保全申请时不够审慎，同时还可能引发被告对法院的司法赔偿诉请和对原告的损害赔偿请求，给法官带来极大的麻烦。所以，法官会尽量确保保全裁定与终局裁判的一致性。另一方面，最高人民法院《关于在经济审判工作中严格执行〈中华人民共和国民事诉讼法〉的若干规定》第19条[1]规定，受诉人民法院院长或者上级人民法院发现采取财产保全确有错误的，应当按照审判监督程序立即纠正。因此，为了避免再审程序的启动，法官也应当确保财产保全的裁定和措施的正确，不会引发审判监督程序。

第三，尽量避免违背特定政治诉求的保全行为。由于财产保全是对被告财产的直接处分，并将在很大程度上影响未来诉讼的结果，因此财产保全的范围和方式等制度内容不仅是制定法的关注范畴，还将是司法政策的干预对象。例如，2009年世界性金融危机爆发后，最高人民法院于同年7月连续下

---

〔1〕 该解释已于2019年被废止，但由于法院启动再审的条件并无变化，因此这一规则本身依然有适用空间。

发三个就“当前形势下”民事审判的指导性意见,[1]其中均强调要“慎用”“合理使用”保全制度,“要充分考虑企业的生存发展、劳动者的生计保障和社会的和谐稳定”。在这一司法政策的指导下,各地方法院提出了在保全申请主体上的放宽,保全措施上的灵活适用等多项应对手段:对欠薪(债)逃匿的企业,加大适用力度和速度,避免因不及时采取措施而损害债权人合法权益;对有发展前景的当事人,要慎用保全措施,尽可能避免干扰企业的正常生产、经营活动。[2]因此,我国法官在追求财产保全的正确适用上,不仅仅需要追求法律正确,还需要追求政治正确。

法官追求正确的手段,主要有二:一是事前控制手段,即作出保全裁定前的审查过程。法官的审查越细致,越严密,其结果正确的概率就越高。法官应当充分调取证据,确定案件的事实,并选择应当适用的法律。从法律文本的角度分析,法院对于当事人的财产保全申请,只应当通过对起诉状和财产保全申请进行形式审查,对以下内容作出判断:(1)申请人提起的诉讼请求是否属于给付之诉,有无给付内容;(2)申请保全的金额在其诉请的金额范围内,是否提供了保全财物的线索;(3)申请人是否提供了担保等。但现实中,大量的财产保全审查以实质审查的方式进行,法官从申请人能否胜诉,是否会给被申请人造成损害,以及是否存在可能导致判决难以执行等方面予以严格审查。显然,这种审查将要求法官必须获得大量的案件信息,包括双方当事人的证据、财产状况甚至社会关系。采用这一审查模式,实际上是“先定后保”,法官只有在对案件最后的判决结果心中有数后,才会批准或驳回当事人的保全申请,从而避免作出错误的保全裁定。

二是事后协调机制,即作出保全裁定后的调解动员行为。一旦财产保全裁定作出,那么法官就必须确保后续的审判行为不与保全裁定的内容发生冲

---

〔1〕 分别是《关于当前形势下审理民商事合同纠纷案件若干问题的指导意见》(法发〔2009〕40号)、《关于当前形势下做好劳动争议纠纷案件审判工作的指导意见》(法发〔2009〕41号)、《关于当前形势下进一步做好房地产纠纷案件审判工作的指导意见》(法发〔2009〕42号)。

〔2〕 厦门市中级人民法院:《金融危机背景下诉讼保全面临的问题及对策》,载《人民法院报》2009年5月21日,第6版。

突。由于保全一般都发生在案件受理之后开庭审理之前的审前准备阶段，因此法官有大量的时间来对当事人进行协调工作。如果法官发现案件的审理结果可能与之前的保全裁定不一致，就可以说服双方当事人和解，或者动员原告撤诉。通过协调，可以促使财产保全裁定被自然合法地终止，从而至少保证法官的表面正确。

不难发现，在财产保全制度的价值取向和法官追求正确的行动逻辑之间，存在明显的冲突：(1)财产保全要求迅速快捷，但法官追求正确却要求耗费时间进行实质审查；(2)财产保全的目的是捍卫司法权威，通过迅速地控制被告方财产来确保最终裁判结果的时限，而法官追求正确就要用非正式的协调手段来强迫当事人调解或撤诉，既损害了当事人的利益，也丧失了司法的威信。

三、回归诉讼程序：比较法视野下的矛盾消解途径

欲消解我国财产保全制度中的两项结构性矛盾，必须调整制度结构，扩张财产保全的制度弹性。比较法的研究为此提供了较为统一的进路：回归诉讼程序。从域外的经验看，无论是大陆法系国家（地区）还是普通法系国家，都与我国现行民事诉讼法将财产保全制度化、执行化、法院中心化的特点不同。改为引入程序机制，增加诉讼色彩，强调当事人参与，通过此种结构转换，可以消解原被告之间的权利冲突，以及作为司法行动者的法院在快速性与正确性之间的价值失衡。

（一）大陆法系

1. 立法体例的二分化

以德国、日本以及我国台湾地区为代表的大陆法系将民事保全主要分为假扣押和假处分两种[1]。在立法例上，又存在一定的区别：(1)德国采取执行

〔1〕 假扣押是指就金钱请求或可变更为金钱请求的其他请求，对债务人的财产予以扣押，禁止其处分，以保全将来强制执行为目的的程序；假处分是指对金钱以外的请求，为保全强制执行，对争执物进行的强制处分，具体可分为确保性假处分和定暂时状态的假处分。参见陈计男：《民事诉讼法论（下）》，台北，三民书局2007年版，第444、462页。我国的财产保全制度，更类似于大陆法系的假扣押，并包含以物为标的物的假处分。

程序编立法例，将保全申请的审判程序和执行程序合一纳入民事诉讼法典第八编强制执行程序之中，并用专章规范之。尽管规定在执行程序编中，但德国法官却并不认为其具有执行程序的属性，而是将其视为“简化了的加速判决程序”〔1〕。日本和我国台湾地区曾经援用德国的立法例，最初也以民事诉讼法强制执行编为保全规范的载体，但随着程序保障理念的盛行，均意识到保全程序的诉讼化色彩，因此调整了立法体例。（2）日本采取保全独立立法例，其于1989年颁布了专门的《民事保全法》，统一规范假扣押和假处分的申请、裁判和执行。并将民事保全区分为保全裁定和保全执行两部分，前者由法院主持，后者由法院或执行官主持（第2条），以示审理程序和执行措施在民事保全中的区分。（3）我国台湾地区则采取分别“立法”例，在“民事诉讼法”中设“保全程序编”（第七编），以债权人申请保全裁定和法院对其的审判程序为内容；而在“强制执行法”中另设“假扣押假处分之执行”一章（第5章），对保全措施的执行另行规范。

显然，无论采用哪种立法体例，大陆法系国家（地区）的倾向都是将保全措施执行化，而将保全审理诉讼化，从而强化保全裁定作出的诉讼程序色彩。正如我国台湾地区民事诉讼法学家陈荣宗教授等所主张的，“尽管保全程序的胜利方法较通常之诉讼程序之审判为简略而以裁定为之，但其事件之本质系具争讼性之事件，且由当事人对立之关系，应将保全程序视为诉讼程序”〔2〕。

2. 审查事由的要件化

随着大陆法系国家（地区）立法体例将财产保全的申请程序和执行措施二分化，其必然要求在第一阶段的申请程序中，体现出诉讼审理的特点，也即申请程序的要件化。这些要件包括两类，即合法要件和有效要件。它们也构成法院审查保全申请的对象。

合法要件是指债权人向法院申请保全裁定的程序性要求，包括：（1）申请的管辖法院，德国、日本、我国台湾地区都用专条规定，在诉讼系属过程中的

〔1〕［德］狄特·克罗林庚：《德国民事诉讼法律与实务》，刘汉富译，法律出版社2000年版，第404页。

〔2〕陈荣宗、林庆苗：《民事诉讼法（下）》，台北，三民书局2006年版，第881页。

假扣押申请当向系属之第一审法院提出。(2)申请的法定程式,一般均要求以书面方式提出申请,并记明具体的当事人情况、请求事项、原因理由等。(3)申请具备一般的诉讼要件,也即保全的请求权基础属于民事法院主管的范围。

生效要件是保全申请有效的实质性要件。例如,德国的假扣押生效条件有二,一为原告具有假扣押请求权(《德国民事诉讼法》第916条),也即原告具有实体法上的、在主诉中涉及并应当保全的请求权。[1]二为原告具有假扣押申请的理由(第917条),即存在不实行假扣押,判决将无法执行或甚难执行的情形。而我国台湾地区的假扣押的有效要件也为类似两项,分别是"须有欲为保全强制执行之金钱请求获得易为金钱请求之请求"和"须有日后不能强制执行或甚难执行之虞"。[2]

尤其值得强调的是,德国、日本及我国台湾地区都强调,对于有效要件,申请人还需要履行阐明义务。阐明义务要求当事人尽一切努力以便澄清相关事实。当然,由于审查程序没有采取对席审理模式,申请人对相关主张的证明,无须达到"证明"(Aufklärung)的程度,而只要达到"稀明"(Glaubhaftmachung)即可。所谓稀明,就是为了使法官发生大概确信的推测举证活动,或者是根据举证活动所达到的状态。稀明适用的对象,限于某些与实体权利义务关系的程序上亟需解决的事实。[3]一般认为,达到"稀明"的证明度要明显低于证明,只需要较低程度的盖然性就足够。[4]

可见,尽管大陆法系国家(地区)在保全申请的审查上,没有构建标准的对席审判,但是保全裁定的作出,却是严格地遵循审判模式——当事人提出主

---

〔1〕参见[德]汉斯-约阿希姆·穆泽拉克:《德国民事诉讼法基础教程》,周翠译,中国政法大学出版社2005年版,第428页。

〔2〕陈计男:《民事诉讼法论(下)》,三民书局2007年版,第446~448页。

〔3〕参见李浩:《民事举证责任研究》,中国政法大学出版社1993年版,第224页。

〔4〕参见周翠:《翻译说明》,载[德]汉斯-约阿希姆·穆泽拉克:《德国民事诉讼法基础教程》,周翠译,中国政法大学出版社2005年版,第3~4页。此外吴杰博士在其研究证明标准的博士论文中进一步指出,稀明与证明相比,对证据的"证明力"(Beweisstärke)要求并未降低,因而在证明标准上的区别并不明显,但稀明对"确定的可能性"(Feststellbarkeit)较低,即在更大程度上允许存在新证据推翻待证事实。因此,大陆法系的稀明主要适用于财产保全等一类必须尽快作出判定的案件上,参见吴杰:《民事诉讼证明标准理论研究》,法律出版社2007年版,第6页。

张，并加以证明，法院通过认定主张是否达到法定的证明标准，来认定申请要件是否确定。审理对象的要件化和申请人释明的义务，既为裁判的正确性提供了程序正义的注脚，又强化了法官在司法程序中的居中性和被动性，实为司法审理模式的一种变形，与我国财产保全中法官的行政化审查形成了天壤之别。

3. 救济渠道的诉讼化

大陆法系国家（地区）强调保全的秘密性和快速性，因此在保全裁定的作出时，虽然应当尽量通过言词辩论的方式进行，但也允许以非言词辩论的方式作出，也即并不必须要求被告的参与。但为了保障被告方的程序权利，又专门赋予了被告方事后撤销保全裁定的诉权。尽管在具体的制度建构上存在区别，但质言之，大陆法系均是以诉讼（言词辩论）作为债务人缺位后的救济途径。

《日本民事保全法》第 26 条赋予了债务人异议权，虽名为异议权，但实为诉权。因为该法第 29 条专门规定，法院不经过口头辩论或双方当事人参加的审问期日，不得对保全异议的申请作出裁定，从而强化异议之诉的对席化审理模式。《德国民事诉讼法》第 924 条第 2 款也规定，法院应当为异议之诉指定言词辩论期日；第 925 条还强调，法院应以终局判决对异议之诉作出裁判，确定假扣押的合法性。[1]我国台湾地区“民事诉讼法”第 528 条亦规定，关于假扣押申请之裁定，得为抗告；抗告法院为裁定前，应使债权人及债务人有陈述意见之机会。除了建构对席审判的异议之诉审理模式外，大陆法系国家（地区）还对异议之诉的审理对象有较为明确的规定，从而使救济渠道的诉讼色彩更为浓厚，避免了法院在此事项上的行政化裁量。

当然，在具体的异议之诉上，大陆法系国家（地区）也有一定的区别。例如，在异议之诉的裁判是否允许上诉或抗告，异议之诉期间原裁判是否应当中止执行等制度细节上，德国、日本以及我国台湾地区的规则存在细微区别，此

〔1〕在德国，如果假扣押命令是通过裁定作出（没有经过言辞辩论），债务人可以首先提起异议，要求进行言辞辩论后用判决方式变更裁定，而如果假扣押命令是通过言辞辩论作出的判决，当事人可以直接提出控诉（二审）来予以纠正。

类区别存在的原因，还有待研究。但从总体而言，它们并不影响大陆法系将保全救济渠道诉讼化的整体特点。

(二)普通法系

众所周知，普通法系对于程序正义的强化要优于大陆法系。因此，即便是财产保全这样临时性地限制被告财产处分权的救济手段，其首要的问题是“是否合乎正当程序标准，该标准要求在当事人的财产被剥夺之前履行告知义务并且赋予其听审的机会”〔1〕。由于在保全措施的种类、时间、实施主体等方面，普通法系的规范与我国有太多差异，限于篇幅，下文以美国法为对象，简要介绍其处理该问题的经验。

美国《联邦民事诉讼规则》第 8 章为“临时性和终局性救济”，其中第 64 条扣押(seizure)和第 65 条禁令(injunction)属于临时性救济手段。扣押又分为对物和对人两类；而禁令则根据申请阶段的不同被区分为临时限制令和中间禁令两类。

扣押，是指为了确保最终的裁判得以执行，因而对被告财产进行扣留或控制的手段，具体包括查封、冻结、提存、留置对第三人债权等多种手段。由于《联邦民事诉讼规则》将具体的程序性要件交给了各州州法自行约束，因而各州在扣押问题上出现了宽窄不一的规定。于是，与美国其他法律问题一样，联邦最高法院围绕这一程序性问题也作出过多项裁判，通过先例制度逐步确定了程序规则。在 1972 年的 Fuentes v.Shevin〔2〕案件中，联邦最高法院宣布根据正当程序原则，不能在没有提前告知和听审的前提下直接扣押债务人的财物，但在 1974 年的 Mitchell v.W.T.Grant Company〔3〕案中，联邦最高法院就作出了相反的裁决，因为在该案中，采取保全措施的路易斯安那州法院对债权人的保全申请作了更细致的规定，且该州的诉讼法一贯强调司法干预，因此联邦最高法院认定州法院在未告知债务人的情况下作出的保全措施并不违宪。而到了

〔1〕［美］杰克·H. 弗兰德泰尔等:《民事诉讼法》，夏登峻等译，中国政法大学出版社 2003 年版，第 697 页。

〔2〕 407 U.S.67(1972).

〔3〕 416 U.S.600(1974).

1976年的North Georgia Finishing, Inc.v.Di-Chem, Inc.[1]案，联邦最高法院又似乎回到了正当程序的立场，最终在1991年著名的Connecticut v.Doehr[2]案中宣布："即便是像扣押这样临时地或局部地限制财产权，也必须保护债务人的正当程序权利。毫无疑问，各州在创设扣押之类的保全程序时，必须严格地遵循宪法中的正当程序条款。"同时，联邦最高法院以康涅狄格州关于扣押的立法没有给予债务人受通知和听审的权利，宣布该法违反宪法第十四修正案，因而无效。不难看出，由于各州州法的规则和具体案情并不一致，联邦最高法院在不断地根据案件中微小的变化，来平衡原告债权保护和被告正当程序权利之间的矛盾。

禁令，是指为了确保原告在诉讼期间免受不可挽回的损害，而向被告或第三人发出的命令，通常为对被告的行为予以限制，从而确保诉讼期间的财产或其他状况维持不变。普通法系中禁令的范围要远远大于我国财产保全制度的范畴，只有禁止被告转让、赠与、租赁财产等处分性行为的禁令与我国财产保全类似。但不同禁令的程序性条件基本一致，这是因为《联邦民事诉讼规则》第65条详细地规定了其适用的程序条件，包括"通知债务人""听审""适用范围"等多项内容。由于有这样的程序性保障机制，所以法官能够更为充分地考察发出禁令的下列实质条件是否得到满足：(1)原告在案件实体问题是否有较大的胜诉可能；(2)如果不发出禁令，原告是否会受到不可挽回的损害；[3](3)禁令是否会对其他利害关系人构成严重的影响；(4)禁令是否会促进公共利益。[4]

从以上简要介绍可以看出，美国法与大陆法系一样，依然是用一定的程序来规范保全措施的适用：第一，通过制定法制定规则，保证被告享有告知权、

---

[1] 419 U.S.601(1975).

[2] 501 U.S.1(1991).

[3] 2008年，最高法院在Winter v.NRDC, Inc.一案中，降低了这一标准，不要求原告必须有受到不可挽回的损害(damage or injury)之虞，而只需要有受到损失(harm)之可能，也即该损失只要大于被告遭到禁令的损失即可，参见555 U.S.7(2008)。

[4] 参见宋冰编：《程序、正义与现代化——外国法学家在华演讲录》，中国政法大学出版社1998年版，第231~235页。

听审权、抗辩权等正当性权利；第二，通过听审机制，赋予诉讼两造就该问题对抗的平台，从而确保法官能够居中获得完整信息，进行充分的利益衡量，作出正义的裁定。当然，作为一项临时性救济措施，为了保障原告的权利，其也必然体现出非正式化的特点，例如，与大陆法系国家（地区）一样，美国法官在确定禁令和扣押裁定的证明标准上有所降低，并不需要获得原告必然胜诉的心证，而只要有一定的把握即可；又如，在听审权的保障上，与正式的审判强调的仪式性、正式性、被动性等条件不同，对临时性救济措施的听审属于申请动议的审查范畴，在时间、场地、听审方式等方面都有较大的弹性，允许法官自由裁量，更不需要陪审团参与。

综上所述，无论是大陆法系国家（地区）还是普通法系国家，在处理财产保全制度内在的结构矛盾时，都采用了回归诉讼程序的做法。这是因为，程序本身就具有提供合法性和正当性的功能，[1]可以吸收人们对结果的不满，因而可以缓解法官在司法过程中的压力；同时又因为程序的公开性，可以制约法官的自由裁量权。尽管在处理保全问题上的诉讼程序与正式的审判程序有所不同，但作为一项紧急程序或简易程序，它们依然符合诉讼程序的一些本质特征：有法定的程序要件，必须由当事人提出申请，有衡平的救济渠道，等等。通过这些程序性保障，既确保了被告的财产权利免受不当地限制和剥夺，也给予了法官足够的信息和时间来确定适用措施的正当性。

四、建构缓冲机制：技术视角下的矛盾消解途径

比较法视角下的矛盾化解机制为我们描绘了一幅美好的蓝图，然而，具体到我国，此种通过强化当事人参与和保全制度诉讼程序化的改革方案，是不是可欲且可行的呢？笔者对此持保留态度。

首先，诉讼程序或许能够较好地解决原被告双方的权利冲突，但却难以消解法官追求正确的制度冲动与财产保全快速及时的价值取向之间的矛盾。在

〔1〕 参见陈瑞华：《通过法律实现程序正义——萨默斯“程序价值”理论评析》，载《北大法律评论》1998 年第 1 期。

西方国家，司法权威成为社会治理的重要手段。法官不需要担心裁判是否符合政治正确的主流价值，也不需要担心裁决作出后的社会效果，更不会因为裁判被改判而承担行政责任和赔偿义务。正如杰克逊大法官所说，“我们的裁判不可推翻的终局性并非因为其正确，恰恰相反，正是因为我们作为最高法院拥有不可推翻的终局性，才确保了我们裁判的正确”〔1〕。而在我国，由于法官考评机制和司法赔偿制度与财产保全制度紧密相连，都引导法官去追求一种有标准的正确。因此，引入对席制的审判模式只能保证被告的正当程序权受到尊重，但对抑制法官追求实质正确的欲望，突出财产保全迅速快捷的目标并无帮助，甚至可能有害。而要想将改变现在的考评机制，就必然涉及某些短期内难以解决的问题，恐非部门法改革者所能为之事。

其次，诉讼程序对立法者、法官和当事人都提出了较高的法律职业要求，难以在全国范围内实施。对立法者而言，必须单独建构财产保全的申请之诉和异议之诉的审理程序和裁判内容，赋予原被告双方各自提起诉讼的请求权基础。这对民事请求权体系尚不发达的我国来说恐非易事。对法院来说，此类诉讼对证明标准有不同于一般诉讼的要求，需要法官建立分层式的证明标准体系，重构在我国原本就不甚扎实的证据法理论基础，也对法官的职业素质提出了挑战。而对当事人而言，如果没有职业律师或专业代理人的辅助，恐也难以分清保全申请之诉、异议之诉等附带性诉讼与主诉讼的区别，并根据相关要件准备诉讼材料，独立完成诉讼。因而，在强制律师代理等机制尚未确立之时，严格地引入对席化诉讼模式来解决财产保全中的权利冲突和价值失衡，将面临颇多挑战。

在此情况下，我们可以用另一种微观的视角去考察财产保全制度中的制度设计。不谋求根本性的理念变革，而是从技术的角度出发，建构一些缓冲机制，以缓和消解既有制度中的制度性矛盾。这些缓冲机制的设计将局限在诉讼法的层面内，尽量不涉及证据法和宪法中的相关问题；同时这种改革也将尽量符合现行制度中包括法院和法官在内的各方主体的利益，不对其造成

---

〔1〕 Brown v.Allen, 344 U.S.443.

颠覆性的损害。因为，“改革的关键，在于（制度的）参与者能够从中得到些什么”[1]。

（一）缓冲机制之一：担保

担保在我国财产保全程序中，是一项并未引起高度重视的制度设计。按照立法者的本意，要求申请人提供担保，主要是防止申请人错误申请给被申请人造成的损失得不到赔偿，以体现对诉讼各方当事人合法权益的平等保护。[2]我国民事诉讼立法也并未将担保作为诉讼中保全的必备要件。然而，在实践中，担保却成为法院决定是否受理保全申请的一个重要条件，甚至是必要条件。[3]《民诉法解释》第152条对担保的数额要求作出的软化处理，也间接认可了将担保作为保全必要条件。

人民法院之所以强化担保的重要性，是因为担保不仅可以解决保全错误时的责任承担，更重要的是，它能够在一定程度上缓冲前述的两项结构性矛盾，使财产保全制度在发挥功能的同时，不影响原告、被告以及法官的利益。

首先，担保的提出意味着债权人对自身权利的充分肯定。如果一个案件十分复杂，法律关系并不清楚，法官自由裁量的空间很大，债权人并不敢轻易地提供担保，因为一旦最后法院裁判的结果并不符合其预期，那么保全给债务人造成的损失将从债权人的担保财产中偿付。所以，债权人主动提出担保，就表示了其对债权的肯定，这不啻于向法官提供一份重要的证据，证明自己的事实主张和诉讼请求。因此，对于简单的案件，只要债权人能够提供担保，法官基本可以肯定案件的最后的判决结果，从而在确保正确的同时及时地作出保全裁定。

其次，担保的提出使法院拥有了压制债权人的筹码。法院在进行协调、调解时，除了运用情理法等来说服教育当事人外，如果能够掌握当事人一定的短处，那么将十分有利于协调工作的进行。在债权人提供了担保财产后，法院对担保财产取得了一定程度的支配权，因此，可以以此为筹码，来促使债权人接

---

〔1〕 Auerbach, Justice without Law? , Oxford University Press, p.134(1983).

〔2〕 参见金振朝：《论财产保全担保》，载《中国担保》2006年第4期。

〔3〕 参见唐德华：《民事诉讼的立法与适用》，中国法制出版社2002年版，第397页。

受调解协议或者迫使其主动撤诉。正因为如此，在有了这一筹码之后，法院能够在审查保全申请时没有后顾之忧。

最后，担保的提出使债务人的利益可以得到救济渠道。担保机制并非仅仅对债权人有益，债务人也可以通过反担保来解除保全措施。法官在裁量是否解除保全措施时，依然要面对正确和迅速之间的矛盾，依然要面临原被告双方财产权利和程序权利的冲突。因而，当债务人提出反担保时，也同样是对自身权利的确认，使法院获得了对其施压的筹码，从而促使法官可以大胆而放心地作出解除保全的裁定。

具体而言，担保机制对化解前述两项结构性矛盾的意义在于：第一，通过原告主动让渡自身的实体权利，使对被告实体权利的限制具有了正当性理由，因而无须经过严格的听审程序，从而消解了被告的程序权利与原告实体权利之间的矛盾；第二，通过原告主动提供担保，降低了法官审查的证明标准，使法官可以快速地作出基本正确的裁定，从而消解了追求正确和快速及时之间的矛盾。事实上，西方国家也都意识到担保的意义，在保全制度中均规定担保可以作为保全申请的条件。《德国民事诉讼法》第921条第2款尤其直白地说明了担保之于保全申请的缓冲价值：如果提供担保，即使就请求权或假扣押理由未能释明，法院也可以命令假扣押。

当然，我们也应当看到担保制度的弊病，例如，它使一些没有能力提供担保的当事人无法得到财产保全制度的救济；它增加了法官运用非正式手段干预案件的空间；等等。但它却提供了一条启示，即在不从根本上改变现有制度结构的时候，可以通过某些微小的附属性制度，来扮演缓冲阀的角色，缓和财产保全中的结构性矛盾，从而更好地保护法官和当事人的利益。

（二）缓冲机制之二：临时限制措施

除担保外，另一种缓冲机制是临时限制措施。该机制在我国立法中尚未确立，而在美国的禁令制度中表现得十分明显，值得我们借鉴。禁令是美国复杂的救济制度中重要的组成部分，具体又可以被划分为临时限制令（temporary restraining order）和中间禁令（preliminary injunction），二者都是诉讼过程中的临时性救济措施，因而常常是作为一组制度来加以介绍。即便在美国的民事诉讼法教科书中，也很少提及二者的区别。然而，从“正当程序”的角度看，这两项制度之间存在显著的差异。临时限制令可以在原告证实紧急必要性之后立即发布，向被告作非常简短的通知后径直采取。然而，为了维护被告的利益，《联邦民事诉讼规则》第65条(b)款规定，临时限制令的时间一般为10天。10天期满后，除非原告进一步申请中间禁令，否则临时限制令失效。法院在接到中间禁令的申请后，必须尽可能快地举行原被告双方参加的听审，以决定是否颁发中间禁令，延长此种临时性保护措施。

因此，临时限制令和中间禁令尽管都属于保全机制，但前者的重心在于对被告行为的限制(restriction)，而后者的重心才是对原告权利的救济(remedy)。从保全机制的意义看，由于二者都系诉讼过程中的保全措施，所以区分并不明显。然而，若是从保全机制的过程看，二者的区别就十分突出，而正是由于临时限制令和中间禁令在申请和发出程序上的各有侧重，搭建了缓冲区域，消解了保全机制的结构性矛盾：第一，在原告的实体权利和被告的程序权利之间，临时限制令侧重于原告的实体权利保护，因而可以根据原告的单方申请作出，可以在简短告知被告采取限制措施；而中间禁令给予了被告充分的程序救济权，必须经过对席听审方能作出。第二，在追求正确与快速及时之间，临时限制令侧重于快速及时，强调尽快对被告发出禁令，限制其行为；而中间禁令则追求正确，法官应当结合双方的事实主张和抗辩事由，作出综合性的衡平裁定。

总之，由于临时限制令的加入，原本一元化的保全裁定变为了双层结构，实质上是在保全制度前增加了十天的缓冲期。在缓冲期内，法院只需要根据原告单方面的证据进行判断，由于时间紧迫，证据有限，且没有被告的参与，因此相较于对席审判，法院作出的裁决是否正确(与最后的实体判决一致)，殊难保证。然而，临时限制令本身并不追求正确，而是将快速与效率作为第一要义，及时地固定财产，保护原告利益。而对中间禁令的申请，首先要求应当在临时限制令作出后10日内进行，其次法院必须采取对席审判的方式，兼听双方当事人的意见和证据。由于已经采取了保全措施，被告对案件将比较重视，会及时全面地提供证据，而原告为了将保全措施持续进行下去，也会认真准备相关信息。加之10天左右的缓冲期,使法官在中间禁令的审查中,有机会更充分地了解案件的全部信息,间接地保证了保全措施的采取与最后判决的一致性,既有利于法官判断的准确,也更合理地保护双方当事人。

当然,这样的制度设计也并不是绝对完美的。例如,法院在发出临时限制令后未发出中间禁令,将可能导致司法成本的无谓耗费(我国的诉讼费用制度使这一成本主要集中在原告的保全费上),但这也从另一个角度制约着原告不滥用该权利,尽量打“有把握之仗”。又如,中间禁令的审查可能将延续“先定后审”的模式,架空后续真正的庭审过程。然而,如果中间禁令的审查能够真正做到兼听双方当事人的声音,那么这种架空,总要好过当前由我国法院自我主导自行完成的书面审查。更何况,现实制度已经告诉我们,大量保全案件根本不会走完最后的庭审过程,直接进入了和解和调解程序。最后,美国制度中“10天”的缓冲期对我国是否合适,中间禁令中对席审判采取何种方式更为适宜,这些问题其实都涉及法官的工作负担,[1]因而还有待具体的研究。

五、结论

制度结构决定着制度的功能,也决定着参与者的行动。在现有的财产保全制度安排下,原告实体权利与被告程序权利之间,法官追求正确与快速及时之间存在天然的矛盾。从比较法的视角看,第一组矛盾是保全制度固有;而第二组矛盾则是由于我国司法制度的特性所连带共生,它与我国法官独立性和权威性较低、我国诉讼程序的精细化不足、我国法官考评机制的行政色彩过强有紧密联系。

正是由于矛盾产生的原因不同,化解矛盾的手法也应当存在差异。与西方国家强化财产保全的诉讼程序色彩,从而确保原被告双方的权利都能够得到公平保障不同,我们面临的问题具有双重性,因而化解矛盾的手段也自然地存在路径分野:

---

〔1〕 一个重要的问题是目前保全裁定的执行,至少从制定法层面,是由审判庭法官自行完成,这样自审自执的制度安排,可能导致审判法官的负担过重,且在审查保全申请时会夹带能否执行的考量。

第一，宏观而激进的制度变革：强化财产保全的诉讼程序性，增强当事人的参与性。从比较法研究中汲取力量，改变我国自 20 世纪 50 年代以来财产保全重制度、重执行、重法院的局面，在保全中引入程序对抗，引入双方的抗辩，既是对各方当事人利益的有力保障，也是为司法行为正当性奠定坚实基础。当然，这条路径最大的障碍或许并不来自于诉讼法本身，而是受制于我国宏观的机构框架乃至司法职业化水平。

第二，微观而保守的制度建设：增加财产保全中的缓冲机制。财产保全制度中的矛盾是结构性的，因此只可能消解，不可能革除。而消解其的最好手段就是建构诸如担保、临时限制措施这样的缓冲地带。这些缓冲机制的实质是妥协，是牺牲次要价值去保障主要价值，牺牲短期损失去换回长期利益。因此，它们可能不能完美地保护双方当事人各自的实体权利和程序权利，但是却在不同的阶段体现了他们的声音；可能不能完全解决当前法官面临的快速与正确之间的两难困境，但却能在保证快速的前提下，提升正确率，并降低审查成本。概言之，作为一项旨在缓冲的制度，它没有改变我国财产保全制度的整体结构，没有动摇结构性矛盾的制度基础，因而决不是最优的方案；但是它的改革成本却可能是最低的，改革效果可能让法院、原告、被告三方获益，更易于推行，值得引起立法者更多的重视。

第十章
民事司法查封的效力

一、问题的提出

查封是法律人耳熟能详的概念，在大量的法律法规中都出现过查封。[1]在实践中，查封更是被行政机关和司法机关广泛使用。为了限缩讨论的范围，如无特别说明，本书后续讨论的查封仅限于作为民事司法中的查封，也即在民事诉讼和执行中，由法院作出保全裁定后，采取措施，禁止被执行人转移或者处分该财产。[2]查封作为保全措施，能够有效地控制财产，为后续的审判和执行奠定良好的基础，在民事司法实践中广为使用。然而，在具体的适用查封措施的过程中，也会存在一定的争议，比较突出的问题是法院查封时遭遇相关部门和当事人的不配合甚至抵制，例如引起最高人民法院关注的寿光法院法官作出查封裁定后，在曹县采取具体措施时遭遇到的暴力抗法事件。[3]除此之外，在一些具体个案的裁决上，法院也存在颇多困惑，甚至出现适用法律不尽一致的情形，例如：

【案例 10-1】 甲与乙订立 80 万元的承揽合同后，因乙不付款，向法院起诉乙并申请查封乙的一栋价值约 100 万元的别墅，后获得

---

〔1〕 根据北大法宝的检索，截至 2021 年 4 月 19 日，我国一共有 147 部现行有效的法律和 157 部现行有效的行政法规中存在“查封”一词。

〔2〕 我国对查封、扣押和冻结的概念界定并不十分清晰，尤其在权利作为保全对象时，冻结与查封的区别并不明显，但本章不拟讨论这一问题。

〔3〕 参见李强：《司法权威岂容暴力挑衅》，载《人民法院报》2016 年 9 月 18 日，第 1 版。

胜诉判决。在执行时，丙手持对乙的200万元借款合同的胜诉判决，要求从乙别墅的拍卖款中平等清偿，甲则认为只有将自己的债权清偿完毕后，剩余款项才能用于清偿丙的债权，法院应当支持谁的主张？〔1〕

【案例10-2】李某与某房产公司订立商品房预售合同，后因延期交房，李某起诉该房产公司要求退还购房款，诉讼中，法院查封了被告的一辆汽车，具体措施为扣留了车辆行驶证，并告知其在查封期内有权使用并负责保管，但不得转买。后房产公司将该车卖给不知情的第三人郭某并完成了价款和车辆的交付。郭某在办理车辆过户登记时才知晓法院已经将该车辆予以查封，遂向法院提出申请，要求退还车辆的行驶证，以便自己办理过户登记。李某则坚决反对解除查封，法院应当支持谁的主张？〔2〕

上述案件均涉及对查封效力的理解：曹县事件涉及法院的权威，与此关联的问题是查封发生效力是否必须依赖于协助机关的配合，法院的查封裁定能否直接产生查封效力；案例10-1涉及其他债权人能否对债务人的被查封物平等受偿，实质是要解决查封能否产生优先受偿权；案例10-2涉及查封能否对抗善意第三人，实质是要解决查封的效力是具有相对性还是具有对世性。这些问题都与查封的效力密切相关，但是我国现行法律和司法解释对此却并无十分清晰的规定。

现行《民事诉讼法》关于保全的规则集中在第九章“保全和先予执行”，其中与查封有关的条文主要集中在第102~104条。这些条文大多是关于查封程序和方法的规定，除第103条第2款规定了禁止重复查封规则外，都不直接涉及查封效力。即便将视野拓展到执行程序编，能够准用的规则也都是程序性规则。而司法解释关于查封效力的规则同样不尽明确，更缺乏体系性：《民

〔1〕参见北京京首建物资有限公司诉北京华天艺苑园林绿化有限责任公司等执行参与分配纠纷案，北京市第一中级人民法院（2009）一中民初字第16613号判决书。该案中法院最后启动了参与分配程序，支持了丙平等受偿的主张。

〔2〕该案例改编自某真实案例，参见张中国：《民事诉讼中财产解封问题研究》，辽宁大学法学院2013年硕士学位论文。该案中法院最终认为车辆属于动产，郭某通过交付取得了所有权，因而予以了解封。

诉法解释》第154条第2款和第157条涉及查封等保全措施不影响担保物权的规则，最高人民法院《关于人民法院民事执行中查封、扣押、冻结财产的规定》(以下简称《查扣冻规定》)第26条[1]确立了查封具有相对效力。[2]但它们依然没有直接明确地界定查封究竟会产生什么样的效力，这些规定大多散布在不同的司法解释中，也导致了效力规则的碎片化。[3]

查封效力在规则层面的缺乏，也导致了理论界对于该问题研究的缺位。我国主流民诉法学教科书在介绍查封等保全措施时，大多也是从决定程序、查封对象、查封范围、救济措施等角度予以介绍，而不涉及查封在实体上的效力；[4]而物权法教科书也忠实地秉承了"物权法定"原则，对于民事实体法没有直接规范的查封制度惜墨如金。

总之，查封的效力在法典和司法解释中虽有一些支离破碎的规则，但并无十分体系化的完整界定，学术界也尚未就查封效力提出贯通实体法和程序法的理论武器。普通民众和法律操作者完全是根据朴素的正义观念，形成了查封可以产生控制财产的保全效果的判断。此种共识性理念在大多数案件能够妥善解决争议与纠纷，然而，一旦遇到诸如前述的争议性案例，法官在适用法律解决争议时就会面临找法困难、无法可依的困境。因此，下文将尝试结合民法与民事诉讼法的知识，遵从法解释学的路径，依据我国民事诉讼法和民事实

---

〔1〕 2020年最高人民法院修订后条文号变更为第24条，但内容无实质变化。

〔2〕 即查封不影响当事人就查封财产订立合同等负担行为的效力，参见王飞鸿：《〈关于人民法院民事执行中查封、扣押、冻结财产的规定〉的理解与适用》，载《人民司法》2004年第12期。

〔3〕 与之类似的最高人民法院《关于人民法院执行工作若干问题的规定(试行)》、最高人民法院《关于人民法院办理执行异议和复议案件若干问题的规定》等司法解释中的查封规则，同样多是关于程序和方式的规定，基本不涉及查封的效力规则。2016年颁布的最高人民法院《关于首先查封法院与优先债权执行法院处分查封财产有关问题的批复》(法释〔2016〕6号)和最高人民法院《关于人民法院办理财产保全案件若干问题的规定》(法释〔2016〕22号)中虽然通过处理查封债权与其他权利之间的关系，间接地涉及了效力问题，但依然是个例式地解决具体问题，没有系统地明确界定查封的效力。事实上，这两个司法解释的出台，本身也就反映了关于查封效力的规则长时期的付之阙如，无法根据既有规则直接适用或类推处理，因而需要最高人民法院另起炉灶作出明确的规定。

〔4〕 参见江伟、肖建国主编：《民事诉讼法》(第7版)，中国人民大学出版社2015年版，第226~238页；张卫平：《民事诉讼法》(第5版)，法律出版社2019年版，第277~281页。

体法的既有规则，首先探讨查封发生效力的具体要件，然后详细论述查封在公法和私法两个层面的效力，力求提供一个具有操作性的关于查封效力的分析框架，回应前述司法实务中存在的具体问题。

二、查封效力的发生要件

在探究查封的具体效力之前，首先需要完整地还原我国查封的具体流程，明确查封的行为要件。毕竟，所有完全性规范都应当被还原为“构成要件”和“法律后果”两部分。[1]因此，要建构查封的效力，就需要首先明确何谓有效的“查封”。

（一）查封过程剖析

由于查封具有较长的过程，其概念内涵十分丰富，尤其是在当下的司法实践中，绝大部分查封都是针对具有产权证照的物或权利（如股权），因此可能涉及的法院行为包括作出查封裁定（财产信息尚不明确具体）、送达查封裁定、作出协助执行通知书、送达协助执行通知书、加贴封条或张贴公告实现实物查封。除此之外，协助单位办理查封登记亦是查封行为中十分重要的一环。在上述诸多的时间节点中，究竟哪一个才是查封发生法律效力的关键节点呢？

从前述行为可以看出，查封可以主要分为查封依据和查封行为两个时间节点：

1. 查封的依据

法院要采取查封措施，首先要有查封的依据。根据《民事诉讼法》第 100 条第 1 款和第 101 条第 1 款，包括查封在内的保全措施都需要以保全裁定作为前提，《民事诉讼法》第 244 条第 2 款也规定，采取查封措施，人民法院应当制作裁定。由此可见，保全裁定应当是查封的依据。根据最高人民法院 2016 年发布的《民事诉讼文书样式》，无论是诉讼保全还是执行保全，在保全裁定中都必须明确写明查封财产的名称、数量或者数额、所在地点等，并写明查封

〔1〕 参见［德］卡尔·拉伦茨：《法学方法论》，陈爱娥译，商务印书馆 2003 年版，第 132~137 页。

的期限。

然而，当我们将目光从“文本中的法律”转向“行动中的法律”，通过查阅真实的保全裁定书，就会发现大量的保全裁定并没有明确写明具体的查封财产，而是根据涉案的标的金额决定“查封、扣押其同等价值的财产”[1]。而具体的财产信息很可能是在协助执行通知书、查封公告中才首次出现。虽然在这些文书中往往都会援引之前的保全裁定作为查封的依据，但是二者之间大多存在时间差，让人不禁要追问，查封依据齐备的起始时间究竟是从概括规定的保全裁定生效时起算，还是从协助执行通知书或者查封公告送达公布之日计算？与之相关联的另一个问题是，查封裁定何时生效？是否需要像一般的裁判文书一样送达双方当事人方发生效力？

2. 查封的行为

现行《民事诉讼法》第 245 条规定了查封的方式，该规则基本照搬了 1982 年《民事诉讼法（试行）》，强调查封时的到场原则，并需要制作查封清单。这一规则显然针对的是实物查封，无论查封的对象是动产还是不动产，都要求法院工作人员和被执行人亲临现场，最终往往以加贴封条作为查封完成的标志。1992 年《民诉意见》第 101 条规定，人民法院对不动产和特定的动产（如车辆、船舶等）进行财产保全，可以采用扣押有关财产权证照并通知有关产权登记部门不予办理该项财产的转移手续的财产保全措施，率先确立了登记查封的方式。1998 年最高人民法院《关于人民法院执行工作若干问题的规定（试行）》（以下简称《执行规定》）第 41 条第 2 款第 1 句[2]，重申了这一方式。从文义看，无论是加贴封条还是完成登记，都是为了公示大众，明确法院对标的物的控制。因此，可以笼统地认为查封行为以公示财物控制为标志。但是，公示法院控制财产对查封的效力会产生何种影响？如果法院尚未完成查封，但却向被执行人有效送达了查封裁定，查封是否已经生效？此外，该款第 2 句

---

〔1〕 例如，安徽省高级人民法院（2014）皖民四初字第 22-1 号民事裁定书，其他各地各级法院作出的此类文书也十分常见，不再一一援引。

〔2〕《执行规定》于 2020 年被修改，第 41 条已被删除。但该条的相关内容在《查扣冻规定》第 6 条和第 7 条依然有所体现，因此并不影响对该问题的分析。

又规定:“必要时也可以采取加贴封条或张贴公告的方法查封。”这无疑增加了解释上的疑难,即对同一有产权证照的物(动产或不动产),法院既实施了登记查封,又采取实物查封的封条或公告,二者之间如果有时间差,查封应当从何时视为完成?

(二)查封的生效要件

由此可见,由于查封具有较长的过程。只有针对性地梳理查封依据和查封行为的关系,构筑出体系化的查封的生效要件,方才能从漫长的查封过程中找到准确的查封生效的时间节点。

1. 生效要件之一:法院作出生效的查封裁定

我国《民事诉讼法》第 100 条和第 101 条都要求采取查封措施的前提条件是有生效的保全裁定或执行裁定。因此,人民法院作出了有效的查封裁定应是查封发生效力的前提要件。何为有效的查封裁定,下列两个细节问题有必要澄清:

第一,查封裁定的标的物的明确性。大陆法系和普通法系在此问题上观点不一。大陆法系国家(地区)需要区分假扣押和假处分两类裁判。假扣押是针对金钱债权的保全措施,因此假扣押裁判只需要列明金钱请求权的具体数额,无须写明具体的标的物,因为该裁判原则上是指向债务人的全部财产。〔1〕而假处分由于是针对具体的非金钱请求权或法律关系,因此假处分裁判必须明确地载明需要保全或定暂时状态的财产的详细信息。普通法系国家由于没有此种区分,因此比较普遍地要求标的物必须明确具体。例如,《美国联邦民事诉讼规则》第 65 条 d 款第(1)项规定了禁令和临时限制令的内容必须明确(specifically),该条 b 款甚至允许对缺席被告的各种财产进行查封扣押,但前提依然是原告的申请和法院的禁令需要明确。〔2〕我国由于没有区分假处分和假扣押,加之无论是既定规范和操作实务都要求法院应当明确查封财产的信息,因此应当将明确性作为查封裁定的要件。前述部分查封裁定仅仅概括性

〔1〕 参见周翠:《中外民事临时救济制度比较研究》,清华大学出版社 2014 年版,第 26~27 页。

〔2〕 Brennan, Kyle M., *All Things Visible and Invisible: The Location of Intangible Property for Rule B Attachment Purpose*, Miss.CL Rev.35, p.240(2016).

地规定金钱标的额时，尚不足以构成生效的查封依据，必须通过其他文书（例如协助执行通知书或查封公告）补正后，方满足明确性要求，成为完整合法的查封裁定。

第二，查封裁定的生效时间。虽然根据民事诉讼的一般原理，很多诉讼文书需要经过有效送达才对当事人发生效力。[1]但我国法律并没有规定查封裁定必须送达方才生效。从实务操作看，查封作为临时性救济措施，天然地具有紧迫性要求，因而绝大多数的查封裁定是在查封措施已经采取后方才告知被执行人。如果一定要以送达为查封裁定的生效要件，那么查封措施就面临违法之虞。在比较法上，包括查封裁定在内的执行裁判不需要送达即可生效是大陆法系的通行做法。[2]而普通法国家则由于区分临时限制令（temporary restraining order）和中间禁令（preliminary injunction），原则上在作出中间禁令时已经经过了口头答辩，[3]因此对送达有更加苛刻的要求，只有当事人或其代理人收到禁令后才发生效力。根据我国的司法习惯，以作出即生效来界定查封裁定的效力恐更加符合现实操作的需要，当然该裁定的内容必须完整，查封财产的信息必须明确。

2. 生效要件之二：财产已被法院控制且完成公示

查封裁定的生效与查封措施的采取存在时间差，因此查封裁定生效并不直接等同于查封生效，还需要考察财产本身的状态。有必要对财产已被控制并且完成公示这一要件展开分析。

（1）公示财产控制究竟属于查封生效的要件，还是对抗第三人的要件

最高人民法院一以贯之的思路是对抗要件说。最初确立这一理念的是《执行规定》第 41 条第 3 款，根据该款规定，若法院既未向有关管理机关发出协助执行通知书，也未采取加贴封条或张贴公告的办法查封的，则不得对抗其

---

〔1〕 参见张卫平：《民事诉讼法》（第 5 版），法律出版社 2019 年版，第 272 页。

〔2〕 参见［德］汉斯－约阿希姆·穆泽拉克：《德国民事诉讼法基础教程》，周翠译，中国政法大学出版社 2005 年版，第 430 页。

〔3〕 二者的具体差别，请参见刘哲玮：《论财产保全制度的结构矛盾与消解途径》，载《法学论坛》2015 年第 4 期。

他人民法院的查封。从文义上看，查封并不以公示财产控制为生效要件，理论上甚至可以认为法院一旦作出有效的查封裁定，查封就发生效力：只要法院送达或告知被执行人查封裁定，被执行人就应受查封裁定的约束，不得另行处分相关标的物。必须通过其他控制财产的方式方能对抗包括其他法院在内的第三人。2004 年发布的《查扣冻规定》第 9 条第 2 款〔1〕和第 26 条第 3 款〔2〕，也再次使用"不得对抗其他查封行为"和"不得对抗善意第三人"的表述，来证成我国采取的是对抗要件说。

但是从比较法的角度考察，域外各国多采生效要件说。《德国民事诉讼法》第 930 条第 1 款和第 932 条第 1 款分别规定了对动产和不动产的扣押执行，都以法院扣押或登记作为产生假扣押质权或扣押抵押权的生效要件。〔3〕美国法上大多数州也规定自扣押之时方产生扣押担保物权（lien of attachment），只有部分州生效日追溯到发出禁令之日。〔4〕

笔者认为，我国司法解释所采取的对抗要件说已经过于陈旧，应当改采生效要件说，将财产已被法院控制作为查封生效的要件。这并不仅仅是纯粹的学理讨论，从现行法中也可以找到依托：

首先，对抗要件说不符合我国物权法的立法模式。在我国物权法立法过程中，关于物权变动模式曾经有激烈的争论，但无论是主张采瑞士法的债权形式主义还是主张采德国法的物权形式主义，都是将登记或交付作为物权变动的要件，而不采法国法的债权意思主义。〔5〕《物权法》第 6 条〔6〕也再次确立了这一原则。类推适用到查封上，如果认为一旦法院的查封裁定生效，就直接发生查封的全部效力，被执行人的处分权就需要受到限制，显然不符合物权变动的基本原理。相反，将法院以查封登记或实物查封的方式控制财产作为生效

〔1〕 2020 年修订后，条文号变更为第 7 条第 2 款。

〔2〕 2020 年修订后，条文号变更为第 24 条第 3 款。

〔3〕 参见周翠：《中外民事临时救济制度比较研究》，清华大学出版社 2014 年版，第 46~50 页；孙家瑞：《强制执行事务研究》，法律出版社 1994 年版，第 236 页。

〔4〕 参见沈达明：《比较民事诉讼法初论》，中国法制出版社 2002 年版，第 338 页。

〔5〕 参见梅夏英、高圣平：《物权法教程》（第 3 版），中国人民大学出版社 2015 年版，第 40~41 页。

〔6〕 现变更为《民法典》第 208 条。

要件，符合物权变动的公示原则，与物权法的立法原旨匹配。

其次，对抗要件说不利于解决可能存在的效力争议。对抗要件说虽然也强调被查封的标的物非经法院控制，不能对抗善意第三人和其他法院，但是，由于它是将控制财产作为一项对抗要件，因而天然地可能引发争议。例如，《查扣冻规定》认为非经公示控制的查封不得对抗善意第三人，这其实预留了一个在司法实务中极其难以证明和判断的问题，即如何判断第三人的善意，为实务操作的不确定性预留了隐患，也不利于交易秩序的稳定。例如案例 10-2 中，如果被执行人在查封登记前先将车辆转移给买受人占有，则买受人的善意就很可能成为证明疑难问题。而将公示财产控制作为查封的生效前提，将不了解标的物状态的买受人直接推定为非善意，可以有效地避免这类争议的发生。尤其是随着我国经济的发展，法院查封的财产越来越多的是具有产权证照的不动产或类似具有登记条件的财产，比照不动产物权变动模式，确立生效要件说就显得更为科学合理。

最后，对抗要件说不利于维护司法权威。对抗要件说认为查封本身是有效的，只是不得对抗第三人。这意味着至少对债权人来说，未控制财产的查封已经发生法律效力。如果最终因为未能控制财产，导致标的物被转移或处分，债权人就面临着查封已经有效却无法获得救济的尴尬境地，这自然会损害司法在权利人心目中的形象，破坏司法的权威。曹县事件中，被执行人显然已经知道法院准备对其财产予以控制，其成功阻挠了法院的控制，如果此时坚持说查封已经生效只是不能对抗其他主体，未免太过自欺欺人了。

综上所述，在查封的生效要件上应当类推适用《物权法》第 6 条〔1〕的规则。只有法院作出了有效的查封裁定，并且采取登记或封条等方式控制了财产，查封才得以发生法律效力。如果法院作出了查封裁定尚未完成查封行为，则生效的只是查封裁定，而并不是查封。

（2）登记查封与实物查封竞合时，应当如何处理

《执行规定》第 42 条第 1 款明确规定了对动产的控制公示是封条，第 2

---

〔1〕 现变更为《民法典》第 208 条。

款则规定对有产权证照的不动产和动产的控制公示原则上是查封登记，但必要时也允许实物查封。这就产生了竞合问题，如果甲法院先进行了实物查封，乙法院后进行查封登记，则哪一法院率先完成查封公示？

这涉及对有产权证照财物的查封方法的解释。我国有法官明确主张应采登记生效说，即只能以登记作为查封此类财物的方法，将该条解释为“一般情况下不能采用此种方式，而应采用登记的方式”进行查封，[1]这种学说的另一解释方案是，将封条查封作为登记查封的附属方法，也即针对不动产等证照财产的查封原则上只需要登记查封，但在必要时还可以采取实物查封，从而避免财物价值的减少和灭失。因此甲法院的实物查封根本不产生查封的效力，乙法院的查封才是唯一的有效查封。

另一种观点是对抗要件说，即实物查封依然有效，除了登记查封法院外的其他主体都必须遵守尊重实物查封的效力。因此乙法院的查封登记虽然晚于甲法院的实物查封，但甲法院不得对抗乙法院的登记。从 2004 年发布的《查扣冻规定》第 9 条[2]的规定看，最高人民法院依然坚持对抗要件说。[3]

笔者更赞同登记生效说。从理论上看，登记对抗说认可被查封物上有双重查封，这其实违背了《民事诉讼法》明确规定的禁止重复查封的原则。虽然《查扣冻规定》明确规定了查封登记与实物查封之间的优先顺位，但是在实物查封与其他轮候登记查封、实物查封与第三人之间关系上依然存在隐患。从实务操作上看，登记生效说也更为便捷明确，且有利于督促法院工作人员主动采取唯一正确的查封方式，避免争议发生，尤其是在推广不动产统一登记和电子财产化的时代背景下，坚持登记生效说更具可行性。

---

〔1〕 参见田玉玺、刘文涛：《不动产查封公示问题研究》，载《政法论坛》2001 年第 1 期。

〔2〕 现变更为第 7 条。

〔3〕 《查扣冻规定》的起草者王飞鸿曾在一次法院内部的培训中明确采取登记对抗说，并认为封条和公告的方法已经足以构成有效的查封公示，参见“王飞鸿讲课录音”，载新浪博客，http://blog.sina.com.cn/s/blog_4905ecf60102v0s2.html，最后访问日期：2018 年 3 月 14 日。

三、查封的双重效力

查封的效力，也即是人民法院依据生效的查封裁定，完成了查封措施，实现了对财产的控制后，依法对其他主体产生的法律效力。由于查封是法院的行为，具有公法属性，因而需要从诉讼法（公法）的角度予以界定；同时，又是对私人财产的控制，并且会影响到诉讼结束后当事人实体权利的实现，因而还需要从实体法（私法）的角度加以澄清。

（一）查封的公法效力

广义的查封是一种强制行为，我国《行政强制法》第 9 条第 2 项明确将查封场所、设施或者财物作为行政强制措施的一种类型。因此，人民法院所做的查封，也可以被视为一种公法行为。传统上我们认为，针对不同的主体，强制分别产生以下两方面的效力：

首先，包括财产所有人、占有人在内的所有行政相对人都不得再行处分或移转查封财产。查封作为强制行为，天然的具有命令性和强制性，故而会对相对人产生拘束力。如果其在查封后擅自解封，即构成对法院命令的违反，应当依法追究其公法责任。我国《民事诉讼法》第 111 条第 1 款第 3 项明确将“隐藏、转移、变卖、毁损已被查封、扣押的财产”作为妨害民事诉讼的行为，因此法院可以依法对擅自处分查封物的单位或个人处以罚款、拘留等措施。我国《刑法》第 314 条还设立了非法处置查封、扣押、冻结的财产罪，对于情节严重的上述行为，还可以追究其相应的刑事责任。

其次，其他国家机关不得重复查封处置相关标的物。我国《民事诉讼法》第 103 条第 2 款明确禁止重复查封，与之相关的《行政强制法》第 23 条第 2 款也规定，当事人的场所、设施或者财物已被其他国家机关依法查封的，不得重复查封。因此一旦某一法院实施了查封，则其他司法机关、行政机关都不得再行对该财产予以重复查封。如果其他机构违背上述规则，再行查封，则根据《查扣冻规定》第 28 条[1]，后续的查封行为应当被理解为轮候查封，只有当首封行为解除或撤销后，方才发生查封效力。

---

〔1〕 2020 年修订后，条文号变更为第 26 条。

需要说明的是，诸如曹县事件中，法院作出生效的查封裁定后，由于查封并未生效，在查封过程中，被执行人或协助义务单位拒不配合查封的行为并不能直接等同于违反前述公法效力的行为，其行为构成的是《民事诉讼法》第111条第1款第6项“拒不履行人民法院已经发生法律效力的判决、裁定”，可以对其实施制裁，或者按照《刑法》第313条拒不执行判决、裁定罪处理。

（二）查封的私法效力

长期以来，对查封效力的理解都停留在公法层面。的确，公法层面的查封效力是查封制度诞生伊始就应有的题中之义，符合制度的设立目的，在大多数案件中也有效地实现了查封保全的目的。然而，查封的公法效力只解决了人的问题，即强制人们不能做相应的行为，却并没有从本质上解决物的问题，即被查封的财产的权利归属。如果被查封财产上存在多个物权性的权利，或者多个主体对该财产主张权利时，查封会发生何种影响，就更是一个复杂的技术问题。

显然，这是一个民事实体法——具体而言是物权法——层面的问题。但我国物权法对该问题并没有直接涉及，从民事诉讼法和相关司法解释中可以找到部分规则，而法律没有规定的部分，则只能依据体系解释等法律解释方法，进行漏洞补充。

1. 对所有权人的效力

物的所有权人直接受到查封的约束。但是具体哪些权能受到约束，还需要具体界定。我国《物权法》第39条[1]规定了所有权人对于物享有占有、使用、收益和处分四项权能，有必要分别论述。

第一，处分权。根据查封的公法效力，所有权人的处分权能直接被剥夺。处分权是所有权的核心，查封限制所有权人的处分，意味着所有权人既不能对该财产进行事实上的处分行为，例如改造、毁损、丢弃，也不能进行法律上的处分行为，例如转让、抵押。如果所有权人进行了相应的处分，自然应当受到前述公法上的制裁。不过，由于善意取得制度的存在，被查封后的所有权人的

---

〔1〕 现变更为《民法典》第240条。

无权处分依然可能产生私法上的效力。然而，如本书前述，如果坚持查封的生效要件即是法院公示了对标的物的实际控制，则第三人的善意要件将很难满足，极大地杜绝了善意取得的可能，有助于确保查封的权威性。

第二，收益权。收益权，是指物权人可以通过合法途径收取物所产生的经济利益。民法理论认为因物产生的收益主要是孳息，具体包括天然孳息和法定孳息。[1]而根据《查扣冻规定》第22条[2]，查封的效力及于天然孳息。从文义上看，所有权人收取天然孳息的用益权因为查封而被否定，但却可以继续收取查封期内的法定孳息。[3]

第三，占有权。《查扣冻规定》第12条[4]第1款规定了查封将剥夺所有权人的占有权，但同时规定，法院有权指定被执行人或其他主体代为占有。尤其是在实物查封逐渐式微，登记查封占据主流的今天，法院经常是在完成登记后告知被执行人相关物的查封情形，并没有直接剥夺原所有权人对物的占有。

第四，使用权。使用权是和占有权紧密结合的一项权能，无占有则难言使用，因此当占有权被查封限制后，使用权显然也在查封的效力范围内。而如果法院没有剥夺原权利人的占有权，则往往也继续让其享有使用权。《查扣冻规定》第12条第2款规定，由人民法院指定被执行人保管的财产，如果继续使用对该财产的价值无重大影响，可以允许被执行人继续使用。该条规定了查封不影响使用权的前提条件，即被执行人继续占有（保管）财产和继续使用不影响财产的价值。

2. 对他物权人的效力

他物权主要包括用益物权和担保物权。我国的用益物权在《物权法》第

---

〔1〕 参见梅夏英、高圣平：《物权法教程（第三版）》，中国人民大学出版社2015年版，第72页。

〔2〕 2020年修订，条文号变更为第20条。

〔3〕 关于法定孳息是否也应禁止所有权人享有，在理论界曾有不同的观点，且《执行规定》第53条规定冻结效力及于法定孳息，但《查扣冻规定》第22条的文义已经基本明确，学术界也有学者明确主张查封效力应只限定在天然孳息上，参见肖建国：《查封、扣押、冻结对财产的效力》，载《人民法院报》2005年8月10日。

〔4〕 2020年修订，条文号变更为第10条。

117条[1]虽然规定用益物权的客体包括动产和不动产，但真正详细规定的四种用益物权的客体都是土地。事实上，由于我国的土地公有政策，用益物权实质上承担了土地市场中交易产权的功能，[2]在相当程度上解决了土地确权的问题。也因此，土地本身不可能构成查封的对象，只有土地的用益物权才会成为查封的客体，[3]因而土地承包经营权人、建设用地使用权人和宅基地使用权人在查封时，其所受到的约束与前述所有权人应当一致。

唯有地役权人是与土地产权无关的用益物权人，其与担保物权人类似，都可能与产权人发生分离，因而当标的物被查封时，就有必要讨论查封是否对其权利产生影响。1992年《民诉意见》第102条规定，人民法院对抵押物、留置物可以采取财产保全措施，但抵押权人、留置权人有优先受偿权。《民诉法解释》根据物权法的体例，进一步在第157条中规定，人民法院对抵押物、质押物、留置物可以采取财产保全措施，但不影响抵押权人、质权人、留置权人的优先受偿权。在第154条中还规定，质权、留置权不因采取保全措施而消灭。笔者认为，这一规则完全应当类推适用于地役权人，从而确立担保物权和地役权不受查封影响的基本规则。虽然没有有效的法律和司法解释直接证成这一观点，但在公安部关于公安机关办理查封的一个部门规章中，的确是将地役权与担保物权等量齐观。[4]

然而，在长期的司法实践中，担保物权人的优先权虽然没有消灭，但却可能被长期搁置。因为如果标的物被查封，则担保物权人实现其权利的路径就完全被阻断，必须等待查封法院解除查封或者进入拍卖变卖环节后，才可能实

---

〔1〕 现变更为《民法典》第323条。

〔2〕 参见朱岩等:《中国物权法评注》，北京大学出版社2007年版，第364页。

〔3〕 关于土地承包经营权和宅基地使用权能否被查封，理论上也有争议。但实务中此类做法并不鲜见，例如在李某梅与张某国民间借贷纠纷案中，法院就查封了被告的2.7亩承包土地，实质即为查封了该块土地的承包经营权，查封裁定书文号为(2014)龙执字第550号。即便从理论上看，土地承包经营权和宅基地使用权主要的问题也是在于执行中无法变现，而并不构成保全查封的障碍。

〔4〕 《公安机关办理刑事案件适用查封、冻结措施有关规定》的通知(公通字〔2013〕30号)第14条规定:“国土资源、房地产管理等有关部门对被公安机关依法查封的土地、房屋等涉案不动产，在查封期间不予办理变更、转让或者抵押权、地役权登记。”

现其担保物权。这一现象直到最近方被打破，最高人民法院 2016 年 4 月发布了《关于首先查封法院与优先债权执行法院处分查封财产有关问题的批复》，该规定第 1 条第 2 句明确了如果担保物权人已经进入执行程序中，则对于被其他法院查封的已经超过 60 日且未进入拍卖程序的财产，可以由执行法院商请移送执行，从而实现自己的权利。最高人民法院坦诚，该司法解释的出台，要解决的第一个问题就是“查封是保全程序中的查封，处分财产要等到案件审理结束”的迟延问题。〔1〕应当承认，这一规则在充分尊重查封法院对标的物控制的前提下，采取变通策略，以移送执行的方式将控制权变相转让给担保物权人的执行法院，既未改变现行的制度框架，又极大地提高了执行效率，技术安排堪称精妙。

3. 对查封债权人的效力

我国法律对查封标的物的物权人的规定已经较为清晰，然而在债权人的规范方面却存在严重的空白。虽然债权人都清楚，如果采取了保全措施，自己的债权就有了着落，但是这种安全感从何而来，法律上的规范却相当欠缺。由此引发了查封债权人与其他普通债权人之间的竞争关系，尤其是在债务人没有其他财产时，普通债权人自然希望也通过被查封财产受偿，因而与查封债权人产生直接冲突。

从域外经验看，大多数国家都明确规定，查封可以使查封债权人直接获得担保物权。《德国民事诉讼法》第 804 条和第 867 条分别规定，债权人通过抵押和登记获得对保全物的扣押质权与保全抵押权。〔2〕法国 1991 年 7 月的《民事执行程序法》也建立了裁判抵押权，债权人在依据裁判获取登记后，就

〔1〕 刘贵祥、赵晋山、葛洪涛：《〈关于首先查封法院与优先债权执行法院处分查封财产有关问题的批复〉的理解与适用》，载《人民司法·应用》2016 年第 19 期。

〔2〕 关于此种质权和抵押权的构成要件，尚有公法理论和混合理论的争论，公法理论强调保全的独立性，不依赖被保全物的私法状态，直接产生效力；而混合理论则更加稳妥，要求保全措施采取前必须满足公法和私法两方面的条件，参见［德］汉斯－约阿希姆·穆泽拉克：《德国民事诉讼法基础教程》，周翠译，中国政法大学出版社 2005 年版，第 369~370 页。以中国法的实务经验看，混合理论更易为我国接受。

获得抵押权的顺位。[1]在英国，债权人可向法院申请押记令，法院发出后，债权人即可持押记令办理登记，进而获得类似抵押权的优先受偿权。[2]在美国，临时性保全措施种类繁多，规则庞杂，[3]诸如“attachment”这样的措施本身就具有担保的含义，[4]而各种保全措施大多都是让债权人获得了对债务人特定财产的司法扣押权(judicial lien)，这一扣押权的效力是如此之强，以至于如果债权人最终获得了胜诉判决，则该扣押权即便在破产程序中依然享有优先权。[5]

我国法律和司法解释并没有建立明确的担保物权效力的规则。一旦进入执行程序，出现多个普通债权人都希望就标的物来实现自己的权利时，就容易产生冲突。虽然现实中由于查封法院利己主义的执行倾向，查封债权人往往具有优势地位，但其却因为于法无据而心里没底。前述案例 10-1 就是此种情形的典型，而下面两种情形则更让法院困惑：

第一，查封债权人享有金钱债权，而另一债权人则是继续履行合同请求权。由于拍卖标的物就将导致另一债权人的请求权完全无法实现，只能另诉损害赔偿，一旦金钱债权和标的物价值之间存在较大差距，法院就可能基于诉讼成本等考虑，不愿意直接拍卖标的物。

第二，查封债权人和另一债权人的债权都是继续履行合同请求权，但是另一债权人在合同成立、付款、起诉、获得生效判决等时间节点上先于查封

---

〔1〕 参见于海涌:《法国保全性裁判抵押权制度研究——兼论我国不动产查封制度的完善》，载《清华大学学报》2006 年第 3 期。

〔2〕 参见张永红:《英国强制执行法》，复旦大学出版社 2014 年版，第 5 页。

〔3〕 例如，prejudgment attachment 在普通法和联邦法中就没有规范，而都是由各州州法分别规定，see Robert Warchola&Brian Willis, Shumaker, Loop&Kendric, *Prejudgment Attachments and Fraudulent Conveyance Claims in Fidelity Litigation Securing Assets Prior to Judgment*, http://docplayer.net/443778-Prejudgment-attachments-and-fraudulent-conveyance-claims-in-fidelity-litigation-securing-assets-prior-to-judgment-east-of-the-mississippi.html.

〔4〕《美国统一商法典》(Uniform Commercial Code)第 9 条规定了担保物权如何实现，该条款的题名就是“ATTACHMENT AND ENFORCEABILITY OF SECURITY INTEREST”。

〔5〕 See Goldman, Irve J., *The Effect of Bankruptcy on a Prejudgment Attachment Lien*, American Bankruptcy Institute Journal33.9, p.32-33, 62(2014).

债权人。根据最高人民法院《关于审理买卖合同纠纷案件适用法律问题的解释》(法释〔2012〕8号,以下简称《买卖合同解释》)第9条和第10条[1],这些时间节点将决定债权的优先性。因而当另一债权人要求法院依照该司法解释优先实现自己的请求权时,法院和查封债权人都没有法定的理由予以拒绝。

笔者认为,应当明确,查封赋予了查封债权人对查封物享有的担保物权,因而对于其他普通债权人,其债权具有优先性:如果其债权是金钱债权,则可以享有对查封标的物的优先受偿权;如果其债权是履行请求权,则可以享有类似别除权性质的权利。当然,查封担保物权的产生时间以查封生效为准,如果被查封的财产上已经有其他担保物权或类似的优先权,则查封的担保物权具有劣后性。

赋予查封债权人担保物权的效力,具有以下好处:首先,它能够有效地解决法院在执行顺位上的困惑,又符合物权优先于债权的基本法理。前述法院在执行顺位上的困惑,在很大程度上是无法可依造成。而如果按照《买卖合同解释》确立的节点来划分债权的优先性,既不符合债权平等保护的基本原理,[2]也会因为节点过多且不具有公信力而不能清晰准确地划分优先顺位。其次,它能够激励债权人在诉讼时积极采取查封措施,解决执行难题。保全措施的采取不仅有利于债权人实现权利,也有利于法院判决得到实现。诉讼和执行原本就是效率的竞赛,如果当事人自己怠于申请保全,就如同怠于用司法途径来实现救济一样,不仅增加了自己权利落空的风险,也加剧了法院的执行难现象。再次,它符合普罗大众的正义观。查封债权人往往需要积极地调查了解被执行人的财产线索,耗费比普通债权人更多的时间和资源。如果不赋

---

〔1〕 2020年修改后,变更为第6条和第7条。

〔2〕 民法学者对该条的批判,可参见程啸:《论动产多重买卖中标的物所有权归属的确定标准——评最高法院买卖合同司法解释第9、10条》,载《清华法学》2012年第6期;周江洪:《特殊动产多重买卖之法理——〈买卖合同司法解释〉第10条评析》,载《苏州大学学报》2013年第4期;陈永强:《特殊动产多重买卖解释要素体系之再构成——以法释〔2012〕8号第10条为中心》,载《法学》2016年第1期。

予查封债权人法定的优先权，其实就是要所有普通债权人来共享其的付出，这种“搭便车”的行为显然不够公平，也不符合朴素的正义理念。最后，它符合域外主要法治国家（地区）的操作惯例和民事实体法的解释方法。无论是大陆法系国家（地区）还是普通法系国家，对于查封等保全措施，都赋予了查封债权人相应的优先权，此种优先于其他债权人的权利在实体法上也只能通过担保物权来解释。

当然，基于物权法定的原则，查封债权人的担保物权需要法律的明确规定。[1]目前我国法律尚无相应的直接规则。但是，既有的一些法律和司法解释其实已经蕴含了相应的法理。例如，根据《破产法》第 19 条的规定，人民法院受理破产申请后，有关债务人财产的保全措施应当解除。虽然从公法意义上看，该条规定旨在明确破产法院可以破除查封的公法效力，对破产财产予以分配处分，但是也可以将其解释为私法上查封担保物权的消灭事由。此外，《民诉法解释》第 516 条也规定，在执行转破产失败后，对于普通债权，按照财产保全和执行中查封、扣押、冻结财产的先后顺序清偿。如果扩大该条的适用范围，也完全可以视为查封产生担保物权的依据。

四、结论

查封是我国司法实践中一项使用极其频繁的制度，但由于种种原因，其效力规则却没有得到体系化的建构。而要科学建构查封的效力，需要做到以下两点：

第一，明确查封生效的前提条件，区分查封依据和查封行为，将法院作出生效的查封裁定和公示实际控制财产作为查封的生效要件。

第二，区分查封的公法效力和私法效力。传统观念多囿于查封在公法上的效力，而忽视了其对物权的影响。应当针对物权的权能，针对不同主体建构效力规则，尤其应当明确肯定查封能够对债权人产生担保物权性质的优先受

---

〔1〕《德国民事诉讼法》第 804 条和第 867 条直接规定了查封的物权效力；而日本民事执行法虽未直接规定，但该法第 87 条规定了分配的债权人范围，将申请查封的债权人列为首位。

偿权和别除权。

查封的效力既关系到法院裁判的实现,也直接决定了不同主体的权利顺位。本文仅仅搭建了查封效力的粗略框架,其中的具体要件尚有诸多值得探讨之处。希望这一尝试能够抛砖引玉,推动关于查封效力规则的体系化建构,从而让执行法官在实务中遵循法律思维,真正做到规范、统一地适用法律。

第三部分

诉的基础理论之案例研习

案例一

隐秘的角落案

【案情】

17 岁的少年朱朝阳与母亲周春红相依为命，因家境贫寒，经常被同学朱晶晶（18 岁）鄙视。但朱朝阳聪慧过人，在参加“迎春杯”数学比赛获得全国一等奖后，被当地教育机关重奖 5 万元。朱朝阳兴奋之下，指使自己好友严良（19 岁）向朱晶晶报仇，并表示出了事自己有钱赔。严良遂将朱晶晶打伤。朱朝阳和朱晶晶的班主任张东升发现后，担心事态升级，立即将朱晶晶送往医院手术，由于朱晶晶的父亲朱永平在国外出差，张东升垫付了住院费 2 万元。后张东升被学校派往外地学习。

朱永平回国后得知女儿受伤，十分气愤，以朱晶晶的名义向法院起诉严良，要求赔偿医药费等各种损失 8 万元。严良在开庭审理中承认是自己将朱晶晶打伤，与他人无关，一审法院遂判决支持了朱晶晶的全部诉讼请求。严良向朱朝阳商议如何支付赔偿款，朱朝阳表示自己只有 5 万元奖金，剩余赔偿款需要严良自己承担。严良大惊，立即以赔偿数额过高为由提出上诉，并在上诉状中提出，是朱朝阳指使自己将朱晶晶打伤，应当由朱朝阳承担责任。朱晶晶知悉后也向二审法院提出，要求追加朱朝阳作为责任人。

【问题】

1. 严良在一审中已经承认是自己将朱晶晶打伤，在上诉中又提出系朱朝阳指使，二审法院是否可以对该事实予以审查？为什么？

2. 请根据案情，分析朱朝阳和其母周春红在二审中可能的诉讼地位。

3. 假如在二审审理过程中，严良提出自己曾经帮朱晶晶追星应援，朱晶晶承诺劳务费 1 万元但一直未支付，现要求用劳务费抵销自己的赔偿款。朱晶晶承认曾找严良帮忙追星，但对于 1 万元的金额不认同，认为双方未谈及价款，至多应当支付误工费 1000 元。法院应当如何处理严良提出的抵销主张？

4. 假如法院判决严良向朱晶晶给付 8 万元，因严良拒绝履行，案件进入执行程序，冻结了严良的银行存款 5 万元。此时，张东升从外地学习归来，发现朱晶晶在计算损失时遗漏了自己垫付的 2 万元住院费（即加上该笔垫付款，朱晶晶实际损失为 10 万元）。张东升向朱晶晶讨要（A 方案），朱晶晶认为自己是受害人，严良的执行款尚不足 8 万元，如果再向张东升支付 2 万元，则自己的损害无法填平。张东升向严良索赔（B 方案），严良表示张东升自己多管闲事，且法院已经判决自己就打人事件只需要赔付 8 万元。也有人建议张东升通过执行异议（C 方案）、第三人撤销之诉（D 方案）或再审程序（E 方案）寻求救济。现张东升向你讲述了事情经过，希望通过合法的诉讼程序实现 2 万元债权，他恳切地问你："您看我还有机会吗？"

请简要分析前述 ABCDE 五种方案可能的利弊，替张东升找到最优路径。

【参考答案】

诉讼构造【此部分是为了提取案例中诉的要素，方便后续分析中随时使用。这是案例分析的一种好习惯，但不作为得分点。】

（1）一审程序：

◆当事人

◎原告：朱晶晶

◎被告：严良

◆诉讼标的

◎基于《民法典》第 1165 条第 1 款规定的过错侵权损害赔偿请求权

◆诉讼请求

◎赔偿医疗费、住院费等损失 8 万元

◆事实理由

◎被告将原告打伤，侵害原告健康权，造成医疗费、住院费等损失 8 万元

◆诉讼结果

◎支持原告全部诉讼请求

(2)二审程序：

◆当事人

◎上诉人：原审被告严良

◎被上诉人：原审原告朱晶晶

◆上诉请求

◎赔偿医疗费、住院费等损失 8 万元

◆上诉理由

◎损失数额认定过高

◎朱朝阳应为损害赔偿责任人

1. 答案一：可以。

一审中，严良已经对侵权行为、故意、损害结果以及无其他责任人等对自己不利的事实予以承认，构成自认。但根据《民诉法解释》第 92 条第 3 款的规定，自认的事实与已经查明的事实不符的，人民法院不予确认。这说明中国法上并未确立约束性辩论原则，当事人自认的事实并不必然对法院审理查明案件事实构成约束。如果严良打伤朱晶晶确为朱朝阳唆使，则根据《民法典》第 1169 条的规定，教唆他人实施侵权行为需与行为人承担连带责任，因此，严良打人是否受朱朝阳指使，关涉案件的赔偿义务人等实体性问题，可能影响一审审理程序的合法性。所以，二审法院可以不受自认限制，对该事实予以审查。

答案二：不可以。

本案中，严良已经对侵权行为、故意、损害结果以及无其他责任人等对自

己不利的事实予以承认，构成自认。根据《民诉法解释》第342条的规定，当事人在一审中的诉讼行为，在二审中对其仍具有拘束力。当事人欲推翻其诉讼行为需说明理由。而根据《证据规定》第9条第1款，撤销自认应在法庭辩论终结前提出，而本案已经进入二审。且根据《证据规定》第9条的规定，撤销自认必须满足对方同意或发现受胁迫、重大误解的情况。本案显然不存在胁迫，唯一的可能为重大误解。但作为撤销自认合理理由的重大误解应是对于自认行为存在重大误解，但本案中严良完全理解其承认相关事实的意义，只是错误理解了朱朝阳对其的承诺，故不满足重大误解，因此并无合理理由推翻自己在一审中的自认，法院不应当对该事实重新审查。

【相关法条】

《民诉法解释》

第92条　一方当事人在法庭审理中，或者在起诉状、答辩状、代理词等书面材料中，对于己不利的事实明确表示承认的，另一方当事人无需举证证明。

对于涉及身份关系、国家利益、社会公共利益等应当由人民法院依职权调查的事实，不适用前款自认的规定。

自认的事实与查明的事实不符的，人民法院不予确认。

第342条　当事人在第一审程序中实施的诉讼行为，在第二审程序中对该当事人仍具有拘束力。

当事人推翻其在第一审程序中实施的诉讼行为时，人民法院应当责令其说明理由。理由不成立的，不予支持。

《证据规定》

第9条　有下列情形之一，当事人在法庭辩论终结前撤销自认的，人民法院应当准许：

（一）经对方当事人同意的；

（二）自认是在受胁迫或者重大误解情况下作出的。

人民法院准许当事人撤销自认的，应当作出口头或者书面裁定。

2. 朱朝阳和其母周春红在二审中不具备当事人的诉讼地位。二审中的当事人只能是上诉人和被上诉人，由于朱、周二人未参加一审，因此尽管本诉原被告均在二审中表示朱朝阳应当承担侵权责任，但朱朝阳和其母周春红都不可能直接获得二审诉讼地位。二审法院如果认为有必要发回重审的，可以发回后在重审中增加其诉讼地位。如果二审法院在审理中认为确有必要传唤二人参加诉讼，则二人可能以证人的身份参加案件的二审审理。

【相关法条】

《民事诉讼法》

第170条　第二审人民法院对上诉案件，经过审理，按照下列情形，分别处理：

（一）原判决、裁定认定事实清楚，适用法律正确的，以判决、裁定方式驳回上诉，维持原判决、裁定；

（二）原判决、裁定认定事实错误或者适用法律错误的，以判决、裁定方式依法改判、撤销或者变更；

（三）原判决认定基本事实不清的，裁定撤销原判决，发回原审人民法院重审，或者查清事实后改判；

（四）原判决遗漏当事人或者违法缺席判决等严重违反法定程序的，裁定撤销原判决，发回原审人民法院重审。

原审人民法院对发回重审的案件作出判决后，当事人提起上诉的，第二审人民法院不得再次发回重审。

3. 抵销主张作为权利消灭抗辩属于合法的辩论范围，故抵销主张合法。但抵销抗辩在诉讼中纳入了独立于案件诉讼标的的债权债务关系（可构成独立诉讼标的），故若当事人对主动债权存在争议，则无法在被动债权的诉讼程序中直接予以嵌套审理。而对于其他事实性抵销条件（是否种类相同、是否属于可抵销的债权）的争议，则可以直接在诉讼中以事实认定的方式予以审查。

在本案中，虽然上诉人朱晶晶对被上诉人严良对其有金钱债权并无争议，但对于该金钱债权的性质和数额存在争议，实际仍是对主动债权存有争议，因而需要以诉的方式对主动债权予以实质审理方可认定，也即严良的抵销主张需要通过反诉主动债权的形式实现。

在一审中，被告可以反诉的形式将主动债权的诉讼程序合并入已经开始的被动债权的诉讼程序，但本案中严良的抵销主张在二审中方提出。根据《民诉法解释》第328条的规定，上诉人提起反诉时，法院可以调解，调解不成的告知另行起诉。因此，本案二审法院可以就严良的抵销主张予以调解，但调解不成时，不能直接受理反诉，只能告知其另诉解决追星劳务费，而不能在案件中直接抵销。

【相关法条】

《民法典》

第557条　有下列情形之一的，债权债务终止：

（一）债务已经履行；

（二）债务相互抵销；

（三）债务人依法将标的物提存；

（四）债权人免除债务；

（五）债权债务同归于一人；

（六）法律规定或者当事人约定终止的其他情形。

合同解除的，该合同的权利义务关系终止。

第568条　当事人互负债务，该债务的标的物种类、品质相同的，任何一方可以将自己的债务与对方的到期债务抵销；但是，根据债务性质、按照当事人约定或者依照法律规定不得抵销的除外。

当事人主张抵销的，应当通知对方。通知自到达对方时生效。抵销不得附条件或者附期限。

《民诉法解释》

第328条　在第二审程序中，原审原告增加独立的诉讼请求或者原审被告提出反诉的，第二审人民法院可以根据当事人自愿的原则就新增加的诉讼请求或者反诉进行调解；调解不成的，告知当事人另行起诉。

双方当事人同意由第二审人民法院一并审理的，第二审人民法院可以一并裁判。

4. 五种可能的途径分别分析如下：

A. 另行起诉朱晶晶（诉讼标的可以是无因管理或不当得利）。在法律上是最优解，也有较大可能获得履行。但教师诉学生，在道德和舆论层面可能影响风评，值得考虑。

B. 另行起诉严良（诉讼标的可以是无因管理或不当得利），实体判决要件成立，并不构成一事不再理，由于严良已经没有可供执行的财产，即便胜诉也可能无法获得执行。

C. 不可以提起执行异议，张东升对严良被冻结的 5 万元执行款无法主张实体权利。

D. 不可以提起第三人撤销之诉，原审判决是对朱晶晶损失的认定，朱晶晶仅主张 8 万元损失，且裁判并未侵害张东升利益。

E. 不可以以案外人身份提起再审，原审判决并未错误，不影响张东升的权利。

综上所述，能够实现权利的最优途径应为 A。

【相关法条】

《民法典》

第 979 条　管理人没有法定的或者约定的义务，为避免他人利益受损失而管理他人事务的，可以请求受益人偿还因管理事务而支出的必要费用；管理人因管理事务受到损失的，可以请求受益人给予适当补偿。

管理事务不符合受益人真实意思的，管理人不享有前款规定的权利；但是，受益人的真实意思违反法律或者违背公序良俗的除外。

第 980 条　管理人管理事务不属于前条规定的情形，但是受益人享有管理利益的，受益人应当在其获得的利益范围内。

《民事诉讼法》

第 56 条　对当事人双方的诉讼标的，第三人认为有独立请求权的，有权提起诉讼。

对当事人双方的诉讼标的，第三人虽然没有独立请求权，但案件处理结果同他有法律上的利害关系的，可以申请参加诉讼，或者由人民法院通知他参加诉讼。人民法院判决承担民事责任的第三人，有当事人的诉讼权利义务。

前两款规定的第三人，因不能归责于本人的事由未参加诉讼，但有证据证明发生法律效力的判决、裁定、调解书的部分或者全部内容错误，损害其民事权益的，可以自知道或者应当知道其民事权益受到损害之日起六个月内，向作出该判决、裁定、调解书的人民法院提起诉讼。人民法院经审理，诉讼请求成立的，应当改变或者撤销原判决、裁定、调解书；诉讼请求不成立的，驳回诉讼请求。

第227条　执行过程中，案外人对执行标的提出书面异议的，人民法院应当自收到书面异议之日起十五日内审查，理由成立的，裁定中止对该标的的执行；理由不成立的，裁定驳回。案外人、当事人对裁定不服，认为原判决、裁定错误的，依照审判监督程序办理；与原判决、裁定无关的，可以自裁定送达之日起十五日内向人民法院提起诉讼。

《民诉法解释》

第305条　案外人提起执行异议之诉，除符合民事诉讼法第一百一十九条规定外，还应当具备下列条件：

（一）案外人的执行异议申请已经被人民法院裁定驳回；

（二）有明确的排除对执行标的执行的诉讼请求，且诉讼请求与原判决、裁定无关；

（三）自执行异议裁定送达之日起十五日内提起。

人民法院应当在收到起诉状之日起十五日内决定是否立案。

【难点说明】

1. 自认

【常见问题】

本题给了两个答案，言之成理均可得分。这是因为自认在中国法上的特殊性质。中国法并未完全按照大陆法系国家（地区）建立约束性辩论主义，因此法院突破自认具有较大的空间。本书观点会更倾向于本案中不能再审查该事实，因为它并不妨碍朱晶晶向朱朝阳另行寻求救济，也不妨碍严良和朱朝阳之间的责任分担。但考虑到现实中的情况，在阅卷时两个答案都可得分。

本题的问题主要体现在说理上，部分同学没有意识到一审自认对法院具有约束力这一考点，而是给出了“我国民事诉讼的二审既是事实审又是法律审，所以可以审查”、“一审判决的认定的事实不具有既判力，所以可以审查”或者“严良在二审中提出与一审中的陈述相反的事实主张，违反诚实信用原则”。尽管这些理解都有一定的道理，但是本题的核心考点是自认，如果没有出现这个关键词，肯定会导致一定的扣分。

【理论延展】

（1）自认的基本内涵

自认，是指一方当事人对另一方当事人主张的于己不利的案件事实予以承认。自认的方式既包括口头的，也包括书面的。口头的自认仅限于法庭审理中，作为口头的自认应当记录于笔录之中。书面自认则包括当事人在起诉状、答辩状、代理词等书面材料中对对方当事人主张事实的承认。

在一方当事人对对方主张的事实作出自认后，将免去主张该事实的当事人对此的证明，也免除了法院对该事实的调查、核实，法院将以该事实作为裁判基础。从理论上讲，自认制度的重要根据是民事诉讼中的约束性辩论原则。

（2）一审自认在二审中的效力

当事人对对方当事人的主张予以自认，而在二审中试图否认或推翻，二审法院能否对该事实予以审查，在实践中比较容易引起争议。对此存在两种意见：

一种观点以《民诉法解释》第 92 条第 3 款规定为依据，认为该条规定如果自认的事实与法院查明的事实不符，则法院不予确认，说明我国尚未确立约束性辩论原则，只要自认的事实与真实不符，法院就不必受自认的约束。二审法院自然可以斟酌相应证据对该事实予以审查。

另一种观点则坚持诉讼程序的稳定性和严肃性，强调自认作为诉讼行为应当在诉讼中始终约束当事人和法院。《民诉法解释》第 342 条也规定，当事人在一审中的诉讼行为在二审中仍具有约束力。当事人欲推翻其诉讼行为需说明理由。而当事人只有在能够证明其在一审中的承认是基于对方当事人的胁迫或重大误解的情况下方可否认自认的法律效力。如果上诉中当事人可以轻易否定一审的自认，则自认制度就难以发挥其作用，而对方当事人原本因自认已经放弃对该事实的证明准备，如果自认的约束力被推翻，其将遭受不利益。

2. 二审中诉讼地位的获得

【常见问题】

绝大多数同学都未能注意到题目是要求分析朱朝阳和其母周春红在二审中可能的诉讼地位，因此都围绕是否构成共同被告、有独立请求第三人、无独立请求第三人等展开分析。较多数同学会答出朱朝阳为未成年人，周春红应作为其法定代理人这一知识点。

虽然我们给出了《民法典》条文，但理论上对于监护人究竟应当承担何种责任一直存在激烈争议。实际上，本题回避了这一考点，考查的重点在于二审当事人必须是一审主体。诉讼程序进入二审后，当事人的增加将受制于程序的推进。因此，如一审确实遗漏必要的当事人，则需先将案件发回重审，在一审中由法院追加，不能直接在二审中将其追加为共同诉讼人，否则即剥夺了其审级利益。我们也想借此强调，诉讼是一个特殊的场域，并不是只要是民事实体法律关系的主体就可以当然地进入诉讼，取得诉讼地位需要严格的要件。

与此相对，证人并非案件的当事人，其参加诉讼仅为提出证据，参加与否本身并不影响其利益。故二审中可直接传唤一审中未传唤的证人。

3. 诉讼上的抵销

【常见问题】

答题中的错误主要在于：（1）未考虑严良的抵销主张中的金钱债权与本案诉讼标的的关系，直接从证明的角度开始作答；（2）未考虑在诉讼中提出抵销需要满足的条件，单纯从实体法能否抵销上进行作答；（3）考虑到被告提出的主动债权不能直接以抗辩的形式提起，但直接认为可以合并审理，忽略本案处在二审程序中。

4. 合法诉讼途径的选择

【常见问题】

1. 忽略途径选取的目的意在实现权利而非单纯提起诉讼。对于 C、D、E 途径均仅从主体角度认为张东升作为案外人 / 第三人可以提起相关程序，忽略相应程序的其他必要条件（执行异议之诉需对执行标的主张权利，第三人撤销之诉 / 再审需裁判错误），进而认为 C、D、E 可以提起，只是程序复杂等。

2. 认为张东升对严良无权利。此处涉及对民法的理解，即便从朴素的法感情看，民法都应当支持张东升对严良的请求权。而如果从民法法理分析，张东升的管理行为既可能是帮助朱晶晶及时救治，也可能是防止事态扩大避免严良承当更重的刑事责任，因此是可以构成无因管理的。

3. 忽略本题设问为“通过合法的诉讼途径”，认为 A、B 仅是针对朱晶晶和严良的私下交涉。

案例二

平原上的夏洛克案

【案情】

洛克翻修自家宅基地的房屋期间，邻居华生主动提出为洛克和建筑工人做饭，洛克十分感谢，表示要支付报酬，华生坚决拒绝，表示洛克支付食材的采购费即可。洛克应允。

3 月 1 日，华生驾驶三轮摩托车赴集市采购食材时发生车祸，肇事车辆逃逸。由于现场证据缺乏，警察未受理报案。后华生被送往医院就诊，一直处于昏迷状态，洛克垫付了 1 万元医药费。关于后续约 5 万元的医药费，华生唯一的亲属，其子华文认为应当由洛克继续支付，而洛克则认为自己已经仁至义尽，不愿再垫付。双方发生争议后，华文以华生的名义，以前述事实为基础向法院起诉，要求洛克支付全部医疗费用，并同时提出先予执行申请（A 诉讼）。

与此同时，洛克也展开寻找肇事者的工作。经过调取监控，洛克确认在事故发生前后，通过该路段的机动车有两辆，分别是车牌号 xxxxx 的大众轿车和 yyyyy 的丰田轿车。洛克通过在邦安保险公司工作的同乡查询车辆数据库信息，获得了两台轿车的车主、住址和电话。

在调查大众轿车时，洛克发现该车右侧方有明显的剐蹭痕迹，同时且车内装有行车记录仪。但在联系车主费宁时，费宁完全不配合。洛克遂暗中跟踪费宁，在其离开车的瞬间进入车辆，将行车记录仪的存储卡复制到自己的笔记本电脑中，再悄然离开。然而，在读取电脑中复制的内容时，洛克发现由于行车记录仪存储卡容量有限，3 月 1 日的记录已经被覆盖。但洛克意外发现行车记录仪记录下了费宁与第三者在车内的亲昵录音。洛克遂将该录音发给费宁并逼问其是否做了亏心事，费宁大惊失色，表示只要能取回录音，什么都承认。最终，在洛克的询问下，费宁承认自己在 3 月 1 日驾车撞到了一辆摩托车，并写下了书面的承认信。

在走访丰田轿车时，洛克发现了该车前保险杠刚刚更换。此时恰逢丰田车主安培过来开车，洛克遂上前与之攀谈，假装自己近期欲购买此车型，想事先了解车辆性能，并暗中录下了谈话的全过程。安培表示车辆性能很好，洛克遂询问为何保险杠有更换迹象。安培承认该车前两天出过小事故，因而更换了保险杠。但在洛克追问何种事故时，安培则表示不愿多谈。后洛克还查询到安培的驾龄只有一年，且在一年中已经出过三次交通事故。

【问题】

1. 对于华文以华生的名义提起的诉讼（A 诉讼），法院是否应当受理，请结合起诉条件的规定，全面分析。

2. 假如法院受理了华文提起的 A 诉讼，对于先予执行申请，是否应当支持，为什么？

3. 如果洛克按华文要求，继续垫付了 5 万元医疗费后，向费宁提起追偿权之诉（B 诉讼），要求费宁赔偿全部医疗费 6 万元。费宁在诉讼中否认有撞人行为，洛克遂提出了书面承认信，费宁则向法庭陈述了撰写该承认信的经过，并质疑洛克获取自己个人信息的合法性。假如你是法官，请结合该承认信的证据能力和证明力，以及证明责任分配的基本原理，分析是否可以认定费宁有撞人的事实。

4. 在 B 诉讼进行过程中，如果洛克将费宁与女子的亲昵录音发布到网上，费宁以自己名誉受到影响为由，对洛克提起反诉，要求洛克赔偿损失。法院是否应当受理该反诉请求？

5. 假如在 B 诉讼进行过程中，华生突然因并发症去世。法院应当如何处理该诉讼？

6. 假如针对B诉讼，法院经过审理驳回了洛克的诉讼请求，洛克不服提起上诉，二审过程中，洛克申请追加安培为共同被告，对自己承担连带赔偿责任。二审法院应当如何处理？

7. 在B诉讼中，假如经过调解，双方达成调解协议，约定费宁向洛克支付6万元医疗费，此后洛克不得再以该事件为由向费宁主张任何权利。双方签收了调解书。后华生在6万元医疗费花光后，医生建议其回家继续休养，华生回家后在家人照料下逐渐苏醒，得知事情过程后，决定以自己的名义起诉费宁，要求支付营养费、误工费、精神损害赔偿共计10万元（C诉讼），费宁则根据B诉讼的调解书，认为自己与本案已无任何关系。结合费宁的抗辩，请分析法院是否应当受理C诉讼。

【参考答案】

诉讼构造【此部分是为了提取案例中诉的要素，方便后续分析中随时使用。这是案例分析的一种好习惯，但不作为本题的得分点。】

（1）A诉讼

◆当事人

◎原告：华生（诉讼代理人：华生）

◎被告：洛克

◆诉讼标的

◎基于《人赔解释》第5条的帮工人补偿请求权

◆诉讼请求

◎支付全部医疗费

◆事实理由

◎原告为被告帮工，在帮工期间受第三人侵权造成身体权、健康权损害，产生医疗费等损失5万元

（2）B诉讼

◆当事人

◎原告：洛克

◎被告：费宁

◆诉讼标的

◎基于《人赔解释》第5条的追偿请求权

◆诉讼请求

◎给付本应由被告支付的6万元医疗费

◆事实理由

◎被告作为侵权人侵害作为帮工人的华生，原告作为被帮工人垫付了6万元医疗费，可以向作为侵权人的被告追偿

（3）C诉讼

◆当事人

◎原告：华生

◎被告：费宁

◆诉讼标的

◎基于《民法典》第1165条第1款的侵权损害赔偿请求权

◆诉讼请求

◎支付营养费、误工费、精神损害赔偿共计10万元

◆事实理由

◎被告撞伤原告，造成原告营养费、误工费、精神损害共计10万元

1. 本题需要对起诉条件做全面的检索，主要是《民事诉讼法》第119条的积极条件和第124条的消极条件。

第119条要求提起诉讼需要原告适格、被告明确、请求及理由明确、符合法院的管辖和主管。而第124条则在前述条件外还规定起诉需无禁诉期间，且不构成一事不再理。

在本案中，根据案情可以肯定其满足起诉的消极条件。积极条件方面，法院管辖与主管因无额外交代视为满足。根据《人赔解释》第5条，被帮工人应对受第三人侵权的帮工人给予补偿。本案中，根据题目信息，华生帮助洛克买菜做饭，华生是帮工人，而洛克为被帮工人，双方之间的法律关系应为帮工法律关系，华生可以依据第5条请求洛克适当补偿，属于“与本案有直接利害关

系的公民”。其请求及理由明确，而洛克也符合被告的条件。但是，本案的特殊之处在于诉讼是由华文以华生的名义提起，因此需审查华文是否有合法的诉讼代理权限。

根据案情事实，可排除意定代理。就法定诉讼代理而言，如华生为无民事诉讼行为能力人，则作为其唯一近亲属的华文即成为其法定代理人而具有法定诉讼代理权。但本案中，华生尽管昏迷，但尚未经过法院特别程序对其进行民事行为能力的认定，故不能直接将其视为无民事行为能力人或限制民事行为能力人而认定其为无诉讼行为能力。

总结而言，华文不能以华生的名义起诉，不符合起诉要件，法院不应受理（除非先行通过特别程序认定华生的民事行为能力）。

【相关法条】

《人赔解释》

第5条　无偿提供劳务的帮工人因帮工活动遭受人身损害的，根据帮工人和被帮工人各自的过错承担相应的责任；被帮工人明确拒绝帮工的，被帮工人不承担赔偿责任，但可以在受益范围内予以适当补偿。

帮工人在帮工活动中因第三人的行为遭受人身损害的，有权请求第三人承担赔偿责任，也有权请求被帮工人予以适当补偿。被帮工人补偿后，可以向第三人追偿。

《民事诉讼法》

第119条　起诉必须符合下列条件：

（一）原告是与本案有直接利害关系的公民、法人和其他组织；

（二）有明确的被告；

（三）有具体的诉讼请求和事实、理由；

（四）属于人民法院受理民事诉讼的范围和受诉人民法院管辖。

第124条　人民法院对下列起诉，分别情形，予以处理：

（一）依照行政诉讼法的规定，属于行政诉讼受案范围的，告知原告提起行政诉讼；

（二）依照法律规定，双方当事人达成书面仲裁协议申请仲裁、不得向人民法院起诉的，告知原告向仲裁机构申请仲裁；

（三）依照法律规定，应当由其他机关处理的争议，告知原告向有关机关申请解决；

（四）对不属于本院管辖的案件，告知原告向有管辖权的人民法院起诉；

（五）对判决、裁定、调解书已经发生法律效力的案件，当事人又起诉的，告知原告申请再审，但人民法院准许撤诉的裁定除外；

（六）依照法律规定，在一定期限内不得起诉的案件，在不得起诉的期限内起诉的，不予受理；

（七）判决不准离婚和调解和好的离婚案件，判决、调解维持收养关系的案件，没有新情况、新理由，原告在六个月内又起诉的，不予受理。

第 187 条　申请认定公民无民事行为能力或者限制民事行为能力，由其近亲属或者其他利害关系人向该公民住所地基层人民法院提出。

申请书应当写明该公民无民事行为能力或者限制民事行为能力的事实和根据。

2. 根据《民事诉讼法》第 106 条，本案作为追索医疗费用的案件，符合申请先予执行的案件范围。而根据第 107 条，裁定先予执行的案件需要符合以下条件：（1）当事人间权利义务关系明确；（2）情况紧急，不先予执行将严重影响申请人的生活或者生产经营；（3）被申请人有履行能力。

在本案中，从被申请人洛克不愿意再垫付医疗费来看，洛克并不认为自己具有垫付的义务，也即双方就洛克是否有垫付义务产生了争议，且该争议作为本案核心的债权债务关系存在争议，故本案的权利义务关系不明确。因此，本案并不符合裁定先予执行的条件。

【相关法条】

《民事诉讼法》

第 106 条　人民法院对下列案件，根据当事人的申请，可以裁定先予执行：

（一）追索赡养费、扶养费、抚育费、抚恤金、医疗费用的；

（二）追索劳动报酬的；

（三）因情况紧急需要先予执行的。

第107条 人民法院裁定先予执行的，应当符合下列条件：

(一)当事人之间权利义务关系明确，不先予执行将严重影响申请人的生活或者生产经营的；

(二)被申请人有履行能力。

人民法院可以责令申请人提供担保，申请人不提供担保的，驳回申请。申请人败诉的，应当赔偿被申请人因先予执行遭受的财产损失。

3. 承认信是洛克以胁迫的方式迫使费宁撰写，属于“以严重违背公序良俗的方式形成”的证据，其证据能力应予否定。该证据无证据能力即不能作为认定事实的依据，故无证明力。此外，即使认为承认信的形成不足以达到前述标准而认可其证据能力，在胁迫下撰写的承认信内容的真实性也存在较大疑问，故证明力极低。根据本案提供的事实，目前仅有车辆剐蹭痕迹和承认信作为证明被告撞人的证据，而承认信这一直接证据将被否定或证明力极低，而被告并未提供任何证据，因此被告是否撞人的事实真伪不明。

被告是否撞人的争议事实实际指向的是“被告是否实施了侵权行为”，而被告实施了侵权行为是原告所主张的求偿权的发生要件，根据《民诉法解释》第91条，应当由主张权利成立的原告承担证明责任。因此，应认定被告并未撞人。

【相关法条】

《民诉法解释》

第91条 人民法院应当依照下列原则确定举证证明责任的承担，但法律另有规定的除外：

(一)主张法律关系存在的当事人，应当对产生该法律关系的基本事实承担举证证明责任；

(二)主张法律关系变更、消灭或者权利受到妨害的当事人，应当对该法律关系变更、消灭或者权利受到妨害的基本事实承担举证证明责任。

第104条 人民法院应当组织当事人围绕证据的真实性、合法性以及与待证事实的关联性进行质证，并针对证据有无证明力和证明力大小进行说明和辩论。

能够反映案件真实情况、与待证事实相关联、来源和形式符合法律规定的证据，应当作为认定案件事实的根据。

第106条　对以严重侵害他人合法权益、违反法律禁止性规定或者严重违背公序良俗的方法形成或者获取的证据，不得作为认定案件事实的根据。

4. 根据《民诉法解释》第233条的规定，反诉需要满足：（1）反诉当事人限于本诉当事人的范围；（2）反诉与本诉有牵连性，即与本诉的诉讼标的及诉讼标的所依据的事实和理由有关联；（3）可以由本诉法院管辖。此外，反诉与本诉应适用同种的诉讼程序。在本案中，反诉原被告即本诉的被告与原告，管辖和诉讼程序方面案情未涉及，视为满足。但本案中，被告费宁提出的反诉诉讼标的为侵权损害赔偿，事实涉及的是洛克将其私密录音公布而引起名誉权损失。而本诉诉讼标的为代位求偿权，事实涉及的是被告费宁撞伤帮工人华生，而作为被帮工人的本案原告垫付了费用。因此被告所提反诉与本诉法律关系并不同一、事实也不相同，诉讼请求亦无因果关系。从效率层面来看，纳入反诉对于本诉之解决并无助益，无利于诉讼效率的提高。因此不应允许被告提起题设反诉，应告知其另行起诉。

【相关法条】

《民诉法解释》

第233条　反诉的当事人应当限于本诉的当事人的范围。

反诉与本诉的诉讼请求基于相同法律关系、诉讼请求之间具有因果关系，或者反诉与本诉的诉讼请求基于相同事实的，人民法院应当合并审理。

反诉应由其他人民法院专属管辖，或者与本诉的诉讼标的及诉讼请求所依据的事实、理由无关联的，裁定不予受理，告知另行起诉。

5. 本题主要考查当事人地位以及诉讼中止与终结的条件。B诉讼的前提是洛克已经垫付了5万元医药费，故应理解为A诉要么已裁判完毕要么已终结。华生在B诉讼中并非当事人，其也未被追加为第三人或被引入为证人，与B诉讼并无关系，故其去世对B诉讼并无影响，法院应继续审理。

【相关法条】

《民事诉讼法》

第150条　有下列情形之一的，中止诉讼：

（一）一方当事人死亡，需要等待继承人表明是否参加诉讼的；

（二）一方当事人丧失诉讼行为能力，尚未确定法定代理人的；

（三）作为一方当事人的法人或者其他组织终止，尚未确定权利义务承受人的；

（四）一方当事人因不可抗拒的事由，不能参加诉讼的；

（五）本案必须以另一案的审理结果为依据，而另一案尚未审结的；

（六）其他应当中止诉讼的情形。

中止诉讼的原因消除后，恢复诉讼。

第151条　有下列情形之一的，终结诉讼：

（一）原告死亡，没有继承人，或者继承人放弃诉讼权利的；

（二）被告死亡，没有遗产，也没有应当承担义务的人的；

（三）离婚案件一方当事人死亡的；

（四）追索赡养费、扶养费、抚育费以及解除收养关系案件的一方当事人死亡的。

6. 洛克申请追加安培为共同被告，对自己承担连带责任，实际是主张费宁与安培为共同侵权，构成共同诉讼。根据《人赔解释》第2条，法院应当追加共同侵权人为共同被告。因此，洛克在二审中的主张实际为原审法院遗漏必要的当事人。如确为此，根据《民诉法解释》第327条，则二审法院可以根据当事人自愿的原则予以调解；调解不成的，发回重审。

但根据本案事实，华生被撞仅为一人所为，并无共同侵权的可能，因此安培与费宁不构成共同侵权，也即安培与本诉实际无关，法院应当驳回洛克追加安培为共同被告的申请。

【相关法条】

《民法典》

第 1168 条　二人以上共同实施侵权行为，造成他人损害的，应当承担连带责任。

《人赔解释》

第 2 条　赔偿权利人起诉部分共同侵权人的，人民法院应当追加其他共同侵权人作为共同被告。赔偿权利人在诉讼中放弃对部分共同侵权人的诉讼请求的，其他共同侵权人对被放弃诉讼请求的被告应当承担的赔偿份额不承担连带责任。责任范围难以确定的，推定各共同侵权人承担同等责任。

人民法院应当将放弃诉讼请求的法律后果告知赔偿权利人，并将放弃诉讼请求的情况在法律文书中叙明。

《民诉法解释》

第 327 条　必须参加诉讼的当事人或者有独立请求权的第三人，在第一审程序中未参加诉讼，第二审人民法院可以根据当事人自愿的原则予以调解；调解不成的，发回重审。

7. 起诉条件包括积极条件（《民事诉讼法》第 119 条）与消极条件（《民事诉讼法》第 124 条）。C 诉讼明显符合起诉的积极条件，需要重点分析的是重复起诉问题。

（1）是否构成重复起诉，即前诉能否阻断这一诉讼

结合《民诉法解释》第 247 条分析 B 诉讼与 C 诉讼，C 诉讼与 B 诉讼的当事人不同；B 诉讼的诉讼标的是被帮工人洛克向直接侵权人主张的追偿权请求权，C 诉讼的诉讼标的是受害人华生向直接侵权人主张的侵权损害赔偿请求权；诉讼请求除医疗费外，还包括营养费、误工费、精神损害赔偿金等，因此 B 诉讼与 C 诉讼不构成同一诉讼。

此外，这里涉及部分请求的问题，华生的营养费、医疗费、误工费、精神损害赔偿均基于同一侵权事实，源于侵权损害赔偿请求权这一债权，在洛克代位行使求偿权仅主张医疗费后，受害人再次基于同一侵权事实提起诉讼应否受理呢？我国原本对前诉遗漏精神损害赔偿后诉另行主张持否定态度，如最

高人民法院2001年发布的《关于确定民事侵权精神损害赔偿责任若干问题的解释》第6条规定:"当事人在侵权诉讼中没有提出赔偿精神损害的诉讼请求,诉讼终结后又基于同一侵权事实另行起诉请求赔偿精神损害的,人民法院不予受理。"但是该条现已被删除,且精神损害赔偿已经单列于《民法典》第1183条,可视为独立的请求权基础,故华生可另行主张精神损害赔偿。

(2)调解书的效力

调解书具有实质上的确定力,与既判力内容相同。既判力有其主观范围,判决书双方当事人受其约束。华生并非调解书的当事人,调解书中的约定不能约束其行使诉权。

(3)C诉讼的相关事实属于调解书生效之后发生的新事实

《民诉法解释》第248条规定:"裁判发生法律效力后,发生新的事实,当事人再次提起诉讼的,人民法院应当依法受理。"

本案中,华生在医疗费花光后回家继续休养,并在家人照料下逐渐苏醒,其间亦产生营养费、误工费、精神损害赔偿等相关费用。华生可基于新的事实提起诉讼。

【相关法条】

《民法典》

第1183条　侵害自然人人身权益造成严重精神损害的,被侵权人有权请求精神损害赔偿。

因故意或者重大过失侵害自然人具有人身意义的特定物造成严重精神损害的,被侵权人有权请求精神损害赔偿。

《民诉法解释》

第247条　当事人就已经提起诉讼的事项在诉讼过程中或者裁判生效后再次起诉,同时符合下列条件的,构成重复起诉:

(一)后诉与前诉的当事人相同;

(二)后诉与前诉的诉讼标的相同;

(三)后诉与前诉的诉讼请求相同,或者后诉的诉讼请求实质上否定前诉裁判结果。

当事人重复起诉的，裁定不予受理；已经受理的，裁定驳回起诉，但法律、司法解释另有规定的除外。

第248条　裁判发生法律效力后，发生新的事实，当事人再次提起诉讼的，人民法院应当依法受理。

【难点说明】

1. 认定公民无民事行为能力、限制民事行为能力（关联第1题）

【常见问题】

本案并非与案件有直接法律关系的华生自己作为原告提起诉讼，而是华文以其名义提起诉讼，则华文必须具有代理华生起诉的权限。常见问题主要集中在直接将华生认定为无民事或限制民事行为能力人，从而认为华文作为法定代理人有诉讼代理权。但结合题目，本案华生处于昏迷状态，尚未经过法院特别程序对其民事行为能力的认定，故不能直接将其视为无民事行为能力人或限制民事行为能力人。

当然，这道题是一个典型的上帝视角。在现实中如果需要提起诉讼，华文一般也不会先走特别程序，而往往是伪造一份授权委托书，对方当事人和法院也不大可能就此种存在亲子关系的代理提出质疑。但是，从法律关系上看，我们却必须意识到此种代理是基于委托代理而非法定代理。

【理论延展】

特别程序之认定公民无民事行为能力、限制民事行为能力

（1）概念和意义

认定公民无民事行为能力、限制民事行为能力的案件，是指人民法院根据利害关系人的申请，对不能正确辨认自己行为或者不能完全辨认自己行为的精神病人，按照法定程序，认定并宣告该公民为无民事行为能力、限制民事行为能力人的案件。法律规定这一制度，意义在于保护无民事行为能力、限制民事行为能力人的合法权益，保护他们有权利义务关系的利害关系人的合法权益，保障民事活动的正常进行，维护社会经济秩序。

（2）审理与判决

根据《民事诉讼法》第187条的规定，申请认定公民无民事行为能力、限制民事行为能力应具备以下条件：（1）必须由利害关系人提出申请。利害关系人包括近亲属或其他利害关系人；（2）申请须采用书面形式，列明申请人的姓名、性别、年龄、住所，与被申请认定为无民事行为能力、限制民事行为能力人的关系；被申请认定为无民事行为能力、限制民事行为能力人的姓名、性别、年龄、住所，该公民无民事行为能力、限制民事行为能力的事实和依据。如果有医院出具的诊断证明或鉴定意见，应一并提交给法院。

此类案件由被申请认定为无民事行为能力、限制民事行为能力的公民的住所地法院管辖。法院收到申请后，必要时可对该被申请的公民进行鉴定。如申请人已经提供即鉴定意见，法院应予以审查，如对鉴定意见有怀疑，可以重新鉴定。

根据《民事诉讼法》第189条第2款的规定，人民法院经过审理，认为申请认定该公民为无民事行为能力、限制民事行为能力人是没有事实根据的，应当判决予以驳回。人民法院经审理认为申请是有事实根据的，应当判决该公民为无民事行为能力或者限制民事行为能力人。

判决生效以后，根据《民法典》第28条、第32条的规定，由下列有监护能力的人按顺序担任监护人：（1）配偶；（2）父母、子女；（3）其他近亲属；（4）其他愿意担任监护人的个人或者组织，但是须经被监护人住所地的居民委员会、村民委员会或者民政部门同意。如果没有前几种监护人，由民政部门担任监护人，也可以由具备履行监护职责条件的被监护人住所地的居民委员会、村民委员会担任。

2. 证明责任及证明责任分配（关联第2题）

【常见问题】

不能正确定位题设“是否撞人”这一事实的法律属性，从而无法正确适用证明责任分配。我国的证明责任分配规则采“要件事实分类说”，因此需要区分需证明的事实是属于权利发生事实还是权利消灭或妨碍事实。因此，在本案中，“是否撞人”这一事实实际对应的是是否存在侵权行为，而存在侵权行为是原告主张权利的发生事实。基于此,原告需要对存在侵权行为承担证明责任,也即需要对被告撞人这一事实承担证明责任。

【理论延展】

(1)证明责任

证明责任,是指作为裁判基础的法律要件事实在诉讼中处于真伪不明的状态时,一方当事人因此而承担的诉讼上的不利后果。

证明责任适用的前提是事实处于真伪不明的状态,实际是一种对真伪不明这一事实不可解释性的风险进行的分配。法官在无法确定作为裁判基础的事实存在与否的时候,仍旧不能拒绝裁判,证明责任即是在此种情况下指导法官作出相应事实认定以作出裁判。因此,只有在诉讼双方已经穷尽证明手段,而法官根据已有的证据仍旧无法确定相应事实存在与否的情况下,方可适用证明责任。

(2)证明责任分配

证明责任的分配,是指法院在诉讼中按照一定规范或标准将事实真伪不明时所要承担的不利后果在双方之间进行划分。

证明责任分配的原则上,我国通过《民诉法解释》第 91 条确立了大陆法系通行的“法律要件分类说”,主要依据了德国法学家罗森贝克的规范说理论。罗森贝克的证明责任分配原则是“如果没有一定的法规可以适用,则无法获得诉讼上请求效果的当事人,应就该法规要件在实际上已经存在的事实予以主张和举证”。“简言之,各当事人应对其有利自己的规范要件加以主张和举证。”〔1〕罗森贝克的分配理论建立在纯粹的实体法规结构的分析之上,将实体法规范区分为权利发生规范、权利消灭规范和权利妨碍规范,主张相应类型规范的当事人就应对相应规范的要件事实承担证明责任。

在我国,《民事诉讼法》第 64 条规定的“谁主张、谁举证”一度被认为是证明责任分配规则。但实际上,其仅针对当事人提出证据的行为,是法律对事

---

〔1〕[德]L. 罗森贝克:《证明责任论》,仓田卓次译,日本判例时报社 1987 年版,第 116 页。转引自张卫平:《民事诉讼法》(第 5 版),法律出版社 2019 年版,第 251 页。

实主张者的要求，没有解决双方对一个事实都没有证明时，即事实处于真伪不明的状态时应如何处理的问题。因此，该条实际仅仅是行为意义上的证明责任，而非一般所言的结果意义上的客观证明责任。

3. 必要共同诉讼（关联第6题）

【常见问题】

（1）交由二审法院决定是否追加。一些同学的观点是由二审法院根据洛克的理由决定是否追加，忽略了做题时自己的角色，约等于未回答该题目。作答者应以法官视角处理该问题，分析是否构成必要的共同诉讼，进而确定是否需要追加安培为共同被告。

（2）认为安培为共同侵权人，根据《人赔解释》第2条应当追加安培为共同被告。但是本案设定的情形并非如此，安培与费宁仅仅是各自有侵权嫌疑，且题设事实基本可以确定侵权行为为一人所为，无法将两人视为共同侵权。在一审时，洛克仅起诉费宁一人，也未提及存在共同侵权，法院不能超越职权也实际无法审查是否有其他共同侵权人。

（3）认为洛克申请追加安培为共同被告的行为属于在二审程序中增加独立的诉讼请求，从而适用《民诉法解释》第328条，认为法院应组织当事人调解，调解不成告知另诉。尽管洛克主张共同侵权与主张单独侵权为两个诉讼标的，但两个请求并不能共存，因此也无在一个诉讼程序中一并处理的可能。

【理论扩展】

共同诉讼是将一方或双方为二人以上的诉讼主体纳入统一诉讼过程的诉讼，构成诉的主观合并（主体合并）。其意义在于简化诉讼程序，避免法院在同一事件的处理上作出相互矛盾的裁判。

《民事诉讼法》第52条根据共同诉讼人之间对诉讼标的关系的不同，将共同诉讼分为两类：一类是诉讼标的是共同的共同诉讼；另一类是诉讼标的是相同种类的共同诉讼。我国民诉法学通常将前者称为“必要共同诉讼”，后者为“普通共同诉讼”。就必要共同诉讼而言，我国规定当事人应一同起诉、一同应诉，法院需追加未第一时间参诉的当事人。

连带责任通常被作为典型的必要共同诉讼，本题涉及的共同侵权产生的共同侵权人的连带责任也在《人赔解释》第 2 条中被明确规定为“赔偿权利人起诉部分共同侵权人的，人民法院应当追加其他共同侵权人作为共同被告”。此外，《民诉法解释》第 71 条也规定“原告起诉被代理人和代理人，要求承担连带责任的，被代理人和代理人为共同被告”。但值得思考的是，连带责任人并非需要一起起诉或应诉，《民法典》第 178 条第 1 款规定：“二人以上依法承担连带责任的，权利人有权请求部分或者全部连带责任人承担责任。”因此，在实体法上债权人可以向其中一个债务人行使请求权，在诉讼法上也应有相应权利，即作为诉讼法上的诉讼请求也当然可以向其中一个债务人主张。对此，有学者认为应借鉴大陆法系对必要共同诉讼的进一步分类，将必要共同诉讼区分为必须一并起诉应诉的“固有的必要共同诉讼”和不必须一同起诉或应诉的“类似必要共同诉讼”。[1]进而将因连带关系所发生的诉讼归为类似必要共同诉讼。但我国关于类似必要共同诉讼的研究尚不完善，此处仅提出作为参考，有兴趣者可自行查阅相关论文。

必要共同诉讼人的内部关系上，一人的诉讼行为经其他共同诉讼人承认，对其他共同诉讼人发生效力。但在上诉方面，共同诉讼人中的一人对判决不服提起上诉，则无论其他共同诉讼人是否承认，上诉效果都及于全体共同诉讼人。

4. 禁止重复起诉（关联第 7 题）

【常见问题】

对于题设案例重复起诉的分析仅止步于两诉讼主体不一致，未能就两诉讼的诉讼标的展开分析。也即对于“一事不再理”的分析过于简单，未结合本案案情进行分析，直接下结论：两个诉讼的主体、诉讼标的不一致。重复诉讼是本题的考察点，需要重点分析，应当具体指出两个诉讼的诉讼标的。

---

〔1〕 参见张卫平《民事诉讼法》（第 5 版），法律出版社 2019 年版，第 152~153 页。

【理论扩展】

禁止重复起诉的消极起诉条件包括两类：

（1）前诉处于诉讼系属中

诉讼系属（Rechtshaengigkeit），是指因诉讼的提起使得诉讼上的请求处于法院审判中的状态。诉讼系属从诉讼开始，因判决的确定、调解协议生效、和解协议生效、原告撤诉而终结。

（2）案件的同一性，也即既判力拘束

判决生效后即具有确定力。在判决理论上，判决实质上的确定力即既判力，是指法院作出的终局判决一旦生效，当事人和法院都应当受该判决内容的拘束，当事人不得在以后的诉讼中主张与该判决相反的内容，法院也不得在以后的诉讼中作出与该判决冲突的判断。后诉如落于前诉既判力范围内，则不得提起。《民诉法解释》第 247 条和第 248 条基本构建了我国的既判力制度体系。

既判力范围包括：①客观范围。生效裁判对哪些法律关系或实体请求权有拘束力的问题，也就是既判力客观范围的问题。依照大陆法系民事诉讼理论和民事诉讼法，确定既判力客观范围的原则是：对终局裁判中已经确定的诉讼标的有既判力。除法律有特别规定外，当事人不得就已经裁判的诉讼标的再行起诉。②主观范围。既判力不仅对某一裁判的诉讼标的有拘束力，而且对某些主体有拘束力。判决对哪些主体有既判力就是既判力的主观范围。在既判力的规范方面，实行的是既判力相对性原则。由于确定判决是对诉讼双方当事人之间的争议作出的终局性判断，而且这种判断是在给予当事人双方充分的程序保障，给予当事人双方行使诉讼权利的自由的情形下作出的，因此对该当事人双方有约束力，当事人不得对该争议事项再行提起诉讼要求法院作出判断，法院即使受理，也不得作出与前诉法院对该事项判断相矛盾的判断。这种仅对当事人双方具有的约束力就是所谓既判力的相对性。既判力原则上只在当事人之间发生，符合既判力作为诉讼法制度设置的本质要求。这就是既判力相对性原则。③时间范围。既判力的时间范围，是指已确定判决的既判力作用的时间界限，也称为既判力的时间界限或既判力标准时。确定判决是对争议的权利义务关系的确认,但权利义务关系往往是在不断变化之中的,法院的判决所确认的只能是某一个时间点上的权利义务关系,而在这一时点后发生的新事实不受既判力的拘束。我国将既判力时间范围限定于裁判生效前。

案例三

实业公司与开发中心、食品厂厂房租赁案

【案情】

2015 年 1 月 1 日，加州市梅东区的某实业公司与该市梅南区的某外贸开发中心订立租赁协议书，承租开发中心位于梅西区的 15 间厂房（价值约为 1000 万元），期限四年，租金为每年 60 万元，每年 1 月 1 日支付。协议同时约定：(1) 开发中心在租赁期内需要自用出租房时，有权终止合同；(2) 实业公司只能将厂房自用，不得转租他人，否则应当支付开发中心 60 万元违约金；(3) 因履行本协议有关的纠纷，双方应当先友好协商，协商不成的，向梅东区人民法院提起诉讼。同日，双方完成了房屋及第一年租金的交付和相关手续。

2017 年 3 月，开发中心欲成立一食品加工厂，遂向实业公司提出解约，经协商无果后，开发中心向法院起诉，请求法院判决：(1) 确认双方合同已经解除；(2) 实业公司履行合同解除后的结算义务，向房屋所有权人开发中心返还 15 间厂房（A 诉讼）。2017 年 5 月 15 日，法院一审适用简易程序判决驳回了开发中心的全部诉讼请求，理由为开发中心仅提交了开办食品加工厂的可行性研究报告，没有相关部门同意设厂的批文。一审判决作出后，双方均未提出上诉。

2017 年 12 月 5 日，开发中心的设厂报告经过上级部门批复同意，并于同日完成了食品加工厂的工商登记（开发中心为控股股东，

股份 80%，另有自然人股东两名，各持股 10%），后又与上游企业签订了设备购买合同，并于 12 月 11 日与食品加工厂签订租房合同（约定案涉标的房屋从 2018 年 1 月 1 日起租赁给食品厂使用，合同中一并约定协议管辖条款，将管辖法院也约定为梅东区法院）。12 月 25 日，开发中心再次向实业公司说明食品厂已经开办，要求其尽快腾房，实业公司以相关事项已有 A 诉讼生效判决为由，以书面方式明确拒绝了开发中心的要求。

2018 年 1 月 1 日，实业公司按照合同向开发中心账户支付了 2018 年全年租金 60 万元，在转账凭证中注明“2018 年房租”。2018 年 1 月 2 日，食品厂向梅西区法院起诉实业公司，以自己是合法承租人为由，要求法院判令实业公司将 15 间厂房交付给食品厂（B 诉讼），实业公司收到传票后，当即向梅西区法院提出管辖权异议，认为根据两份管辖协议，管辖法院都应当是梅东区法院，梅西区法院于 2 月 14 日裁定驳回了管辖权异议并于同日送达实业公司，实业公司于 3 月 1 日以书面方式向加州中院提交上诉状（注：2018 年 2 月 15 日 ~2 月 21 日为春节假期）。

2018 年 3 月 5 日，开发中心担心 B 诉讼久拖不决，遂向梅东区法院提起诉讼，以合同已经解除，自己是物权人为由，请求法院判令无权占有人实业公司返还 15 间厂房，并提交了食品厂的工商登记、设备购买合同和与食品厂的租房合同（C 诉讼）。3 月 6 日，食品厂知晓开发中心也提起了诉讼，遂主动向梅西区法院提出了 B 诉讼的撤诉申请。

【问题】

1. 请根据我国诉讼费用的相关制度和规则，分析 A 诉讼中开发中心应当缴纳多少案件受理费，为什么？

2. 在 B 诉讼中，加州中院应当如何处理 3 月 1 日实业公司的上诉？梅西区法院又应当如何处理 3 月 6 日食品厂的撤诉申请？

3. 假如在 B 诉讼中，食品厂向法院提出先予执行申请，主张由于生产设备已到货需要尽快开工，并愿意提供担保，法院是否可以裁定准许？

4. 请根据我国《民事诉讼法》关于起诉条件的规定，全面分析梅东区法院是否应当受理开发中心提起的C诉讼。

5. 假如法院受理了C诉讼，食品厂在本案中可能具有何种诉讼地位？

6. 假如法院受理了C诉讼，审理中实业公司提出开发中心接受自己2018年租金的行为，表示其有继续履行合同的意愿，如果法院判令解约，也应当判令开发中心返还2018年缴纳的租金。而开发中心则指出，实业公司将案涉房屋转租给一个文化公司开绘画工作室，年租金高达每年100万元，因此实业公司在2018年1月1日支付的租金其实是违约金。但实业公司否认转租行为，主张绘画工作室系自己的产业。双方就此发生争议，但都未提供证据证明。请基于民事诉讼法和证据法的基本原理，简述法院应当如何处理租金返还和转租引发的争议。

（答题时以现行法为依据，无须考虑时间效力）

【参考答案】

诉讼构造【此部分是为了提取案例中诉的要素，方便后续分析中随时使用。这是案例分析的一种好习惯，但不作为本题的得分点。】

（1）A诉讼

◆当事人

◎原告：开发中心

◎被告：实业公司

◆诉讼标的

◎基于《民法典》第562条的约定解除

◎基于《民法典》第566条的返还原物请求权

◆诉讼请求

◎确认双方合同已经解除

◎实业公司履行合同解除后的结算义务，向房屋所有权人开发中心返还15间厂房

◆事实与理由

◎原被告签订有租赁合同，现原告开发中心欲成立一食品加工厂，

遂向实业公司提出解约,经协商无果

◆管辖法院

◎管辖协议约定在梅东区法院,实务中未提及

◆裁判结果

◎判决驳回诉讼请求

(2)B 诉讼

◆当事人

◎原告:食品厂

◎被告:实业公司

◆诉讼请求

◎将涉案厂房交付给食品厂

◆事实与理由

◎开发中心与原告签订有租房合同(约定案涉标的房屋从 2018 年 1 月 1 日起租赁给食品厂使用,原告为合法承租人,现被告占有该房屋)

◆管辖法院

◎协议约定梅东区法院,原告向梅西区法院起诉,双方有争议

◆裁判结果

◎一审管辖异议后上诉(上诉是否有效存疑)

(3)C 诉讼

◆当事人

◎原告:开发中心

◎被告:实业公司

◆诉讼标的

◎基于《民法典》第 235 条的返还原物请求权

◆诉讼请求

◎将涉案厂房交付实业公司

◆事实与理由

◎开发中心是案涉房屋的物权人，有权请求被告返还该房屋

◆管辖法院

◎协议约定梅东区法院，原告向梅西区法院起诉，双方有争议

1.（1）两个诉讼请求分别收费：合同解除案件不涉及财产，按件收费 100 元；财产案件的诉讼费用缴费标准，本案应当按照房屋评估价 1000 万元计费。

（2）财产案件诉讼费用计算为分段叠加收费：

50+9 万 ×2.5%+10 万 ×2.0%+30 万 ×1.5%+50 万 ×1.0%+100 万 ×0.9%+300 万 ×0.8%+500 万 ×0.7%=50+2250+2000+4500+5000+9000+24,000+35,000=81,800（元）

简易计算方法：1000 万 ×0.7%+11,800=81,800（元）

表 2　财产案件诉讼费用收费标准及速算公式

序号	财产金额范围及收费标准	速算公式
1	不满 10000 元的	每件交 50 元
2	超过 1 万元至 10 万元的部分，按 2.5% 交纳	X×2.5%−200
3	超过 10 万元至 20 万元的部分，按 2.0% 交纳	X×2.0%+300
4	超过 20 万元至 50 万元的部分，按 1.5% 交纳	X×1.5%+1300
5	超过 50 万元至 100 万元的部分，按 1.0% 交纳	X×1.0%+3800
6	超过 100 万元至 200 万元的部分，按 0.9% 交纳	X×0.9%+4800
7	超过 200 万元至 500 万元的部分，按 0.8% 交纳	X×0.8%+6800
8	超过 500 万元至 1000 万元的部分，按 0.7% 交纳	X×0.7%+11800
9	超过 1000 万元至 2000 万元的部分，按 0.6% 交纳	X×0.6%+21800
10	超过 2000 万元的部分，按 0.5% 交纳	X×0.5%+31800

（3）简易程序减半收费：（81,800+100）/2=40,950（元）

【相关法条】

《诉讼费用交纳办法》

第 13 条　案件受理费分别按照下列标准交纳：

（一）财产案件根据诉讼请求的金额或者价额，按照下列比例分段累计交纳：

1. 不超过1万元的，每件交纳50元；

2. 超过1万元至10万元的部分，按照2.5%交纳；

3. 超过10万元至20万元的部分，按照2%交纳；

4. 超过20万元至50万元的部分，按照1.5%交纳；

5. 超过50万元至100万元的部分，按照1%交纳；

6. 超过100万元至200万元的部分，按照0.9%交纳；

7. 超过200万元至500万元的部分，按照0.8%交纳；

8. 超过500万元至1000万元的部分，按照0.7%交纳；

9. 超过1000万元至2000万元的部分，按照0.6%交纳；

10. 超过2000万元的部分，按照0.5%交纳。

（二）非财产案件按照下列标准交纳：

1. 离婚案件每件交纳50元至300元。涉及财产分割，财产总额不超过20万元的，不另行交纳；超过20万元的部分，按照0.5%交纳。

2. 侵害姓名权、名称权、肖像权、名誉权、荣誉权以及其他人格权的案件，每件交纳100元至500元。涉及损害赔偿，赔偿金额不超过5万元的，不另行交纳；超过5万元至10万元的部分，按照1%交纳；超过10万元的部分，按照0.5%交纳。

3. 其他非财产案件每件交纳50元至100元。

（三）知识产权民事案件，没有争议金额或者价额的，每件交纳500元至1000元；有争议金额或者价额的，按照财产案件的标准交纳。

（四）劳动争议案件每件交纳10元。

（五）行政案件按照下列标准交纳：

1. 商标、专利、海事行政案件每件交纳100元；

2. 其他行政案件每件交纳50元。

（六）当事人提出案件管辖权异议，异议不成立的，每件交纳50元至100元。

省、自治区、直辖市人民政府可以结合本地实际情况在本条第（二）项、第（三）项、第（六）项规定的幅度内制定具体交纳标准。

第16条　适用简易程序审理的案件减半交纳案件受理费。

2.(1)裁定的上诉期限为10日,仅在最后一日为法定节假日时延长。本案中,梅西区法院于2月14日裁定驳回了管辖权异议并于同日送达实业公司,上诉期限为2月15日至2月25日,尽管2018年2月15日至2月21日为春节假期,但上诉期限的最后一日并非法定节假日,无须延长。因此,实业公司于3月1日以书面方式向加州中级人民法院提交上诉状时本案已过上诉期。故实业公司的上诉不应受理。

(2)根据《民事诉讼法》第145条的规定,当事人在一审宣判前撤诉,由法院裁定是否准许。本案中案件尚未进入实质审理阶段,原告撤诉并不会产生任何不利后果,故应当允许撤诉,也不会受到被告上诉的影响。

【相关法条】

《民事诉讼法》

第82条　期间包括法定期间和人民法院指定的期间。

期间以时、日、月、年计算。期间开始的时和日,不计算在期间内。

期间届满的最后一日是节假日的,以节假日后的第一日为期间届满的日期。

期间不包括在途时间,诉讼文书在期满前交邮的,不算过期。

第145条　宣判前,原告申请撤诉的,是否准许,由人民法院裁定。

人民法院裁定不准许撤诉的,原告经传票传唤,无正当理由拒不到庭的,可以缺席判决。

第164条　当事人不服地方人民法院第一审判决的,有权在判决书送达之日起十五日内向上一级人民法院提起上诉。

当事人不服地方人民法院第一审裁定的,有权在裁定书送达之日起十日内向上一级人民法院提起上诉。

《民诉法解释》

第238条　当事人申请撤诉或者依法可以按撤诉处理的案件,如果当事人有违反法律的行为需要依法处理的,人民法院可以不准许撤诉或者不按撤诉处理。

法庭辩论终结后原告申请撤诉,被告不同意的,人民法院可以不予准许。

3. 根据《民事诉讼法》第106条的规定，本案并不属于典型的可裁定先予执行的案件范围，但本案中原告主张由于生产设备已到货需要尽快开工，并愿意提供担保，因此，或可认定为"因紧急情况需先予执行"的案件。而根据第107条的规定，裁定先予执行的案件需要符合下列条件：(1)当事人间权利义务关系明确；(2)情况紧急，不先予执行将严重影响申请人的生活或者生产经营；(3)被申请人有履行能力。在本案中，作为被告的实业公司始终认为其基于与开发中心的租赁合同对案涉房屋有合法占有权拒绝腾房，且其已经向开发中心支付了2018年的房租。原被告之间的权利义务关系并不明确，不能裁定先予执行。

【相关法条】

《民事诉讼法》

第106条　人民法院对下列案件，根据当事人的申请，可以裁定先予执行：

(一)追索赡养费、扶养费、抚育费、抚恤金、医疗费用的；

(二)追索劳动报酬的；

(三)因情况紧急需要先予执行的。

第107条　人民法院裁定先予执行的，应当符合下列条件：

(一)当事人之间权利义务关系明确，不先予执行将严重影响申请人的生活或者生产经营的；

(二)被申请人有履行能力。

人民法院可以责令申请人提供担保，申请人不提供担保的，驳回申请。申请人败诉的，应当赔偿被申请人因先予执行遭受的财产损失。

4. 本题需要对起诉条件做全面的检索，主要是《民事诉讼法》第119条和第124条的相关规则。

《民事诉讼法》第119条规定的原告适格、被告明确、请求及理由明确、属于法院主管等要素，本案均满足。但在是否属于受诉人民法院管辖部分，本案是基于物权提起的诉讼，诉讼标的是物上请求权，且案涉标的物是不动产，应当适用《民事诉讼法》第 33 条第 1 项的专属管辖原则，因此应当由标的物所在地梅西区法院管辖。尽管本案存在管辖协议，但管辖协议不能对抗专属管辖，故本案仍应按照专属管辖确定管辖法院。

本案并无《民事诉讼法》第 124 条规定的禁诉期间。关于本案是否属于重复起诉，由于前诉系基于合同解除后的结算，请求权基础为《民法典》第 566 条，本案为物权纠纷，请求权基础为《民法典》第 235 条，诉讼标的不同，故不构成重复起诉。此外，根据《民诉法解释》第 248 条，在 A 诉讼判决后发生了新的事实，超出了 A 诉讼判决的既判力时间范围，因此也不构成一事不再理。

结论：梅东区法院因为不具备管辖权不能受理本案，应当告知当事人向梅西区法院起诉。

【相关法条】

《民事诉讼法》

第 33 条　下列案件，由本条规定的人民法院专属管辖：

（一）因不动产纠纷提起的诉讼，由不动产所在地人民法院管辖；

（二）因港口作业中发生纠纷提起的诉讼，由港口所在地人民法院管辖；

（三）因继承遗产纠纷提起的诉讼，由被继承人死亡时住所地或者主要遗产所在地人民法院管辖。

第 34 条　合同或者其他财产权益纠纷的当事人可以书面协议选择被告住所地、合同履行地、合同签订地、原告住所地、标的物所在地等与争议有实际联系的地点的人民法院管辖，但不得违反本法对级别管辖和专属管辖的规定。

《民诉法解释》

第 28 条　民事诉讼法第三十三条第一项规定的不动产纠纷是指因不动产的权利确认、分割、相邻关系等引起的物权纠纷。

农村土地承包经营合同纠纷、房屋租赁合同纠纷、建设工程施工合同纠纷、政策性房屋买卖合同纠纷，按照不动产纠纷确定管辖。

不动产已登记的，以不动产登记簿记载的所在地为不动产所在地；不动产未登记的，以不动产实际所在地为不动产所在地。

5. C诉讼中原被告双方分别为开发中心与实业公司，由于食品厂没有起诉和被诉，所以不可能作为原告和被告，唯一需要考虑的是其是否可以作为第三人。

（1）有独立请求权第三人

有独立请求权第三人必须自行提起诉讼，题目中并未提及该部分信息，因此食品厂不能作为有独立请求权第三人。

（2）无独立请求权第三人之一：被告型第三人

被告型第三人（即《民事诉讼法》第56条第2款“人民法院判决承担民事责任的第三人”）存在的目的是转移本诉被告的民事责任，在程序条件上以本诉被告对被告型第三人提起诉讼为前提，本题不符合此种情形，食品厂非被告型第三人。

（3）无独立请求权第三人之二：辅助参加人

《民事诉讼法》第56条第2款规定了辅助型第三人的两项要件：（1）对诉讼标的无独立请求权；（2）对案件处理结果有法律上的利害关系。本题中，原告开发中心依据《民法典》第235条规定的原物返还请求权，要求实业公司返还厂房，食品厂与开发中心就该15间厂房签订了合法租赁合同，故本案裁判是否返还对于食品厂能否实现租赁合同利益有利害关系，因此，食品厂为辅助型的无独立请求权第三人。

（4）其他诉讼参与人

食品厂作为单位，并不具备真正的证人资格，不能作为证人。虽然依据《民事诉讼法》第72条的规定，凡是知道案件情况的单位和个人，都有义务出庭作证，但该条规则违背证据法基本原理，且与《刑事诉讼法》第62条的规定有明显区别。因此应当对第72条中的“单位”作限缩解释，解释为单位的法定代表人，本题中的食品厂作为法人组织，不能成为证人。

综上，食品厂可以作为辅助型的无独立请求权第三人。

【相关法条】

《民事诉讼法》

第56条　对当事人双方的诉讼标的，第三人认为有独立请求权的，有权提起诉讼。

对当事人双方的诉讼标的，第三人虽然没有独立请求权，但案件处理结果同他有法律上的利害关系的，可以申请参加诉讼，或者由人民法院通知他参加诉讼。人民法院判决承担民事责任的第三人，有当事人的诉讼权利义务。

前两款规定的第三人，因不能归责于本人的事由未参加诉讼，但有证据证明发生法律效力的判决、裁定、调解书的部分或者全部内容错误，损害其民事权益的，可以自知道或者应当知道其民事权益受到损害之日起六个月内，向作出该判决、裁定、调解书的人民法院提起诉讼。人民法院经审理，诉讼请求成立的，应当改变或者撤销原判决、裁定、调解书；诉讼请求不成立的，驳回诉讼请求。

6. 实业公司要求返还租金的主张实际构成预备反诉，即如果解约，则主张合同解除后的恢复原状请求权（或不当得利请求权），要求返还租金，类推适用《全国法院民商事审判工作会议纪要》（以下简称《九民纪要》）第36条“原告请求确认合同无效并要求被告返还原物或者赔偿损失，被告基于合同也有给付行为的，人民法院同样应当向被告释明，告知其也可以提出返还请求”，可以允许实业公司的此种主张。

而开发中心提出的违约金主张实际是主张抵销，即以自己基于违约损害赔偿请求权可主张的违约金债权抵销实业公司的返还租金债权。对于诉讼中抵销是否应当审理，有分歧，司法实务可能要求另诉，也可能按照反诉合并审理。考虑到实践中的情形可采以下两种处理方式：

方式一：告知另诉解决违约金事项，只审理租金返还事宜，并予以支持，而将转租排除在审理范围之外。

方式二：允许抵销，故法院需要对抵销要件中的违约金请求权予以审理，该请求权的发生要件系争议事项“是否转租”（是否违约是请求权成立的要件），因此应当由权利主张者开发中心负担证明责任。由于双方均无法证明，故法院应当根据证明责任认定请求权发生的条件不成立，因而无法支持抵销，判决支持租金返还请求。

【相关法条】

《九民纪要》

第36条　在双务合同中，原告起诉请求确认合同有效并请求继续履行合同，被告主张合同无效的，或者原告起诉请求确认合同无效并返还财产，而被告主张合同有效的，都要防止机械适用“不告不理”原则，仅就当事人的诉讼请求进行审理，而应向原告释明变更或者增加诉讼请求，或者向被告释明提出同时履行抗辩，尽可能一次性解决纠纷。例如，基于合同有给付行为的原告请求确认合同无效，但并未提出返还原物或者折价补偿、赔偿损失等请求的，人民法院应当向其释明，告知其一并提出相应诉讼请求；原告请求确认合同无效并要求被告返还原物或者赔偿损失，被告基于合同也有给付行为的，人民法院同样应当向被告释明，告知其也可以提出返还请求；人民法院经审理认定合同无效的，除了要在判决书“本院认为”部分对同时返还作出认定外，还应当在判项中作出明确表述，避免因判令单方返还而出现不公平的结果。

第一审人民法院未予释明，第二审人民法院认为应当对合同不成立、无效或者被撤销的法律后果作出判决的，可以直接释明并改判。当然，如果返还财产或者赔偿损失的范围确实难以确定或者双方争议较大的，也可以告知当事人通过另行起诉等方式解决，并在裁判文书中予以明确。

当事人按照释明变更诉讼请求或者提出抗辩的，人民法院应当将其归纳为案件争议焦点，组织当事人充分举证、质证、辩论。

《民法典》

第557条　有下列情形之一的，债权债务终止：

（一）债务已经履行；

（二）债务相互抵销；

（三）债务人依法将标的物提存；

（四）债权人免除债务；

（五）债权债务同归于一人；

（六）法律规定或者当事人约定终止的其他情形。

合同解除的，该合同的权利义务关系终止。

第568条　当事人互负债务，该债务的标的物种类、品质相同的，任何一方可以将自己的债务与对方的到期债务抵销；但是，根据债务性质、按照当事人约定或者依照法律规定不得抵销的除外。

当事人主张抵销的，应当通知对方。通知自到达对方时生效。抵销不得附条件或者附期限。

【难点说明】

1. 管辖的确定

【常见问题】

（1）被管辖协议迷惑，看到管辖协议就径行适用协议管辖，忽略了管辖协议不得对抗专属管辖。反映出同学们对于确定管辖的思考顺序（专属管辖—协议管辖—特殊地域管辖— 一般地域管辖）未能完整掌握。

（2）认为本案不属于专属管辖。《民诉法解释》第28条规定："民事诉讼法第三十三条第一项规定的不动产纠纷是指因不动产的权利确认、分割、相邻关系等引起的物权纠纷。"本条并非是指仅不动产确认案件或分割案件适用专属管辖，应注意此处的主语为"物权纠纷"（目的在于排除与不动产有关的合同纠纷等）。本案中，原告主张不动产的返还请求权，可视为因为权利确认引起的纠纷，因为原物返还首先需确认物的归属。

【理论延展】确定管辖的思考顺序

地域管辖规则有多种，但其适用优先度有所区别，例如专属管辖的案件必然由相应的专属管辖法院管辖，而不能由管辖协议确定的法院或与案件类型相关的特殊管辖法院管辖。在确定案件的管辖法院时，应当按照管辖规则的适用优先度进行思考，才可以正确且条理清晰地分析出案件的管辖法院，避免遗漏或被特定的因素所干扰（如本题中的管辖协议）。

具体的管辖规则适用优先度应为：

（1）专属管辖

专属管辖，是指法律明确规定特定类型的案件只能由特定的法院管辖，其他法院均无权管辖，当事人也不得通过协议变更的管辖制度。

根据《民事诉讼法》第 33 条的规定，专属管辖主要包括：a. 因不动产纠纷提起的不动产物权诉讼，由不动产所在地法院管辖；b. 因港口作业中发生纠纷提起的诉讼，由港口所在地法院管辖；c. 因继承遗产纠纷提起的诉讼，由被继承人死亡时住所地或主要遗产所在地法院管辖。

此外，专利纠纷案件、海事海商案件等由专门法院管理的案件所适用的专门管辖规则也可以视为专属管辖规则的一种。

（2）协议管辖

协议管辖，又称合意管辖或约定管辖，是指双方当事人在纠纷发生前后，以书面协议的形式约定管辖法院。协议管辖体现了对当事人处分权的尊重。

根据《民事诉讼法》第 34 条的规定，协议管辖的案件范围应为财产权益纠纷诉讼，且不得违背专属管辖与级别管辖。同时，协议管辖选择的法院应为与争议有实际联系的法院，如被告所在地、合同履行地、合同签订地、原告住所地、标的物所在地等。协议确定两个及以上与争议有实际联系的地点的法院管辖的，原告可向其中一个法院起诉。

（3）特殊地域管辖

特殊地域管辖，是指将当事人所在地、诉讼标的、诉讼标的物和法律事实等因素综合起来，以这些因素与法院之间的隶属关系为标准所确定的管辖。同时，并不排斥一般地域管辖，主要是增加了当事人可选择的管辖法院。根据《民事诉讼法》第 23~33 条的规定，包括以下几种情形：a. 一般合同纠纷，由被告住所地或合同履行地法院管辖；b. 保险合同纠纷，由被告住所地或保险标的物所在地法院管辖；c. 票据纠纷诉讼，由票据支付地或被告住所地法院管辖；d. 公司诉讼，因公司设立、确认股东资格、分配利润、解散等纠纷提起的诉讼，由公司住所地法院管辖；e. 运输合同纠纷，由运输始发地、目的地或被告所在地法院管辖；f. 侵权行为诉讼，由侵权行为地或被告住所地法院管辖；g. 交通事故损害赔偿纠纷，由事故发生地或车辆、船舶最先到达地，航空器最先降落地或者被告住所地法院管辖。

（4）一般地域管辖

如均无前述特殊因素，则应根据当事人所在地确定管辖法院，一般情形为

“原告就被告”，由被告所在地法院管辖。特殊情形下，根据《民事诉讼法》第22条的规定，采“被告就原告”的规则，由原告所在地法院管辖。

2. 当事人主张的识别

【常见问题】

直接针对违约金和租金返还展开分析，未能识别当事人所主张的权利，和两个权利之间的关系。实际上，只有将事实主张对应到相应的权利主张，才能够理解该主张在法律上的内涵，从而有效展开法律分析。而我国在证明责任分配规则上采“法律要件分类说”，因此也只有明确事实主张所对应的请求权基础及要件事实，才能根据相应规范类型准确适用证明责任分配。在本案中，单纯分析租金返还和违约金将导致分析失焦，需要首先定位原告的租金请求实际是主张合同解除后的原物返还请求权（或不当得利返还请求权），而被告的违约金主张则是主张违约债权，并意欲以此抵销原告的前述债权。

案例四

张某机场托运行李遗失损害赔偿案

【案情】

2017 年 4 月 14 日，户籍位于丁县的张某乘坐注册地在丙市的西方航空公司航班从甲市前往乙市，在甲市机场托运了一个纸箱，外有国酒茅台的商标，托运重量 7.45 千克。托运时，甲市机场值机人员李某询问托运的物品，张某回答是茅台老酒。李某询问张某是否做保价，行李丢失时可以获得更多的赔偿。张某同意进行保价，并表示自己的酒每瓶值 10,000 元，一箱 6 瓶，一共是 60,000 元。李某表示根据西方航空公司规定，最多只能赔偿 8000 元。张某表示愿意多付费用，但要求足额进行保价。李某表示电脑系统根本无法录入超过 8000 元的保价。鉴于登机时间已近，张某无奈之下，按照李某的要求在 8000 元的价值声明上签字，并按规定缴纳了保价费。李某打开纸箱看了一眼，在纸箱外侧贴上了“小心轻放”标志，完成了托运手续。以上对话过程有监控录像为证。

航班到达乙市后，张某因有事耽误，在行李转盘已经运行了约 10 分钟时才前往转盘取行李。此时，张某发现自己的托运行李不见踪迹，遂向机场行李查询处问询，行李查询处通过系统查阅发现，该件行李箱已经随飞机来到了乙市机场，估计已被他人领取，建议张某报案解决。

张某报警后，机场派出所调取监控录像，发现一名乘客在张某来到行李转盘之前，已经拿走了张某的纸箱。录像同时显示，转盘和出口处均无工作人员对乘客拿走托运行李进行检查。由于监控录像清晰度不够，已无法确认拿走张某托运行李的乘客身份。

张某认为自己托运的是在贵州购买的茅台老酒，每瓶市场价格都在10,000元左右，一共6瓶，总价值超过60,000元人民币。西方航空表示可以根据保价规定，赔偿张某损失8000元。各方无法达成协议，张某拟向法院起诉，要求西方航空公司和乙市机场赔偿自己损失60,000元。

【问题】

1. 哪些法院可能对本案具有管辖权？为什么？

2. 哪些主体可以是本案的适格被告？为什么？

3. 如果被告主张行李丢失的重要原因是张某有事耽误导致迟延到达转盘，是否应当就此承担证明责任？

4. 关于损害后果的具体数额，原告主张60,000元，被告主张8000元，此时应当由谁承担证明责任？

5. 请结合法律规定和生活常识，张某可以使用哪些证据，来证明自己的托运行李是6瓶茅台老酒？

回答时无须考虑法律的时效性，以现行法为依据作答。

【参考答案】

1. 题目中提到了张某的诉讼请求是要求西方航空公司和乙市机场赔偿损失60,000元，而损害赔偿既可以构成违约责任，也可以构成侵权责任。因此，本案中构成了请求权竞合。根据《民法典》第186条的规定，在发生请求权竞合后，原告可以自由地选择其请求权来寻求司法保护。而管辖法院必须根据原告选择的请求权来确定案由后方能明确。由于题目并没有明确原告的选择，也就无法确定本案的案由究竟是合同纠纷还是侵权纠纷，因此，需要根据两种情况分别假设：(1)如果原告提起的是合同之诉，由于张某与西方航空公司之间成立的是运输合同，在题目中没有明确说明存在管辖协议的情况下，应当适用《民事诉讼法》第 27 条的规定来确定管辖权；(2) 如果原告提起的是侵权之诉，应当适用《民事诉讼法》第 28 条的规定来确定管辖权。

2. 适格当事人，是指与本案争议的民事法律关系有直接利害关系的民事主体。因此，适格当事人的确定，必须首先明确本案争议的民事法律关系的性质。同前题一样，题目中并没有明确原告在请求权竞合发生后的选择，因此也需要根据两种情况来分别判断适格被告：

(1) 如果原告提起的是合同之诉，张某购买的是西方航空公司的机票，与其自然存在合同关系，但从题目信息和生活常识上可以知悉，旅客与机场之间并不存在直接的合同关系，也并未向机场直接支付任何对价，因此，机场不是本案可能涉及的合同纠纷的主体，不能成为违约责任的适格被告。

(2) 如果原告提起的是侵权之诉，直接侵权人是拿走其行李的另一旅客。但由于题目信息显示，在警方介入后，该旅客的身份依然无法确定，根据《民事诉讼法》第 119 条第 2 项的规定，民事诉讼的被告首先必须明确，因此该直接侵权人无法构成有效的被告，也就自然不能成为本案的适格被告。而根据《民法典》第 1198 条，车站等公共场所管理人未尽到安全保障义务导致他人损害的，应当承担侵权责任或补充责任。本案中，乙市机场作为公共场所管理人，可以适用该条规则，因而可能构成侵权责任的民事主体；而西方航空公司在托运行李交付后，成为该行李的占有人，在运输合同履行完毕之前，依据《民法典》的规定，都负有保障该行李的义务，而如果因为其过错导致行李遗失，也应承担相应的侵权损害赔偿责任，因此，其也可以构成侵权诉讼的适格被告。

3. 要确定被告是否应当承担证明责任，应当找到证明责任分配的法律依据。《民诉法解释》第 91 条第 2 项规定，主张法律关系变更、消灭或者权利受到妨害的当事人，应当对该法律关系变更、消灭或者权利受到妨害的基本事实承担举证证明责任。因此，被告是否需要对此承担证明责任，关键要看这一主张是否构成法律关系变更、消灭或权利受到妨害的事实。本案可以从以下两个角度去理解：

角度一:《民法典》第 1173 条规定:“被侵权人对同一损害的发生或者扩大有过错的,可以减轻侵权人的责任。”被告欲主张张某迟延到达转盘,构成该条规定的与有过失,从而构成一种权利阻碍抗辩,因此,被告对于张某有过失的事实承担证明责任。

角度二:《民法典》第 832 条规定:“承运人对运输过程中货物的毁损、灭失承担赔偿责任。”但是,承运人证明货物的毁损、灭失是因不可抗力、货物本身的自然性质或者合理损耗以及托运人、收货人的过错造成的,不承担赔偿责任。其中,“灭失”是指承运人无法将货物交付给收货人,既包括货物物质上的灭失,也包括占有的更新、丧失及法律上不能恢复占有的各种情形。被告西方航空公司可以通过主张作为托运人的张某有过错,并导致标的物灭失,来免除自己的赔偿责任。这一主张属于权利消灭抗辩,西方航空公司也应对待证事实承担举证责任。

4. 答案一:该事实属于证明对象。无论原告提起侵权之诉还是违约之诉,损害后果都是重要的要件事实。根据《民诉法解释》第 91 条第 1 项,主张法律关系存在的当事人,应当对产生该法律关系的基本事实承担举证证明责任。因此,损害后果应当由请求权人进行主张并予以证明,故而证明责任应当由张某承担。

答案二:该事实不属于证明对象。因为张某在托运行李时,已经签字确认了保价金额为 8000 元人民币。该规则构成货运合同中的责任限额条款,因此,无论张某的损害后果是多少,也无论其是否能够证明自己的损害后果,被告方需要承担的赔偿责任最高只限于 8000 元。现在被告已经表示愿意赔偿 8000 元,构成《民诉法解释》第 92 条规定的自认,根据该条第 1 款规定,自认的事实对方无须举证,因此损害后果的事实不构成证明对象,不存在证明责任的分配。

上述两种答案的关键在于对 8000 元保价条款的不同认识。由于案情没有详细地交代清楚保价过程和国内行政规章对航空运输保价的规则,无法确定是否可以适用格式条款解释方法或意思表示瑕疵撤销权来限制这一条款的适用,因此可以存在上述两种解释方案。

5. 由于行李已经遗失，故而本案中并无直接证据来证明托运行李的价值。张某只能通过大量的间接证据来予以证明。本题属于开放性试题，同学们应当不拘泥于题目中表达的案情和素材，而是根据生活常识来想方设法提出可能的证据，从而形成证据链，举例如下：

第一，证明近期购买过茅台老酒。

若欲证明原告丢失之托运行李之中内含物为6瓶茅台老酒，那么必须首先证明原告近期买入并持有该6瓶茅台老酒。可以提供：(1)购买6瓶茅台老酒的发票；(2)运输此6瓶茅台老酒的记录，如送货上门的运货单等；(3)购买茅台老酒时的监控录像，因为茅台老酒价值不菲，其购买的商店应为一般公众认为可以买到真货的原厂、专卖店等，而此类地点一般都设有监控录像，通过监控录像可证明原告在这一地点购买了6瓶茅台老酒。

第二，证明运输了此6瓶茅台老酒到机场。

(1)证明向机场出发之时携带了6瓶茅台老酒。

此部分为证明其出发装箱时为6瓶茅台老酒，可提供监控录像、证人证言(目击其装箱者、出租车司机、送机友人等)。

(2)证明其运输意图为交易或赠与6瓶茅台老酒。

若原告来乙市之目的为交易茅台老酒，可提供下家的购货单、下家预付货款的转账记录，以证明原告意图将6瓶茅台老酒携带至乙市进行交易。若非交易，则可提供原告欲馈赠或一起品尝的证人证言及原告的当事人陈述。

第三，证明交付托运时托运物品为6瓶茅台老酒。

此部分为证明丢失行李为6瓶茅台老酒之关键，可以提供6瓶茅台老酒装箱后的重量，用以验证其托运行李重量的一致性；还可提供报案时警察所作笔录，用以证明第一时间即报警求助，警方记录丢失物品与原告一直之主张一致。托运时的监控录像，证明承运人认可托运行李为贵重的茅台老酒，并进行了验视。现实案例中还有多人提供行李安检X光照片，再结合原告的陈述和其他证据，可以证明其托运行李系6瓶茅台老酒。

张某和李某在托运时的对话记录也是证明托运内容的重要的间接证据，而如果能够说服李某出庭作证，证明其与张某的对话过程和自己检查行李时看到的内容，将更有利于张某的事实主张。

通过上述证据，可以看到原告的动机、购买茅台酒之行为、将茅台酒运输至机场之行为、托运之行为是连贯的，可以认为原告“有很大可能”托运的是6瓶茅台老酒。

【难点说明】

证明责任是民事证据法的脊梁，是贯穿民事证据规则和民事证明理论的重大问题。要理解证明责任的概念和分配，需要注意以下内容：

1. 证明责任的概念。证明责任，也称举证责任，是指作为裁判基础的法律要件事实在诉讼中处于真伪不明状态时，负有证实该法律要件事实责任的一方当事人承受不利的裁判后果的风险。证明责任是大陆法系的概念，《民诉法解释》采取了“举证证明责任”的说法，但中国理论界更为熟悉的提法依然是证明责任。而2019年《证据规定》修改时，又在行为意义上使用了“举证责任”的概念，所以可以认为，证明责任和举证责任的二元划分依然是我国的主流理论。在理解证明责任时，要将行为意义上的举证责任与结果意义上的证明责任予以区分。

2. 证明责任与证明对象的关系。只有确定了有效的证明对象，才谈得上证明责任的分配。不能笼统地谈论一个案件的证明责任，而必须就个案中具体的争议事实来确定证明责任的分配问题。而要确定有效的证明对象，就必须分析原告的诉讼请求所依据的民事实体法律基础，从而确定相关的构成要件和待证事实。如果一个事实不属于原告诉请的请求权基础的要件事实（如加害人是否有过错就不属于违约之诉的构成要件），那么即使该事实争议再大，也不构成证明对象，因而也不存在证明责任的分配。

3. 证明责任的分配，必须依据实体法律规范。《民诉法解释》第91条确立了证明责任的基本分配原则：（1）主张法律关系存在的当事人，应当对产生该法律关系的基本事实承担举证证明责任；（2）主张法律关系变更、消灭或者权利受到妨害的当事人，应当对该法律关系变更、消灭或者权利受到妨害的基本事实承担举证证明责任。2019年《证据规定》修订时也删掉了2001年的司法解释直接分配合同、侵权、劳动争议等案件证明责任的条文。因此在具体案件中，就需要分析相关的待证事实究竟属于权利发生的要件事实，还是权利妨碍或权利消灭的要件事实，从而来有效地完成证明责任的分配。

4. 证明责任与证明方法的关系。证明责任解决的是最终待证事实真伪不明时的不利后果承担。在绝大多数案件中，无论是否承担证明责任，当事人及其代理人都应当积极地运用各种证明方法，提供证据去证明自己的事实主张，以便法官形成对己有利的心证。在这一过程中，既需要有较好地收集保全证据的意识，在没有办法找到直接证据时，也需要开动脑筋，尽量通过各种间接证据来形成证据链，便于法官作出更可靠的事实推定。必须反对那种认为根据法律不承担证明责任者就无须举证的错误认识。

案例五

甲公司、乙公司与丙公司确认买卖合同无效案

【案情】

住所地位于上海市黄浦区的乙公司曾向位于北京市海淀区的甲公司购买钢材，尚欠付钢材款 1000 万元。2017 年 6 月 1 日，乙公司与位于杭州市余杭区的丙公司达成买卖合同，将乙公司持有的一座位于北京市海淀区的商业用房所有权（市值约 1500 万元），作价 1000 万元卖与丙公司，合同中订立有仲裁条款，约定“与该买卖合同有关的一切争议（包括但不限于合同的效力、履行、解除和违约赔偿）均由北京仲裁委员会处理”。6 月 5 日，乙、丙二公司完成了房屋所有权的变更登记，6 月 6 日丙公司向乙公司汇款 1000 万元后，乙公司当天将该笔款项转至丁公司账下，冲抵其欠丁公司的工程款。至此，乙公司名下没有任何有价值的财产。

甲公司知悉该笔交易详情后，很快查明乙公司的法定代表人与丙公司的法定代表人系舅甥关系。遂于 8 月 1 日向北京市海淀区人民法院起诉乙公司与丙公司，以乙公司和丙公司恶意串通订立合同，损害自己利益为由，请求确认乙公司与丙公司的买卖合同无效，并要求变更登记，将房屋所有权复归至乙公司名下。

【问题】

1. 假如甲公司在起诉前，先向北京仲裁委员会申请仲裁，请求确认乙公司与丙公司的合同无效。北京仲裁委员会是否应当受理该案？

2. 海淀区人民法院对本案是否具有管辖权？

3. 甲公司请求将涉案房屋复归至乙公司名下，是否违反了处分原则？

4. 假如诉讼中三公司私下达成和解协议，约定由丙公司直接向甲公司支付 1000 万元货款。现三公司申请法院根据和解协议制作调解书，法院应当如何处理，为什么？

5. 假如法院作出生效判决，驳回甲公司的全部诉讼请求后，甲公司是否还可以乙公司以明显不合理的低价转让财产，对其造成损害，且以丙公司知情为由，请求撤销乙、丙公司的购房合同？

（回答时无须考虑法律的时效性，以现行法为依据作答）

【参考答案】

1. 根据题目，乙公司与丙公司的合同中的确约定了仲裁协议，将与合同有关的一切争议都提交给北京仲裁委员会解决。但是，这一仲裁协议只约束乙公司和丙公司两方当事人。甲公司并非购房合同和仲裁协议的主体，是否也应受仲裁协议的约束呢？一般认为，仲裁协议是启动仲裁的前提条件，甲公司不是仲裁协议主体，仲裁机关不能受理其仲裁申请。从实务案例来看，国内外均无仲裁协议以外的第三人通过仲裁来确认他人之间的合同无效的先例。因而本案应当类推适用《民法典》第 539 条的规则，允许甲公司作为债权人向人民法院起诉，来确认他人的法律行为无效。北京仲裁委员会对该案无主管权限。

2. 确定海淀区人民法院是否有管辖权，应当首先确定法院系统对本案是否有主管权。根据前一问的分析，本案的确应当由法院主管。而在确定主管之后，还需要判断本案的管辖法院。

本案系确认合同无效并解决无效后的返还问题，合同标的物是涉案房屋，有不动产纠纷的嫌疑。但根据《民诉法解释》第 28 条第 1 款，《民事诉讼法》

第33条第1项规定的不动产纠纷是指因不动产的权利确认、分割、相邻关系等引起的物权纠纷。由此可见，商品房买卖合同并不属于不动产纠纷，因而不适用专属管辖，应按照《民事诉讼法》第23条的规定，由被告住所地或者合同履行地法院管辖。本案被告乙公司和丙公司的住所地分别是上海市黄浦区或者杭州市余杭区，而根据《民诉法解释》第18条第2款的规定，交付不动产的，不动产所在地为合同履行地，因此本案的房屋所在地海淀区人民法院根据合同履行地这一连结点，可以取得对本案的管辖权。

同时从级别管辖来看，本案的涉案标的物价值1000万元，且双方当事人不在同一省级辖区。根据最高人民法院《关于调整高级人民法院和中级人民法院管辖第一审民商事案件标准的通知》的规定，对于当事人一方住所地不在受理法院所处省级行政辖区的案件，北京法院系统中基层法院可以管辖5000万元以下的第一审民商事案件。因此，海淀区人民法院作为北京的基层法院，对本案有管辖权。

3. 处分原则，是指当事人有权在诉讼中自行行使其诉讼权利和实体权利。本案中即便合同无效或被撤销，房屋产权也应当复归到乙公司名下，因此，只有乙公司才能行使返还原物请求权；甲公司代替其主张复归房屋所有权，需要从民事实体法上找到依据，否则就构成了对处分原则的违反，应当予以禁止。

在本案中，乙、丙公司存在低价转卖财产的主观故意，从而导致甲公司的债权无法得到实现，因此即便合同被确认无效，如果不能将乙公司的财产复归至其名下，则甲公司的债权依然无法得到保障。由此可见，本案中原告利益受损害是因为乙公司低价（低于市场价70%）转让自己的财产，导致其财产不足以清偿甲公司的债务，故而要对甲的债权进行保全，就必须允许甲公司通过诉讼的方式，扩大乙公司责任财产的范围。我国《民法典》在债的保全中规定的重要措施之一就是《民法典》第535条的代位权，故可以将甲公司请求法院判令将房屋复归到乙公司名下的主张，视为提起了代位权诉讼，甲公司在明知乙公司会怠于行使其权利时，代乙公司要求次债务人丙公司返还原物。过去，最高人民法院《关于适用〈中华人民共和国合同法〉若干问题的解释（一）》（以下简称《合同法解释（一）》）第13条曾将我国代位权诉讼保全的债权限定为金钱债权。但随着《民法典》的实施，这一缺乏法律和法理依据的规则已经被废止，因此本案中甲公司可以提起相应的代位权诉讼。由于存在实体法上的依据，因此甲公司的这项诉讼请求并不违反民事诉讼上的处分原则。

4. 本案甲公司的诉讼请求是确认乙、丙公司买卖合同无效，并要求恢复乙公司的房产登记。但三方主体在诉讼中达成的和解协议的内容却是丙公司直接偿付甲公司债权，与诉讼请求并不符合，且该笔债务在审判过程中并未得到实质的审理，法院是否能够直接出具调解书？

根据最高人民法院《关于人民法院民事调解工作若干问题的规定》第 2 条的规定，当事人在诉讼过程中自行达成和解协议的，人民法院可以根据当事人的申请依法确认和解协议制作调解书。因此，即便和解协议的达成没有法院的参与，也并不影响法院对此制作调解书。而根据该规定第 7 条，调解协议内容超出诉讼请求的，人民法院可以准许。故对于一般的调解协议，即便其内容与诉讼请求不相符合，也不影响法院根据该调解协议制作调解书。

本案的特殊之处在于，和解协议的内容超出了诉讼请求，又没有法院的参与，此时法院能否对此直接制作调解书予以确认？法律和司法解释对此并没有直接的规定，但从立法体系上看，由于调解是我国民事诉讼的一项基本原则，因此鼓励调解协议的达成，是我国《民事诉讼法》的一项立法初衷。只要和解协议的内容不违反自愿合法的原则，人民法院通过调解书对此予以确认，并无障碍，也符合立法精神。因此本案中法院应当同意当事人的请求，制作调解书。

5. 这一问题涉及确认合同无效之诉与撤销权诉讼是否构成同一诉讼。根据《民诉法解释》第 247 条，判断一事不再理采取的是三同说，本案中前后两诉当事人相同，诉讼请求高度雷同，因而核心在于判断两诉的诉讼标的是否相同。虽然二者援引的是不同的法条，从诉的类型上看一个属于确认之诉，另一个属于形成之诉。但从构成要件和法律效果上看，二者其实又高度一致。因此，有两种不同的解释方案：

方案一：确认合同无效与撤销权诉讼的诉讼标的完全不同。前者是依据《民法典》第 154 条提起，后者是依据《民法典》第 539 条提起，有除斥期间的限制。由于两诉在诉讼标的上的区别,因此构成新的诉讼。

方案二:两个诉的诉讼标的是同一的。虽然构成两个诉的法律依据存在区别,但是从实质构成要件和法律效果上看,二者却具有高度的统一性。虽然撤销权有明确的除斥期间的规定,而确认之诉在证明标准上要达到排除高度怀疑的程度,但从立法目的来看,为了保证交易秩序的稳定,确认之诉同样需要一定的时间限制,完全应当类推适用撤销权诉讼的除斥期间。而证明标准虽然对恶意串通有更高的要求,但从证明方法上看,也只能通过关联交易这种方法来证明当事人之间互相知情,因而与撤销权诉讼没有本质的区别。由于诉讼标的也具有同一性,因此前后二诉本质上是同一个诉,法院不能再次受理。

【难点说明】

本题考查确认他人合同无效纠纷的受理条件,需要结合《民事诉讼法》第119条、第124条以及《民诉法解释》的相关规则予以完整的梳理。

1. 在主管和管辖问题上,需要先确定法院对案件是否有主管权限,然后再讨论哪一法院对案件有具体的管辖权。在主管问题方面,较为特殊的是在代位权、撤销权诉讼中,代位权诉讼和撤销权诉讼由于是债的保全的特殊渠道,根据《民法典》的规定,此类案件只应当向人民法院提出,因此,除非当事人达成专门的仲裁协议,否则应由人民法院主管,原仲裁协议不能阻碍人民法院的主管权。在管辖问题方面,需要按照相应的顺序,先考虑地域管辖,再考虑级别管辖,并确定专属管辖、协议管辖等特殊管辖规则的适用,方能对案件有全面准确的定位。

2. 在当事人适格问题上,原则上应当根据民事法律关系的主体来确定当事人是否适格。此外,当事人适格的判断上还有一些例外情况,某些非民事法律关系或民事权利的主体也可以作为适格的当事人。例如,根据法律规定,依法对他人的民事法律关系或民事权利享有管理权的人,破产程序中的清算组、遗产管理人、遗嘱执行人,就其管理的财产所发生的民事争议,就可以据此成为适格当事人;又如,在确认之诉中,对诉讼标的有确认利益的人,即便提起的是消极确认之诉，也可以作为适格当事人。

3. 在一事不再理问题上，应当根据《民诉法解释》第247条规定的内容，作系统全面的检索分析，确定前后诉在实质的当事人、诉讼标的和诉讼请求上是否具有一致性，从而准确判断是否构成重复起诉。后诉与前诉的当事人相同，不仅指当事人完全一致，也可以是后诉的当事人均包含在前诉的当事人之中，其与当事人在前后两诉中的地位无关，只要是在上述当事人的范围内，即可认定后诉与前诉的当事人相同。后诉与前诉诉讼标的一致，是指两诉在实体法上争议的权利义务关系完全一致，二者的实体权利义务具有同一性。诉讼请求相同的情形一般是后诉的诉讼请求与前诉的诉讼请求完全一致，或后诉的诉讼请求包含于前诉诉讼请求的诸项之中，后诉的诉讼请求蕴含在前诉的诉讼请求之中，后诉的诉讼请求包含在前诉的先决问题之中。需要注意的是，以上三个条件只有在同时符合时才构成重复诉讼，才适用一事不再理原则，三者缺一不可。

案例六
李某与蔡某股票冻结损害赔偿案

【案情】

蔡某（住所地 S 省 B 市）是甲公司（登记地和主要营业地均在 S 省 B 市）的发起人和控股股东。2012 年 10 月 31 日，为延揽人才，蔡某代表甲公司聘请李某（住所地 S 省 B 市）担任甲公司总经理，双方并签订赠与协议，约定蔡某将自己持有的 1% 甲公司的股权赠与李某，李某承诺会在甲公司至少工作 5 年，若中途退出，应赔偿蔡某损失［具体金额为受赠股份数 × 离职之日甲公司股票交易收盘价（如果公司上市）或公司最近一期经审计的每股净资产（如果公司未上市）］，因该赠与协议所发生的纠纷都由位于 S 省 A 市的 A 仲裁委员会解决。

2017 年 3 月 31 日，甲公司经过改制成功在深圳证券交易所上市，开盘价位每股 35 元。在之前的招股说明书和发行公告中均载明，李某系该公司总经理。后因理念不合，2017 年 8 月 31 日，李某从甲公司正式离职，并结清工资。根据甲公司当日的股东名册，李某持有甲公司股票 200 万股（均系蔡某赠与其的 1% 股权），该股当日收盘价为每股 30 元。后蔡某向 A 仲裁委员会提起仲裁，请求判令李某赔偿自己损失 6000 万元，同时依法通过仲裁机构向法院提交了冻结李某持有的所有甲公司股份的申请。法院于 2017 年 9 月 30 日依法采取了保全措施，通过中国证券登记结算有限责任公司深圳分公司冻结了李某的 200 万股甲公司股票，当日该股收盘价为每股 25 元。后仲裁庭认定李某提前离职构成违约，应予赔偿，但在解释双方的赠与协议时认为，鉴于李某已经在甲公司工作 58 个月，如果完全按照协议的文义，“一刀切”地要求李某赔偿全部股票价格，既有失公允，也不符合当事人之间订立该协议的初衷，因此裁决其应当赔偿的范围仅限于未履约的最后 2 个月，李某应向蔡某赔偿 120 万元。2018 年 7 月 31 日，裁决送达当日李某履行了裁决，法院解冻了股票。在冻结期内，甲公司股票在 2018 年 2 月 1 日停牌，全部冻结期间日均收盘价为 25 元。2018 年 9 月 1 日，甲公司股票复牌后大跌，开盘价仅为每股 15 元。

李某认为，蔡某错误冻结了自己价值 6000 万元的股票，导致自己不能及时变现，给自己造成了巨额损失，向 A 市中级人民法院诉请赔偿损失 3000 万元（根据相关规则，S 省标的金额 2000 万元以上的民商事案件均由中级人民法院管辖）。

【问题】

请从民事诉讼法和民事实体法角度，分析法院对本案应当如何处理。回答时无须考虑法律和司法解释的时效性，以现行法为依据作答。

【参考答案】

本案需要从民事诉讼法和民事实体法两方面对案件能否得到受理，以及最终的裁判结果进行分析。

（一）民事诉讼法部分

李某的起诉须符合《民事诉讼法》规定的起诉条件。本案原告和被告均是适格的明确的当事人，原告针对被告的错误保全提出了具体的诉讼请求、事实和理由，且本案系因为蔡某错误申请保全引发的侵权案件，虽然与股权赠与协议有一定的关联，但并不构成在法律上或事实上与该协议有关的纠纷，因此不属于仲裁协议的效力覆盖范围，应当由人民法院主管。

在具体的管辖法院上，根据《民诉法解释》第 27 条第 2 款的规定，当事人申请诉前保全后在法定期间内起诉或者申请仲裁，被申请人、利害关系人因保全受到损失提起的诉讼，由受理起诉的人民法院或者采取保全措施的人民法院管辖。因此，本案的管辖法院应当是当初蔡某通过仲裁机构申请采取保全措施的法院。而根据最高人民法院《执行规定》第 9 条，在国内仲裁过程中，当事人申请财产保全，经仲裁机构提交人民法院的，由被申请人住所地或被申请保全的财产所在地的基层人民法院裁定并执行。因此有权采取保全措施的法院只能是李某住所地法院或者股权所属的公司的住所地法院，这两个连结点都指向 S 省 B 市的法院。而根据题目所示，该省 2000 万元以上标的金额的案件应当由中院管辖，故本案的管辖法院应当为 S 省 B 市中级人民法院。

李某向 A 市中级人民法院提起的起诉，不符合《民事诉讼法》第 119 条第 4 项的规定，法院应当裁定不予受理，如果 A 市中院受理后方才发现，则应当裁定移送至 B 市中级人民法院。

（二）民商法部分

本案系侵权纠纷，且虽然仲裁法有关于保全错误应当由申请人赔偿损失的规定，但从立法目的看，该条规定并不是将过错要件去除的特别侵权规则的规定，因此仍然应当适用《民法典》第 1165 条第 1 款的过错侵权规则。

李某未能在高点及时将甲公司股票套现，的确存在损失，而蔡某申请保全，导致李某的股票冻结，且最终其诉讼请求并未得到仲裁庭的支持，故可认为存在保全错误行为。但在违法性要件上，蔡某申请保全是行使自己的法定权利，且目的是实现合同文义上约定的损害赔偿请求权，因此虽然其主张最后未全部得到仲裁庭的支持，但不能以此认定存在错误的保全申请，故其申请保全的行为不具有违法性。

此外，根据《公司法》的规定，李某作为公司高管，在离职后半年内不能出售甲公司的股票，也即在 2018 年 2 月 28 日前不能转出股票。甲公司股票在 2018 年 2 月 1 日停牌，2018 年 9 月 1 日复牌，而李某的股票已经于 2018 年 7 月 31 日解冻。因此从因果关系上看，李某未能及时交易的原因并非蔡某申请保全，而是《公司法》上的相关规则。

综上所述，李某的诉讼请求不满足过错侵权的相关构成要件，蔡某的行为不构成错误申请保全，也并不能给李某带来财产损失，相关有管辖权的法院应当判决驳回李某的诉讼请求。

【难点说明】

本题系概括式提问，要求学生从程序法和实体法两个维度，全面分析法院应当如何处理。这是近来年中国法学教育和法律人才培养的一个重要转型，即强调在一个案例中综合考察实体法和程序法问题。

1. 主管权限中仲裁协议效力范围

在分析主管权限时，需要明确法院和其他纠纷解决机构在本案审理上的权限分工。此处的焦点问题在于，双方当事人关于股权的赠与合同存在仲裁协议，且前案的确在 A 仲裁委员会审理，因此本案是否应当依然由 A 仲裁委员会解决。对此分析需要考察仲裁协议的覆盖范围。双方约定的是与赠与协议有关的一切纠纷应当提交 A 仲裁委员会。对此应当解释为，与该赠与协议有牵连关系的纠纷应当由 A 仲裁委员会解决，而牵连关系包括法律牵连和事实牵连。法律牵连即因赠与协议而发生的合同原生请求权（履行请求权）和次生请求权（缔约过失和违约的损害赔偿请求权）为请求权基础的纠纷，而事实牵连则指因赠与协议的签订、履行、解除等行为作为要件事实的其他纠纷。反观本案，其实是李某认为蔡某错误的申请保全给自己造成损害，虽然保全与赠与协议有关，但一方面该纠纷并非因赠与协议发生的合同原生或次生请求权为请求权基础的纠纷，另一方面赠与协议本身并不作为本案诉讼标的的要件事实，因此本案其实与赠与协议不构成法律上或事实上的牵连。故本案并不落入仲裁协议的覆盖范围，依然应当由人民法院来主管。

当事人在合同中约定“与合同有关的一切纠纷应当提交 × 仲裁委员会”时，此一仲裁协议具体能够涵摄的纠纷的范围需予澄清。《仲裁法解释》第 2 条规定：“当事人概括约定仲裁事项为合同争议的，基于合同成立、效力、变更、转让、履行、违约责任、解释、解除等产生的纠纷都可以认定为仲裁事项。”此外，还需要注意在责任竞合情况下仲裁事项的范围问题。我国《民法典》第

186条规定，因当事人一方的违约行为，侵害对方人身、财产权益的，受损害方有权选择要求其承担违约责任或者承担侵权责任。如果当事人在合同中约定了仲裁条款，在主张侵权责任的情况下，需要分别对待。

在一方当事人的违约行为侵害对方当事人人身权益的情况下，依据仲裁协议以侵权为由申请仲裁存在困难。因为我国《仲裁法》第2条规定的可仲裁事项限于财产权益纠纷，而不包括人身权益纠纷，在此情况下，当事人应当通过诉讼解决纠纷。在一方当事人的违约行为侵害对方财产权益的情况下，则不存在这样的困难。例如，在江苏省物资集团轻工纺织总公司诉（香港）裕亿集团有限公司、（加拿大）太子发展有限公司侵权损害赔偿纠纷一案中，最高人民法院认为，卖方的侵权行为发生在合同的订立和履行过程中，依然受仲裁协议的约束，因此法院无管辖权。因此，如果当事人在仲裁协议中约定了与本合同有关的一切争议遵守合同仲裁条款约束的话，因履行合同而产生的侵权纠纷属于仲裁协议约定仲裁事项范围，应当由仲裁机构管辖。最高人民法院在《第二次全国涉外商事海事审判工作会议纪要》第一部分第7条也曾明确述及："涉外商事合同的当事人之间签订的有效仲裁协议约定了因合同发生的或与合同有关的一切争议均应通过仲裁方式解决，原告就当事人在签订和履行合同过程中发生的纠纷以侵权为由向人民法院提起诉讼的，人民法院不享有管辖权。"

2. 法定管辖中财产所在地的确定

本案显然不构成专属管辖和协议管辖，因而应当适用法定管辖。虽然本案从纠纷性质来看，属于保全错误给他人造成损害的赔偿纠纷，构成典型的侵权纠纷（最高人民法院《民事案件案由规定》第392项，因申请诉中财产保全损害责任纠纷属于一级案由"侵权责任纠纷"，也可以构成佐证）。但实际上，此类案件的管辖有特别的规则，应当适用特别法优于一般法的原理，适用《民诉法解释》第27条第2款的规定，当事人申请诉前保全后在法定期间内起诉或者申请仲裁，被申请人、利害关系人因保全受到损失提起的诉讼，由受理起诉的人民法院或者采取保全措施的人民法院管辖。

本案的赠与协议纠纷由A仲裁委员会的仲裁庭审理，同学们可能将仲裁中保全措施的管辖法院与仲裁协议的确认、仲裁裁决的撤销和不予执行的管辖法院混同，误认为A市中级人民法院有管辖权。但是，根据最高人民法院《执行规定》第9条，在国内仲裁过程中，当事人申请财产保全，经仲裁机构提交人民法院的，由被申请人住所地或被申请保全的财产所在地的基层人民法院裁定并执行。本案中，被申请人住所地在B市，而上市公司的股权，作为财产其体现的是公司的价值，故而也应当认为财产所在地是在甲公司所在地B市（最高人民法院执行局《关于法院能否以公司证券登记结算地为财产所在地获得管辖权问题的复函》[（2010）执监字第16号函]也明确肯定了这一点，认为上市公司的股权查封应当由股权的发行公司住所地作为财产所在地），故如题所述，A仲裁委员会必须将该案件交给B市某基层法院管辖。加上S省的级别管辖规则，本案最终的管辖法院只能是B市中级人民法院。因此，从诉讼法上看，A市中级人民法院无权审理本案，应当裁定不予受理，如在受理后始发现无管辖权，则应当移送B市中级人民法院审理。

对于有体物而言，财产所在地相对容易判断；但对于无体物而言，财产所在地如何确定则易引发困惑。就股权的所在地，在《关于法院能否以公司证券登记结算地为财产所在地获得管辖权问题的复函》中，最高人民法院明确表示，“证券登记结算机构是为证券交易提供集中登记、存管与结算服务的机构，但证券登记结算机构存管的仅是股权凭证，不能将股权凭证所在地视为股权所在地。由于股权与其发行公司具有最密切的联系，因此，应当将股权的发行公司住所地认定为该类财产所在地”。对于其他无体物，也应根据司法解释的具体规则，或《民事诉讼法》《民法典》的一般原理，对财产所在地作出更为准确的分析判断。

3. 财产保全错误赔偿请求权的请求权基础

《民事诉讼法》第105条规定：“申请有错误的，申请人应当赔偿被申请人因保全所遭受的损失。”《仲裁法》第28条第3款规定：“申请有错误的，申请人应当赔偿被申请人因财产保全所遭受的损失。”上述条款究竟是一个独立的请求权基础，还是《民法典》第1165条第1款的注意规定？

从中国的司法实践和民法理论来看，普遍认为上述程序法规定并不构成一个独立的请求权基础。[1]因为财产保全原本就是民事诉讼原告和仲裁申请人的一项法定权利，如果不考虑主观要件，只要存在“错误”就要求其承担赔偿责任，必然会大大加重申请人的负担，导致其不敢申请保全。因此，在面临此类案件时，依然应当按照《民法典》第1165条第1款规定的相关要件，去判断其请求权是否发生。

侵权法以填补损害为基本功能，因而不可能如刑法那样，确立所谓的“侵权行为法定原则”。但是，侵权法又不可能通过列举来穷尽社会生活中的各类侵权行为，因此侵权法上特别需要通过一般条款来应对各种侵权行为，尤其是解决新型人身权益和财产权益的保护问题，从而有效地实现自由与安全的协调。一般条款是基于侵权责任之原理，贯彻侵权责任法立法目的的条款。由于过错原则是侵权责任的基本归责原则，无过错责任与过错推定责任需要法律明文规定，故严格来说，一般条款实际是指侵权责任法中用来规定过错责任原则的法律条款。

一般认为，我国《民法典》中过错侵权损害赔偿请求权基础的一般条款为《民法典》第1165条第1款。其规定了发生被侵权人的请求权（行为人承担侵权责任）这一法律后果的完整的构成要件，凡满足全部构成要件即构成侵权。一般条款统领一般侵权责任，作为一般侵权责任的请求权基础规范，起着调整一般侵权责任的作用。

“注意规定”的概念（包括其与法律拟制的比较）在我国刑法学界使用较多，指“在法律已作基本规定的前提下，提示司法工作人员注意，以免司法工作人员忽略的规定”，因其不会增添任何新的构成要件或法律效果，所以只具有提示性，删除亦无实质影响。其常常具备完全规范的表象，但实际上并未规定特殊的构成要件或法律效果，甚至可能遗漏构成要件，造成法条理解和适用上的困惑。例如，《民法典》第238条规定：“侵害物权，造成权利人损害的，权

---

[1] 司法实践中也有少部分法官在裁判中主张，保全错误引发的损害赔偿应当适用无过错归责原则，只要存在错误、不当的保全行为就应当承担赔偿责任。这实际上是将《民事诉讼法》和《仲裁法》的相应赔偿归责作为一项独立的特殊侵权的请求权基础。参见江必新主编：《新民事诉讼法理解适用于实务指南》，法律出版社2014年版，第400页。

利人可以依法请求损害赔偿，也可以依法请求承担其他民事责任。”相对于侵权的一般条款，其遗漏了过错要件。因为解释上若不承认过错要件，一则将抹杀过错侵权和无过错侵权的区分，但凡侵害物权，竟一律为无过错责任；二则将导致物权保护和人身权保护的价值失衡，物权侵权一律为无过错责任，人身权侵权却原则上为过错责任，人身权的保障力度反倒弱于物权。因此，侵权问题仍应回到侵权的一般条款处理，方能够妥善平衡自由与安全的价值。

案例七

代办托运案

——复杂诉讼中当事人地位的确定方法

【案情】

2015年9月1日，服装公司甲（住所地位于A县）与仓储公司乙（住所地位于B县）订立仓储保管合同，约定由乙为甲保管一批布料（价值30万元），保管期3个月。2015年11月30日，甲又与乙订立运输合同，要求乙将该批布料运送至甲在A县的工厂，并按照约定通过银行转账的方式将运费1万元汇至乙的账户。

从事跨省运输业务的个人丙（住所地为A县）完成上一单运输业务后，恰好要空车途经B县返回A县。丙得知甲乙订立运输合同一事后，主动向乙提出可以6000元的价格为其运输。2015年12月1日，乙与丙直接订立了书面的运输合同，约定运费6000元，将布料交由丙运送。合同中同时约定因该合同履行发生的一切争议都应由B县法院管辖。乙将剩余4000元据为己有，并未归还甲。

2015年12月3日，运输途中，丙因疲劳驾驶，在转弯处操作不当导致货车翻入路边的河中。车载布料全部被水浸泡损害，无法继续使用。事后，乙、丙向警方交代了合同订立的全部过程。

2015年12月4日，甲知悉了布料损坏和乙、丙缔约的事实。因沟通无果，以上述事实为基础向法院提起诉讼。

【问题】

（一）假如甲向B县法院起诉乙违反合同约定，要求其赔偿布料损失30万元，并在起诉状中列明丙为无独立请求权第三人。乙答辩主张，丙才是真正的损失制造者，因而请求法院判令丙承担损害赔偿责任；甲则表示，由于不清楚乙、丙的偿债能力，希望法院判令二人对30万元的损失连带承担违约损害赔偿责任。以上表示均在开庭前，作为最终的诉讼主张，以书面方式呈递给法院并记录在案。请问，法院应当如何确定丙在本案中的当事人地位？（注意：为降低题目难度，该问项下只需考虑违约责任，无须考虑侵权法上的问题。）

（二）假如甲向A县法院起诉丙，要求其承担侵权责任，赔偿布料损失30万元。A县法院审理中发现，乙对本案的审理和纠纷的彻底解决有十分重要的作用。但甲顾及与乙的其他业务往来，明确表示不愿意追加乙为共同被告或无独立请求权第三人；丙也认为乙是否参加本诉与自己并无太大关联，因而始终未对乙的诉讼地位明确发表意见。以上表示均在开庭前作出，并作为最终的诉讼主张，有书面材料存档。请问，法院能否让乙参加本案的审理，如果能，应如何确定乙在本案中的当事人地位？

请以现行法律和司法解释作答，无须考虑民法典的适用。

【参考答案】

(一) 甲乙合同之诉中丙的当事人地位分析

本案中，丙未向法院提起诉讼，明显不具备成为原告的条件，且因为甲已经起诉了乙，所以丙也不可能构成单独的被告。而且从案情看，丙显然不能与甲构成必要共同诉讼的原告，本案不可能发生法院依职权追加丙为原告的情形，因此下文仅在共同被告和第三人层面进行分析。

1. 共同被告

甲虽在起诉状中将丙列为无独立请求权第三人，但随后又表示希望法院判令乙、丙对30万元损失连带承担违约损害赔偿责任，在确认原告的意思表示后，应视为原告对起诉状进行了修改，即甲将乙、丙列为共同诉讼被告。

（1）必要共同诉讼的被告

《民事诉讼法》第52条第1款前半句规定："当事人一方或者双方为二人以上，其诉讼标的是共同的，或者诉讼标的是同一种类、人民法院认为可以合并审理并经当事人同意的，为共同诉讼。"通说一般认为，必要共同诉讼的特征包括：

第一，当事人一方或双方为二人以上。此要件为简单的形式条件，本案显然满足。

第二，诉讼标的同一。指基于实体法上的规定，共同诉讼人之间对诉讼标的具有共同的权利或义务，当事人在实体上的处分权或管理权以及作为诉讼标的的形成权必须由全体权利人共同行使。〔1〕本案中，乙、丙并未与甲存在于同一合同法律关系之中，因而并不具有需共同行使的权利或需共同承担的义务，此要件不满足，丙不构成必要共同诉讼被告。

近年来，受比较法影响，我国民诉学界理论有呼吁引入大陆法系国家（地区）"类似必要共同诉讼"的主张，而包括最高人民法院的实务部门，对这一概念也作了似是而非的引入，认为在连带责任等情况下构成类似的必要共同诉讼。〔2〕事实上，且不论我国立法者是否有建立类似必要共同诉讼的主观意图，即便从比较法上看，类似必要共同诉讼的适用也非常有限，主要集中在家事案件和公司诉讼等涉及到社员权的案件中，作为一种既判力主观范围扩张的特殊情形，不应无限扩大到常规的合同、侵权案件之中。〔3〕本案将案件的诉讼标的限定在合同法上的请求权，自然也不存在类似必要共同诉讼的适用可能。

综上所述，丙不构成必要共同诉讼被告。

---

〔1〕 张卫平：《民事诉讼法》（第5版），法律出版社2019年版，第148页。

〔2〕 例如沈德咏主编，最高人民法院修改后民事诉讼法贯彻实施工作领导小组编著：《最高人民法院民事诉讼法司法解释理解与适用》（上），人民法院出版社2015年版，第231页。

〔3〕 参见蒲一苇：《诉讼法与实体法交互视域下的必要共同诉讼》，载《环球法律评论评论》2018年第1期；任重：《反思民事连带责任的共同诉讼类型——基于民事诉讼基础理论的分析框架》，载《法制与社会发展》2018年第6期；曹云吉：《多数人诉讼形态的理论框架》，载《比较法研究》2020年第1期。

(2)普通共同诉讼的被告

普通共同诉讼的法律规定为《民事诉讼法》第 52 条第 1 款后半句:"……或者诉讼标的是同一种类、人民法院认为可以合并审理并经当事人同意的,为共同诉讼。"普通共同诉讼的核心目的是提高诉讼效益,其实质是在满足合并审理条件的情况下对原告提起的多个诉进行合并。因此,判断是否能构成普通共同诉讼,需遵循以下步骤:

第一,形式上存在原告提起的多个诉。

在本案的诉讼过程中,甲表示希望法院判令乙、丙对 30 万元损失连带承担违约损害赔偿责任。如前所述,根据宽松的表示说,甲其实对乙、丙均提出了诉讼请求,且由于合同的相对性,甲乙、甲丙之诉并不属于同一诉讼标的,不构成必要共同诉讼。因此,原告已经在形式上提出了两个诉,该条件满足。

第二,两个以上的诉均具备合法性。

普通共同诉讼作为诉的合并的具体类型,其前提条件是被合并的诉都满足基本的诉讼要件,构成合法的诉。中国法上尚未形成诉讼要件的通说理论,一般套用《民事诉讼法》第 119 条和第 124 条关于起诉的实质条件来进行判断。

本案甲乙之诉,原被告之间存在运输合同,被告明确,原告提起的违约损害赔偿有明确的请求、事实与理由,管辖法院 B 县法院作为被告住所地法院具有管辖权,也没有其他消极否定情形,因此满足诉的合法性要件。

而甲丙之诉在是否满足当事人适格这一合法性要件的问题上则存在疑问。《民事诉讼法》第 119 条第 1 项要求"原告是与本案有直接利害关系的公民、法人和其他组织"。对于何为有直接利害关系,我国通说是以是不是争议法律关系的主体作为标准,[1]即从实体法上来认定当事人是否具有成为争议法律关系主体并接受裁判约束的资格,而非仅仅是诉讼法意义上能否成为当

---

〔1〕 参见刘家兴、潘剑锋:《民事诉讼法学教程》(第 5 版),北京大学出版社 2018 年版,第 92 页;张卫平:《民事诉讼法》(第 5 版),法律出版社 2019 年版,第 137 页;李浩:《民事诉讼法》(第 3 版),法律出版社 2016 年版,第 77 页。但在大陆法系尚有其他学说值得研究。

事人的判断。[1]根据题目要求，甲的请求是基于合同法上的请求权请求丙承担违约损害赔偿责任。但基于当事人在起诉阶段提供的事实与理由，甲丙之间并无合同关系，二者在合同法上根本不存在权利义务关系。因此，甲不构成适格的原告，丙自然也无法成为争议法律关系的主体，并非适格的被告。

因此，甲丙之诉不具合法性，本要件不满足。

第三，满足普通共同诉讼合并审理的条件。

根据《民事诉讼法》第52条第1款后句，普通共同诉讼进行合并审理的条件包括：①具有同一种类诉讼标的；②法院认为可以合并审理，当事人也同意合并审理。除此以外，理论界根据《民诉法解释》第221条和第328条，还可以解释出诉的合并的另外一些要件：各个诉由同一法院管辖；适用同一诉讼程序。

其中，诉讼标的属同一种类指各个共同诉讼人与对方当事人争议的法律关系的性质或者请求权的性质是相同的，有学者认为可分为三种类型：一是基于同类事实或法律上的同类原因形成的同种类诉讼标的，如数个业主欠交物业管理费，物业管理人一并提起的请求交纳管理费的诉讼；二是基于同一事实或法律上的原因形成的同种类诉讼标的，如公共汽车发生交通事故导致乘客数人受伤，受害的乘客要求赔偿的诉讼；三是基于数人对同一权利义务的确认形成的同种类诉讼标的，如甲对乙、丙、丁分别提起的关于特定不动产所有权确认的诉讼（乙丙丁非该不动产的共有人，否则甲提起的应为必要共同诉讼）。[2]

本案中，基于上文的分析，甲对丙基于违约损害赔偿请求权提起的诉讼不满足起诉要件，不具有合法性，更无法与甲乙之诉满足合并审理的条件。

综上所述，丙不能成为普通共同诉讼被告。

---

〔1〕在学理上，当事人的概念可以区分为实体上的当事人和程序上的当事人，前者需要根据实体权利义务关系予以判断，后者只需要根据起诉状加以认定。参见王甲乙："当事人适格之扩张与界限"，载《民事诉讼法之研讨（六）》，台北，民事诉讼法研究基金会1997年版，第5页。邱联恭教授认为，此即当事人适格和当事人确定的区分，参见邱联恭：《口述民事诉讼法讲义（2012）》，台北，邱联恭自版，第289页。

〔2〕参见张卫平：《民事诉讼法》（第5版），法律出版社2019年版，第151页。

2. 有独立请求权的第三人

《民事诉讼法》第 56 条第 1 款规定："对当事人双方的诉讼标的，第三人认为有独立请求权的，有权提起诉讼。" 有独立请求权的第三人提起的诉讼与本诉之间属于诉的合并，在形式上同样需要满足：(1) 形式上存在多个诉，且第三人需在本诉处于诉讼系属中时向法院提起诉讼；(2) 两个以上的诉具有合法性；(3) 符合有独立请求权第三人的合并条件。

本案中，丙并未向法院提起诉讼，显然不符合第一个形式上的条件，因此丙不能成为有独立请求权的第三人。

3. 无独立请求权的第三人

《民事诉讼法》第 56 条第 2 款第 1 句规定："对当事人双方的诉讼标的，第三人虽然没有独立请求权，但案件处理结果同他有法律上的利害关系的，可以申请参加诉讼，或者由人民法院通知他参加诉讼。" 无独立请求权第三人的相关问题在我国司法实践中争议较多，为了提高分析的准确性，一些学者尝试着对其进行类型化梳理。由于类型化标准和路径的不同，形成了不同的主张，但较具代表性的观点是将无独立请求权第三人划分为 "被告型第三人（义务型第三人）" 和 "辅助型第三人" 两种类型。[1]

(1) 被告型第三人

我国《民事诉讼法》第 56 条第 2 款第 2 句规定："人民法院判决承担民事责任的第三人，有当事人的诉讼权利义务。" 该规定突破了大陆法系传统意义上辅助参加人的范畴，成为具有我国特色的被告型第三人的法律依据。虽然目前明确规定 "被告型第三人" 的规范并不多见，[2] 但在司法实务中，被告型第三人占据了无独立请求权第三人的主流。因此理论界现在的通说观点也基

---

〔1〕 参见张卫平：《民事诉讼法》(第 5 版)，法律出版社 2019 年版，第 163~168 页。

〔2〕 例如最高人民法院《关于贯彻执行〈中华人民共和国民法通则〉若干问题的意见（试行）》第 153 条第 2 款规定："运输者和仓储者对产品质量负有责任，制造者或者销售者请求赔偿损失的，可以另案处理，也可以将运输者和仓储者列为第三人，一并处理。" 又如最高人民法院《关于审理旅游纠纷案件适用法律若干问题的规定》第 5 条规定："旅游经营者已投保责任险，旅游者因保险责任事故仅起诉旅游经营者的，人民法院可以应当事人的请求将保险公司列为第三人。"

本承认了被告型第三人的存在。〔1〕

相较于大陆法系的辅助参加人，中国法上被告型第三人最主要的特性在于：其可能被法院直接判决承担民事责任，因而享有当事人的全部诉讼权利和义务。而法院判决某一民事主体承担民事责任的必要前提是存在另一个民事主体对其提出了权利主张。依此可以发现，被告型无独立请求权第三人参加诉讼的方式具有被动性特征，必然是主诉的当事人对其提出了专门的诉讼请求。因此，被告型第三人制度在本质上与普通共同诉讼相似，二者均存在多个诉讼法律关系，属于诉的合并，制度目的也都在于试图一次性解决纠纷，提高效率。

而要厘清普通共同诉讼被告与被告型第三人的区别，关键是要理解被告型第三人制度的功能是转移本诉被告的民事责任，向第三人提出诉讼请求的不能是本诉的原告，而是本诉的被告。普通共同诉讼被告面对的是同一原告，都是因为本诉原告的诉请被纳入诉讼，而存在被告型第三人的情形，一般是由本诉被告为转嫁责任，对第三人提出请求，从而将其纳入诉讼。〔2〕

司法实务中对于被告型第三人有两种错误的理解：一种是原告的诉讼请求在本诉的诉讼中已经发生了转移，随着诉讼的进展，原告认为民事责任者并不是本诉的被告而应当是本诉外的第三人，此种情形应属当事人的更换，而不应将其认定为被告型第三人。另一种情形则是在本诉进行过程中，原告认为本诉外的第三人也有可能是民事责任的承担者，因此试图扩大诉讼请求的请求对象。此种情形下原告其实是对第三人提出了诉请，此时需要考察第三人是否符合前述共同被告的构成条件，如果构成的话，应当分情况列为共同被告，而不能将其作为诉讼第三人，否则不仅可能导致滥诉，也会导致以实体请求权作为诉讼标的的诉讼结构被完全架空。〔3〕

因此，成为被告型第三人的条件与各类因为诉的合并而产生的复杂当

---

〔1〕 参见张卫平：《民事诉讼法》（第5版），法律出版社2019年版，第167页；李浩：《民事诉讼法》（第3版），法律出版社2016年版，第103页。

〔2〕 本质上，被告型第三人在大陆法系上并无效仿的对象，其更类似于美国法上的第三人引入制度（impleader）。

〔3〕 参见张卫平：《"第三人"：类型划分及展开》，载《民事程序法研究》2004年第1期。

事人类似，需要满足以下条件：（1）形式上存在两个诉，除本诉原告对本诉被告提出诉讼外，本诉被告也对第三人提出了诉请；（2）两个诉均具有合法性；（3）符合因为被告型第三人而进行诉的合并的具体条件。下面结合本案分别考察之。

第一，形式上存在两个诉。

在本案中，甲虽然在诉讼中表达了要求乙、丙都对自己承担违约责任的请求，但如前所述，根据甲主张的事实，甲丙之间并不存在合同关系，因此甲作为原告，其提出的合法的诉只限于对乙的诉请。而乙的答辩可以视为其有向丙提起新诉的意思表示，法院应释明，要求乙确认是否申请将丙列为被告型第三人。

需要特别强调的是，《民诉法解释》第221条〔1〕不能作为原告有权在起诉状中直接列被告型第三人的依据。原告在诉状中虽然可能有列举第三人的形式表示，但依然需要通过释明对其真意进行明确，如果其希望由该主体直接承担责任，则应当视为是共同被告；而如果原告无意将其作为诉请的直接承受者，则其地位应为辅助型第三人。无论如何，都不能仅仅因为原告诉状的形式表示，而在被告没有明确意思表示的情况下，直接产生被告型第三人。

第二，两个诉各自具有合法性。

甲对乙的诉满足诉讼要件，具有合法性，自不必说。

而如乙确认向丙提出诉讼请求，乙丙之诉具有合法性，也应做考察。根据乙的主张，其与丙之间已经订立了有效的运输合同，因此其在合同法上对丙可以享有请求权，符合适格原被告的主张，其请求理由与事实也已基本陈述，双方的管辖协议所确定的管辖法院是B法院，正是本诉的受诉法院，此外消极要件上亦无障碍。故而乙丙之间的诉的诉讼要件满足，该诉具有合法性。

第三，两诉符合被告型第三人合并审理的条件。

被告型第三人的参加之诉与本诉进行合并审理的重要条件，应当是《民

〔1〕《民诉法解释》第221条规定："基于同一事实发生的纠纷，当事人分别向同一人民法院起诉的，人民法院可以合并审理。"

事诉讼法》第 56 条第 2 款规定的，第三人与本诉的处理结果具有“法律上的利害关系”。

张卫平教授认为，这种“法律上的利害关系”大致包括以下类型：其一，第三人尽管不是本诉的被告，但却是案涉民事义务的直接承担者；其二，第三人的行为与本诉原告利益受损有因果关系，但原告与被告在形式上存在更直接的关系；其三，第三人与本诉原告之间没有合同关系，而与本诉被告之间有合同关系。本诉被告败诉与第三人履行与被告之间的合同义务有关。但他也特别指出，在合同关系上，是否只要存在链条式的关联就应当作为有“关联性”处理，则需要具体把握，在尺度上应当考量链条式追加被告型第三人是否会导致严重迟延诉讼从而不利纠纷的解决这一因素。这种折中的解读令利害关系的具体界定多少具有了自由裁量的空间，难以准确的把握。〔1〕李浩教授则认为，此种利害关系主要是义务性关系，即被告败诉后会向第三人请求赔偿或返还。〔2〕不难看出，对于该问题的界定，目前尚无统一有效的理论，有待中国司法实务和学术界的整理研判。但无论哪种观点，大都认可本诉被告要求第三人来承担本诉原告请求其承担的案涉民事责任时，构成有效的合并条件。

本案如果乙被判决承担赔偿责任，则势必向丙进行追偿，丙终将承担最后的民事赔偿责任。因此，丙与本诉处理结果有法律上的利害关系。除此之外，被告型第三人的合并还需要满足诉的合并的其他条件，例如属于同一管辖法院，属于同一类型审理程序等。本案显然满足以上条件。

综上所述，本案中，乙的答辩已经可以视为其有向丙提起新诉的意思表示，如果法院经过释明，明确了乙确有申请将丙列为被告型第三人的意图，对丙提出了明确的合同法上的请求，则丙构成被告型无独立请求权的第三人。

（2）辅助型第三人

本案中，如果乙未向丙主张权利，则丙不获得前述任何一种当事人资格，但考虑到丙与本案事实和法律关系都有密切牵连，因而其与本案的处理结果

---

〔1〕 参见张卫平：《“第三人”：类型划分及展开》，载《民事程序法研究》2004 年第 1 期。

〔2〕 李浩：《民事诉讼法》（第 3 版），法律出版社 2016 年版，第 104 页。

的确存在利害关系，完全可以基于辅助一方的目的加入诉讼，而本案也尚未审结，因此可以依据其自行申请、原告主张（在起诉书中列明）、被告主张（答辩中通过释明确认），以及法院依职权（为了查明本诉事实）通知其参加诉讼，使其获得辅助第三人的诉讼地位。

4. 结论

本案中，如果经过法官释明，乙明确要求丙承担最终的赔偿责任，则丙的诉讼地位是被告型无独立请求权的第三人；若乙明确不在这一诉讼中主张由丙来承担责任，则丙仍然可以自行申请或由法院依职权通知，以辅助型第三人的身份加入到甲乙的诉讼之中。

（二）甲丙侵权之诉中乙的当事人地位分析

在本案中，甲丙之间的诉讼已经发生，分别构成本诉的原被告。因而在分析乙的诉讼地位时，可以直接略去简单原告、简单被告两类。又因为乙并未向法院提起诉讼，因而也无须分析其是否构成共同原告以及有独立请求权的第三人，讨论范围只限于能否成为共同被告或无独立请求权第三人。

1. 共同被告

（1）必要共同诉讼的被告

如前所述，根据我国《民事诉讼法》第 52 条第 1 款前句的规定，必要共同诉讼的特征为当事人一方或双方为二人以上，且诉讼标的同一。以下结合本案分布考察。

第一，当事人一方或双方为二人以上。此要件为简单的形式条件，本案显然满足。

第二，诉讼标的同一。本案中虽然乙将货物交由丙转运未经过甲的同意，并从中谋取了大量利润，但以上行为均不具备违法性，且丙具有相应的运输资质，因此乙已经尽到了选任合格的承运人的合理注意义务。货物毁损是由丙个人违规操作所致，乙与丙订立运输合同的行为与货物毁损之间欠缺相当因果关系。所以，乙丙不构成共同侵权，二者也不存在其他需共同承担的义务，本案并不构成同一诉讼标的。条件不满足，乙不是必要共同诉讼的被告，法院不能依职权追加进行合并审理。

值得进一步思考的问题在于，假如乙丙构成共同侵权，是否就成立必要共同诉讼的被告呢？中国司法实务中，对连带责任的一般思路是将其作为必要共同诉讼，一个典型的例证就是《人赔解释》第5条第1款，该条规定赔偿权利人起诉部分共同侵权人的，人民法院应当追加其他共同侵权人作为共同被告。这显然是将共同侵权作为必要共同诉讼来对待。理论界也有很多解释方案，或从连带责任的原因事实同一性来解释必要共同诉讼之基础，[1]或从比较法上援引类似必要共同诉讼的概念来扩张连带责任人作为共同诉讼被告的适用机理[2]。但也有观点认为，共同侵权等连带责任应该仅构成普通共同诉讼。[3]限于篇幅，本文对此问题不做深入展开，仅仅从结论上作出判断，根据《侵权责任法》第13条[4]和《民事诉讼法》第52条第1款的基本文义，连带责任人进入诉讼应当根据权利人的请求，因此不宜作为任何一种必要共同被告处理。

（2）普通共同诉讼的被告

我国《民事诉讼法》第52条第1款后半句被认为是对普通共同诉讼的规定。普通共同诉讼的本质是诉的合并，需要按照形式上是否存在多个诉、各诉是否都具有合法性、是否满足合并审理的条件的步骤来考察。

本案中原告甲并未对乙提起诉讼，形式上不存在多个诉，因此乙不能成为普通共同诉讼的被告。

2. 无独立请求权的第三人

（1）被告型第三人

被告型第三人的本质依然是诉的合并，亦需要按照以下步骤进行检视：

---

〔1〕 参见江伟主编：《民事诉讼法》，高等教育出版社、北京大学出版社1999年版，第115~116页；谭兵：《民事诉讼法学》，法律出版社1997年版，第217~219页。

〔2〕 参见段文波：《德日必要共同诉讼“合一确定”概念的嬗变与启示》，载《现代法学》2016年第2期；卢佩：《多数人侵权纠纷之共同诉讼类型研究——兼论诉讼标的之“案件事实”范围的确定》，载《中外法学》2017年第5期；罗恬漩：《数人侵权的共同诉讼问题研究》，载《中外法学》2017年第5期。

〔3〕 参见卢正敏、齐树洁：《连带债务共同诉讼关系之探讨》，载《现代法学》2008年第1期；任重：《反思民事连带责任的共同诉讼类型——基于民事诉讼基础理论的分析框架》，载《法制与社会发展》2018年第6期。

〔4〕 现变更为《民法典》第178条第1款，无实质内容变化。

①形式上存在两个诉，除本诉原告对本诉被告提出诉讼外，本诉被告也对第三人提出了诉请；②两个诉均具有合法性；③符合因为被告型第三人而进行诉的合并的具体条件。由于本案中，本诉被告丙未对乙提起诉讼，第一个条件不满足，因此乙不构成被告型第三人。

（2）辅助型第三人

辅助型第三人参加诉讼并没有在本诉之外又形成一个新的诉。辅助型无独立请求权第三人参加诉讼的条件为：①第三人对本诉的诉讼标的无独立请求权，或有独立请求权但不行使；②第三人与案件处理结果有法律上的利害关系，可能在案件处理完毕后与本诉原被告发生与涉案标的或事实有关的诉讼；③本诉正在进行过程中；④形式上，第三人自行申请或根据法院的通知参加诉讼。

本案中，乙自己未提出独立的诉讼请求，双方当事人也未对其提出主张，满足条件①；而乙对于甲丙之间的诉讼请求具有法律上的利害关系，如法院对丙与甲之间侵权关系的认定，亦会涉及甲乙和乙丙之间合同法律关系相关权利的处理，满足条件②；案件正在进行中，满足条件③；因此虽然本诉原被告双方都没有将其作为第三人列入诉讼的意思，但如果法院认为有必要，或乙自己向法院提出申请，则其都可以具有辅助型第三人的身份。

需要说明的是，一旦乙获得辅助型第三人的身份，则虽然法院不能强制其出庭或为其他诉讼行为，也不得在判决中直接判决其承担义务，但仍可以将其视为判决的对象，判决对其具有相应的效力。德国法上，本诉原被告提出增加辅助参加人申请或法院认为有必要追加辅助参加人时，法院应以诉讼告知的方式，将诉讼的具体状态通知辅助参加人。在主当事人与辅助参加人之间的后来的诉讼中，法官基于辅助参加效力而受第一个诉讼中的判决的拘束，包括判决中的事实确认和权利确认。一旦告知，即使辅助参加人不参加诉讼，也将对被告知人产生参加效力。[1]我国法上目前虽无明确的参加效力概念，但由于我国法上对判决效力的主观范围持宽松的理解态度，并不强调判决的相对性，

〔1〕 参见［德］汉斯－约阿希姆·穆泽拉克：《德国民事诉讼法基础教程》，周翠译，中国政法大学出版社 2005 年版，第 214~219 页。

因此本诉判决对事实和权利的确认，自然会约束于已经被列为诉讼当事人的辅助型第三人，而具体的细化规则还有待进一步讨论。

3. 结论

根据案情，乙可以自行申请或由法院通知，作为辅助型无独立请求权的第三人参加诉讼。否则，在甲丙的侵权诉讼中，乙不具备当事人地位。

【难点说明】

（一）当事人确定方法

关于当事人如何确定，存在不同的理论学说，例如意思说、行动说、表示说（又可以分为严格表示说和宽松表示说）、适格说、并用说、规范分类说和纠纷主体特定责任说等。[1]我国曾有学者认为，中国的立法体例决定了我国对原告采取适格说，对被告采取表示说，[2]但目前的通说均认为应当采表示说，即以诉状中的载明为准。[3]本文同意以表示说作为确定当事人地位的基本标准，但主张采取宽松的表示说，也即不限于起诉状首部，而应根据具体的诉讼声明、原因事实以及法律依据等来确定当事人。在我国的司法实践中，立案庭法官在收到起诉状后，如果认为诉状中罗列的当事人与真正的法律关系主体不符，往往会根据诉状所载明的内容对原告进行释明，要求当事人予以变更，这也能佐证我国在实质上采取的是宽松表示说。

根据《民事诉讼法》第五章第一节的规定，当事人的种类包括原告、被告、必要共同诉讼原告、必要共同诉讼被告、普通共同诉讼原告、普通共同诉讼被告、有独立请求权的第三人和无独立请求权的第三人。依据法典编撰的体例顺序，上述当事人地位具有顺位上的先后次序，需要依次检索，如果应当是前一顺位的当事人，则不论起诉状如何记载当事人，都应当通过释明等方式，要

---

〔1〕 各种学说的具体说明，可参见［日］高桥宏志：《民事诉讼法：制度与理论的深层分析》，林剑锋译，法律出版社 2003 年版，第 131~134 页。

〔2〕 杨荣新主编：《民事诉讼法学》，中国政法大学出版社 1990 年版，第 154 页。

〔3〕 参见张卫平：《民事诉讼法》（第 5 版），法律出版社 2019 年版，第 127 页；李浩：《民事诉讼法》（第 3 版），法律出版社 2016 年版，第 73 页。

求当事人变更，以确定当事人。

（二）辅助型第三人如何参加诉讼

辅助型第三人参加诉讼时，并没有在本诉之外又形成一个新的诉。辅助型第三人移植自大陆法系国家辅助参加人制度，其并不主动主张权利，本诉原被告也并不要求其承担责任。辅助型第三人参加诉讼的目的，通常是因为其与案件的处理结果可能存在法律上的利害关系，因此需要辅助原被告中的某一方，以避免诉讼结果发生后，对其造成不利的影响。

所谓案件的处理结果，在理论上存在争议，是仅限于判决主文，抑或与案件事实认定和判决理由有关即可？大陆法系传统理论认为应当仅限于判决主文，例如债权人起诉保证人，判决主文必然与债务人的权利义务有关，因此其可以作为辅助人参加诉讼，但较新的学说也主张扩张范围，从判决主文扩大到争点。[1]我国对此问题并无专门讨论，但在一般当事人的确定上，法院往往出于诉讼经济的考虑，对相关主体获得诉讼中的地位持宽松态度，因而似采新说更为合理。

而关于何为“有法律上的利害关系”，我国通说认为这是指第三人与诉讼当事人一方存在某种法律关系，而该法律关系与当事人之间发生争议的法律关系有直接的牵连，第三人在该法律关系中行使权利和履行义务的状况，将直接影响与其有关系的那方当事人在争议的法律关系中的权利行使和义务履行。[2]但这一标准依然有诸多模糊之处，譬如“直接的牵连”“直接影响”都还有待更进一步地解释和说明。大陆法系将辅助参加利益作为标准，辅助参加

---

〔1〕 参见［日］高桥宏志：《重点讲义民事诉讼法》，张卫平、许可译，法律出版社 2007 年版，第 283~284 页。

〔2〕 刘家兴、潘剑锋主编：《民事诉讼法学教程》（第 5 版），北京大学出版社，2018 年版，第 113~114 页；江伟主编：《民事诉讼法》，高等教育出版社 2004 年版，第 126 页。也有学者提出过更为细致的判断标准：首先，无独立请求权第三人所参加的法律关系与原、被告之间的法律关系有民事法律上的牵连；其次，第三人与当事人一方的法律关系直接影响了当事人双方的法律关系，尤其是前者的履行及其适当与否直接影响了后者的履行及其适当与否；最后，第三人在法律上的利害关系依本诉案件的处理结果而定。载江伟、单国军：《论民事诉讼中无独立请求权第三人的确定》，载《中国人民大学学报》1997 年第 2 期。

利益表现为“参加人之权利义务或其他法律上之地位如何系以法院就该诉讼之主要争点所作之判断为前提，故参加人之法律地位有可能因主诉判决带来事实上之不利影响”〔1〕，该表述依然十分抽象，日本法上采取了类型化手段，将辅助参加具体化为义务型、示范性和转用型等种类，从而为解释不利影响提供了更充分的空间。但我国对这一具体类型的介绍依然十分有限，司法实务中也未接受比较法上的经验，而是“摸石头过河”般演化出前述被告型第三人的类型。在20世纪90年代，由于存在法院滥用职权追加承担责任的无独立请求权第三人的情形，因而理论界一贯主张严苛地限定第三人参加诉讼的条件，故而会用“直接牵连”“直接影响”等限定型词语，比如：最高人民法院《关于在经济审判工作中严格执行〈中华人民共和国民事诉讼法〉的若干规定》第9条至第11条也专门规定了不得作为无独立请求权第三人参加诉讼的三种情形。〔2〕但这些限定都更多地适用于被告型第三人。如果明确了辅助参加人的地位及其效力，则此种严格限定的意义就值得重新考虑。由于辅助参加人参加诉讼的前提是其自己的处分结果，因而或许应当从更为宽泛的角度来理解利害关系这一要件。

不难看出，辅助型第三人加入诉讼并未引入本诉之外新的诉，故不会产生诉的合并。事实上，如果本可以成为有独立请求权第三人没有主动提起诉

〔1〕［日］高桥宏志：《重点讲义民事诉讼法》，张卫平、许可译，法律出版社2007年版，第286页。德国法上也认为辅助参加利益是“只有并且一旦辅助参加人与当事人或者主诉的标的处于这样一种法律关系，以至于对主诉当事人不利的判决可能对第三人私法或公法法律状态造成某种法律上的不利”。

〔2〕为了防止通过追加第三人转嫁民事责任，最高人民法院1994年12月22日发布的《关于在经济审判工作中严格执行〈中华人民共和国民事诉讼法〉的若干规定》（已废止）的第9条至第11条明确规定了不得追加第三人的情形，具体包括：（1）受诉人民法院对与原被告双方争议的诉讼标的无直接牵连和不负有返还或者赔偿等义务的人，以及与原告或被告约定仲裁或有约定管辖的案外人，或者专属管辖案件的一方当事人，均不得作为无独立请求权的第三人通知其参加诉讼。（2）人民法院在审理产品质量纠纷案件中，对原被告之间法律关系以外的人，证据已证明其已经提供了合同约定或者符合法律规定的产品的，或者案件中的当事人未在规定的质量异议期内提出异议的，或者作为收货方已经认可该产品质量的，不得作为无独立请求权的第三人通知其参加诉讼。（3）人民法院对已经履行了义务，或者依法取得了一方当事人的财产，并支付了相应对价的原被告之间法律关系以外的人，不得作为无独立请求权的第三人通知其参加诉讼。

讼，或者本诉被告未要求可能成为被告型第三人的第三人承担责任，由于该第三人还是构成与本诉处理结果的法律上利害关系，符合辅助型第三人的条件。反之，如果当事人已经构成有独立请求权第三人或者被告型第三人，则无须再对辅助型第三人进行讨论。因此，在第三人诉讼地位的判断顺位上，应当将辅助型第三人置于最后，在全部检索完毕后，如果认为其与案件确实存在关联，但又无法以其他诉讼主体身份进入诉讼之中，则其可能具有辅助第三人的身份。

结合《民事诉讼法》第 56 条第 2 款第 1 句关于第三人可以由自己申请或由法院通知参加的规定，辅助型第三人参加诉讼的条件为：(1)第三人对本诉的诉讼标的无独立请求权，或有独立请求权但不行使；(2)第三人与案件处理结果有法律上的利害关系，可能在案件处理完毕后与本诉原被告发生与涉案标的或事实有关的诉讼；(3)本诉正在进行过程中；(4)形式上，第三人自行申请或根据法院的通知参加诉讼。需要说明的是，法院通知辅助型第三人参加诉讼，不同于《民事诉讼法》第 132 条规定的追加必要共同诉讼当事人。大陆法系国家对法院通知(诉讼告知)有较为明确的效力规定，法院只是通知第三人案件的相关情形，由第三人自行决定是否参加诉讼。[1]我国虽未有明确规定，但笔者主张在解释上采用大陆法系国家规定的效果。

(三)复杂诉讼中当事人的确定方法

在传统的民事诉讼教学中，受制于我国民事诉讼法典的安排，一般都是在当事人部分讲授复杂诉讼中当事人的类型和要件，较少将其与具体的民事诉讼程序联系在一起。而且在讲授时，往往只介绍每一种类型的当事人的具体特征和参诉条件，缺乏体系性理解当事人识别确定的方法。这也导致了很多法科学生虽然已经熟悉了复杂诉讼中各类当事人的概念、所涉及的法条和学理上的构成要件，但在实务中却经常出现对关键概念的理解不一，最终同案不同判的情况。

---

〔1〕 例如，《德国民事诉讼法典》第 73 条和第 74 条专门规定了诉讼告知的方式和效力，《日本民事诉讼法》第 53 条也有关于诉讼告知的规则，并在第 4 款中专门强调对诉讼告知对辅助参加人(无独立请求权第三人)的效力。

经过总结，我们认为，《民事诉讼法》第五章第一节规定的当事人中，除了简单诉讼的原被告外，在复杂诉讼中，还可以具体分为必要共同诉讼、普通共同诉讼、有独立请求权第三人、被告型无独立请求权第三人和辅助型无独立请求权第三人五种类型〔1〕。而除了必要共同诉讼和辅助型第三人外，其他几种类型都构成诉的合并。

对必要共同诉讼而言，必须满足两个基本条件：（1）形式上的一方当事人人数为二人以上；（2）实质上的诉讼标的同一。关于诉讼标的的同一，需要做更加细致的解释。由于本案并不涉及，因此未就该要件具体展开。但却十分有必要认真对待该要件，从解释学上划清“同一性”的边界，避免在诉讼中任意以必要共同诉讼之名，强制追加当事人参加诉讼，以及因此导致的诉讼拖延。

对各种类型的因诉的合并而形成的多数当事人来说，必须满足三个条件：（1）在形式上已经有多个诉的存在。民事诉讼的基本原则是不告不理，因此起诉必须基于当事人的行为。当然，由于我国对复杂诉讼的起诉条件并不十分规范，因此需要由法官根据当事人在诉讼中的具体主张进行释明，来确定是否有明确的起诉。（2）每个诉都满足合法性条件。这是诉的合并的题中之义，至于单独每个诉的合法性条件，是民事诉讼另一个重要的分析工具，涉及法院、当事人、诉讼标的等多个要件，需要具体分析。（3）符合具体的合并条件。诉的合并需要满足普遍的合并条件，例如在同一程序中、当事人和法院同意、不违背专属管辖等强制性规则。除此之外，对于各种复杂诉讼的当事人，还有不同的要件，普通共同诉讼关注多个诉的诉讼标的上的同类性，有独立请求权第三人强调第三人对本诉的诉讼标的主张独立的权利，被告型第三人则要求本诉与参加之诉有牵连关系。上述要件在具体的司法实践中都可能有不同的解释标准，理论上也可能存在不同的见解。但这并不妨碍在思维方法上将其纳入这一体系之中。

---

〔1〕 这种划分基本遵循了我国现行法规则的文义，只有被告型第三人和辅助型第三人的划分，是参考理论界对我国司法实践的细致观察后进行的拆分，以便对两种完全不同类型的第三人的构成要件予以体系化整理。

辅助型第三人其实是我国司法实务中较为陌生的一种制度，但却又是大陆法系国家规定的辅助参加人（也即我国法上的无独立请求权第三人）的本宗。因此，其实质要件可以完全根据我国现行法条的规则分解为：(1)第三人对本诉的诉讼标的无独立请求权，或有独立请求权但不行使；(2)第三人与案件处理结果有法律上的利害关系，可能在案件处理完毕后与本诉原被告发生与涉案标的或事实有关的诉讼；(3)本诉正在进行过程中。除此之外，在形式上，应当强调辅助型第三人可以自行申请或根据法院的通知参加诉讼。

（四）使用案例研习方法的必要性

我们之所以要总结出这样一套方法，并通过案例的方式引导学生使用，主要出于以下因素的考虑：

第一，建构民事诉讼的体系化思维。民事诉讼法学并没有完全按照中国民法学界熟悉的潘德克顿体系，采用总分结构的编排体系，因此很容易让人产生知识零散之感。多数当事人的规则虽然规定在当事人一章，但在内部关系上，涉及各种当事人的对比；在外部关系上，涉及与诉的合并、诉讼要件、既判力范围等制度和理论的衔接。仅仅根据当事人一章的法条，自然无法构建出体系化的思维。而没有方法指导的法律人在具体的司法适用上，如果只查阅其认为可能涉及的法条，就会迷失方向。而通过确定检索顺序和要件结构，我们这套方法可以为面对确定复杂诉讼的法律人提供清晰的思维体系，避免遗漏可能的当事人地位和相关要件。

第二，凸显法律解释的方法。虽然本案例在设计上，有意识地降低了难度，但已经足以体现在某些法律概念上的解释论分歧。例如，何为“同一种类的诉讼标的”，在传统的民事诉讼教学中，大多仅对其做一般的文义解释，将其作为与必要共同诉讼“同一诉讼标的”区别的对象。而在适用本套方法时，就会发现，这一问题并不是直接作用于当事人确定，与必要共同诉讼的关系也不大，真正重要的是它是决定诉的合并能否成立的条件。因此，在解释“同一种类的诉讼标的”时，就应该从诉的合并角度入手，兼顾体系解释和目的解释，方能为把握“同一种类”作出更好的解释方案。

第三，暴露民事诉讼理论中的实质分歧。如果民事诉讼法学理论仅仅关注法条文义本身，其各种理论见解恐并不能给予实践真正的指导，只有在一套统一的思维方法中，方能彰显不同理论的优劣长短。辅助型第三人在中国法上缺位，并在实务中异化为被告型第三人，很大程度上就是因为民诉理论只关注空洞的“利害关系”，而无法在具体个案中提供“利害关系”的案型，并与其他当事人类型进行比较区分。而在一套完整的思维方法中，我们可以准确的找到不同理论之间真正的分歧，以及其可以解决的问题和无法克服的困难。在本案的参考答案中，其实已经隐含着一些理论立场的选择，例如共同侵权不构成必要共同诉讼；非合同当事人可以作为合同诉讼的辅助第三人。这些理论恐未必构成中国法上的通说，但在本案中，却能较好地回应问题，因而最终为我们采纳。我们也乐见其他学说的支持者，就相关问题展开讨论，真正推进中国民事诉讼法学的繁荣发展。

一言以蔽之，我们希望在多数当事人的确定上，引入体系化的规范分析方法，不是从个案的实质正义入手，而是根据既定法规则和通行的法律概念，以体系化的方式，做出推演，得出结论。

（五）存在的问题及其完善

本文的目的主要是展现当事人确定思维方法的具体分析路径，因而对一些具体知识层面尚存在争议的观点，并未做充分论证，例如在诉讼标的上直接采取了旧实体法说，在诉讼要件上套用了积极要件（《民事诉讼法》第 119 条）和消极要件（《民事诉讼法》第 124 条）的简单分类。此外，作为一个教学案例，教师完全可以自行掌控案例所涉知识层面的难度，例如在具体教学中，为了增加民法部分的讨论，我们将案例运输的物品变更为火药，就可以引入违法无效等民法知识。总之，因为篇幅所限，本文关注的重点是具体的思维过程和方法，但这并非意味着这一方法只能讨论简单案例，相反，在掌握了这一方法后，才更能够将疑难问题暴露出来。

当然，由于民事诉讼法在编排体系和立法技术上存在的诸多不足，这一方法本身还面临一些问题，有待进一步的完善。况且，任何方法自身也必然有其局限性。一些不足属于先天带来，无法避免，只要选择，就只能利弊皆收。既然这套方法的本质是规范分析的方法，那么就必然带有规范分析的匠气和笨重。[1]不难看出，这一方法显得颇为烦琐和笨重，尽管在答题时已经有所取舍，但依然有一些明显不构成的类型，需要出现在检索线上。徒劳无功的检索和思考，对最终的结果而言显然是事倍功半。此类问题的克服，一来依靠实务工作者对方法运用娴熟后，能够快速过滤无用步骤，提高效率；二来依靠立法者通过修订法律，构建更为清楚完整的法律体系，减轻操作上的负担；三来依靠理论界推陈出新总结方法，完成抽象归纳，以合并同类型的方式，实现多个步骤的合并。例如，在诉的合并上，通过立法者、理论界的共同努力，如果能够有更为清晰完整的框架，就可能减少需讨论的要件，从而为司法实务操作实现减负。

还有一些不足，是中国司法现实状况所导致，也即某些现实程序不尽规范，导致这样一套以规范为基础的方法在实务中可能没有充分的用武之地。例如，我国没有完善的诉答程序，原告在起诉时并没有十分完善的诉状要求，因此诉讼标的甚至在开庭前都无法准确确定[2]，遑论对诉讼标的同一、同类或者有无独立请求权的判断，这就导致在多数当事人的确定上面临极大的困难。此类问题一方面依然要寄希望于程序制定者出台规范化的起诉、答辩、审前准备程序规则，确保立案程序和审前准备程序功能的落实；另一方面也要寄希望于实务操作的法官及时地行使释明权，帮助当事人澄清其主张，固定争点。本案案情中引入的法官以释明的方式让当事人明确主张和诉请的事实，即是一种尝试。需要强调的是，在当事人地位确定时，必然需要一些实质判断，但这并不等同于最终的实体判决，而仅仅是根据当事人在诉答和审前准备环节中的陈述予以确定，并不妨碍法院根据庭审对相关事实作出相反的认定。

综上所述，本文讨论的多数当事人的确定方法，首先是法学教育中训练学生知识体系的一种探索，通过该方法对案例的反复分析，可以培养学生掌握完整的思维体系，并将民事诉讼法学中的具体知识点串联在一套有序的方法中。

---

〔1〕 对此种教学方法的反思，可参见张凇纶：《作为教学方法的法教义学：反思与扬弃——以案例教学和请求权基础理论为对象》，载《法学评论》2018 年第 6 期。

〔2〕 理论界对此也往往抱有同情的理解，例如曹志勋：《民事立案程序中诉讼标的审查反思》，载《中国法学》2020 年第 1 期。

但同时，当中国的司法实务工作者——法官抑或律师——面临复杂诉讼时，也可以用此套方法来理顺思维顺序，沿着统一的脉络，来探讨可能存在的分歧和问题。

分歧永远存在，知识不断更新，但有了统一的思维方法，法律共同体才有了交流的平台和基础。这就是法律方法的力量，也正是案例研习的意义之所在。

图书在版编目（CIP）数据

诉的基础理论与案例研习 / 刘哲玮著．-- 北京：法律出版社，2021（2021.9 重印）

ISBN 978-7-5197-5638-3

Ⅰ．①诉… Ⅱ．①刘… Ⅲ．①民事诉讼法—研究—中国 Ⅳ．① D925.104

中国版本图书馆 CIP 数据核字（2021）第 095183 号

诉的基础理论与案例研习
SU DE JICHU LILUN YU ANLI YANXI

刘哲玮 著

责任编辑 赵明霞
装帧设计 马 帅

出版发行 法律出版社
编辑统筹 法商出版分社
责任校对 晁明慧 王 皓
责任印制 胡晓雅
经　　销 新华书店

开本 710 毫米 ×1000 毫米 1/16
印张 19.5 **字数** 272 千
版本 2021 年 8 月第 1 版
印次 2021 年 9 月第 2 次印刷
印刷 三河市兴达印务有限公司

地址：北京市丰台区莲花池西里 7 号（100073）
网址：www.lawpress.com.cn
投稿邮箱：info@lawpress.com.cn
举报盗版邮箱：jbwq@lawpress.com.cn

销售电话：010-83938349
客服电话：010-83938350
咨询电话：010-63939796

书号：ISBN 978-7-5197-5638-3
定价：78.00 元

凡购买本社图书，如有印装错误，我社负责退换。电话：010-83938349